道德·价值·文化丛书

中国古代十哲

周海春 / 著

科学出版社
北 京

内 容 简 介

孔子、老子、墨子、孟子、荀子、韩非子、董仲舒、慧能、朱熹、王阳明这十位哲人及其经典基本上能够代表中国古代哲学的最高水平。本书把道问学看作中国哲学的灵魂，并以道问学阐释中国古代十哲及其哲学的特质。首先，通过对《易经》《尚书》《诗经》《国语》等经典著作的哲学思想的阐释揭示了中国哲学的原生系统。然后，从古代汉语的哲学特点出发，初步建构了中国哲学的"工具论"，并深入阐释了中国古代十哲的深层哲学逻辑，勾勒了中国古代十哲的思想体系，分析了这些哲学体系包含的哲学与现实问题。

本书是一部探索中国哲学书写元范式的著作，也是一部较好的中国哲学与文化入门读物，既能帮助科研人员深入研究中国哲学，也适合作为哲学专业学生的参考书。

图书在版编目（CIP）数据

中国古代十哲/周海春著. —北京：科学出版社，2022.5
（道德·价值·文化丛书）
ISBN 978-7-03-072070-2

Ⅰ.①中… Ⅱ.①周… Ⅲ.①哲学思想-研究-中国-古代 Ⅳ.①B21

中国版本图书馆 CIP 数据核字（2022）第 059463 号

丛书策划：侯俊琳 樊 飞
责任编辑：杨婵娟 陈晶晶/责任校对：韩 杨
责任印制：李 彤/封面设计：无极书装

科学出版社出版
北京东黄城根北街 16 号
邮政编码：100717
http:// www.sciencep.com
北京虎彩文化传播有限公司印刷
科学出版社发行 各地新华书店经销
*
2022 年 5 月第 一 版 开本：720×1000 B5
2022 年 9 月第二次印刷 印张：14
字数：282 000
定价：98.00 元
（如有印装质量问题，我社负责调换）

“道德·价值·文化丛书”

编委会

前言

改革开放以来，随着中国哲学是否合法问题的提出，中国哲学原有的阐释范式遇到了很大的挑战。尽管中国哲学研究领域不断取得新的成绩，但从总体上来说，自新文化运动以来确立的中国哲学的学科传统处于暂时停滞甚至是衰落的状态。新出土的文献尽管有助于中国哲学史的创新，但是随之而来的却更多的是考据学、考古学进路的发展。伴随着现代儒家研究兴起的是儒学复兴的进路“压”过了哲学的进路，学者们对那些边缘性的人物和流派的研究兴趣超过了对经典大家的研究兴趣。很多研究依然是板块式的，尤其是对道家、儒家和佛教（中国）哲学没有在根本上进行整体性的考察。思想史的路径往往被认为是更为科学可靠的研究中国思想的路径。对实证和可靠的学术追求，让对中国思想的哲学玄思处于尴尬的境地。贴标签式地运用西方哲学阐释中国思想，会使中国哲学的研究和背离中国哲学的精神联系在一起。这些都说明，中国哲学的学科传统遇到了难题，需要开启一个新的历史阶段。

开启新的历史阶段，需要有一定的方案设计，笔者曾经提出了十个要义，即平视儒释道；兼容文史哲；中西互证；内观法为主，内外观结合；主体性；个性化；原典性；建构性；功效性；精神性。[①]但仅仅有设计方案是不够的，更需要有相应的具体成果。本书就是以中国思想领域中十个有代表性的哲学体系来阐发中国哲学的范式革新问题。本书所说的“十哲”既指“十位哲人”，也指“十个哲学经典”。另外，在阐释过程中，只是把宏观的思想脉络勾勒出来，并未过多地去叙述哲人的生平事迹。这十位哲人以及相应的代表性的哲学经典基本上能够代表同时代，甚至在很长一段历史时期内中国古代哲学的最高水平。选取这十位哲人除考虑了时代的代表性以外，也考虑了思想的多样性，尤其是平等地对待儒释道的问题。

中国哲学研究需要进入一个新的阶段，笔者把这一阶段定位为自觉的“中国哲学”的阶段。自觉的“中国哲学”要能够反映中国哲学思考的问题，反映中国哲学解决问题的方式，反映中国哲学的深层精神意蕴，反映中国哲学思想呈现的方式和基本的思维进程。自觉的“中国哲学”要以合理的形式呈现实质的内容，实现形式和内容的有机统一。中国哲学的学科传统虽然遇到了很多的难题，但值得继承和发展。

---

① 周海春：《中国哲学导论》，科学出版社，2016年，第205～206页。

本书就是以这一精神取向来叙述中国古代十个有代表性的哲学系统的。学理性是中国哲学迈向新阶段的关键。哲学有很多的品格，反思和创造对于哲学至关重要。中国哲学一方面要呈现中国古代哲学的灵魂；另一方面需要开新，但这种开新只能以哲学的方式进行，那些带有实证性的研究完全可以交由其他科学来处理。中国哲学需要有明确的学科自觉和定位。中国哲学面临的中西、古今问题，唯有提升中国哲学自身的学术性和专业性，提升哲学品味才能解决。

周海春

2021 年 10 月

目录

第一章　中国哲学书写的元范式

萧萐父在《哲学史研究中的纯化和泛化》中提出的中国哲学史的“纯化”问题是很有意义的。不管以何种范式书写中国哲学史，都要求是哲学，如果不是哲学，那么写的就不是哲学史。萧萐父在该文中理解的哲学就是人学，“哲学，可以广义地界定为‘人学’”①。不过萧先生所谓的“纯化”，是限定在哲学认识史上的。他要“使哲学史纯化为哲学认识史”②，“把一些伦理、道德、宗教、政法等等非哲学思想资料筛选出去”③。萧先生追求纯粹的哲学是值得肯定的，但是中国哲学史的“纯化”还有一个要求，就是一定是“中国”的哲学，这就要求能够反映中国哲学的特色。萧先生要把伦理、道德和政法的资料筛选出去，而这两点恰好反映了中国哲学的特色。中国哲学表达的思想很多都是围绕着政法问题或者伦理、道德问题而谈的，单纯从哲学认识史的角度来看中国哲学，显然很容易把西方认识论的框架套到中国哲学中。中国哲学的书写要尽可能反映中国哲学的特质，至于趋向于特质的方式则可以是多元的。如果参照西方哲学有助于把握这一特质，那么对西方哲学的参照就是有价值的。如果仅仅拘泥于中国传统哲学自身的研究，不能领会其精髓，则是不可取的。

与中国哲学的特质相对应，能够在基本面上反映中国哲学本来面貌的范式可以称为元范式。中国哲学书写的元范式需要满足如下条件：其一，反映古代汉语的哲学特征；其二，反映中国思想的哲学逻辑；其三，反映经典文本的思想体系，尤其是合理确定最高概念、概念体系、概念的层次、思想的结构以及思维方法；其四，反映哲学家和哲学经典关心和关注的哲学和现实问题，以及问题的层次、结构。当然，还有其他的一些条件。这四个条件是贯通的，其落脚点在于把握中国哲学的灵魂。

第一节　“中国哲学”的第三条道路

通观中国哲学史会发现中国哲学有一个特殊的现象，就是每一个具体的哲学系统思想变化很大，在诸多的思想背后很难找到一个统一的思维方法。当然这不是说中国传统思想中没有稳定性的因素，比如《尚书》等经典就是历代哲学发展都要依凭的要素。牟宗三理解的哲学共同的间架结构基本上反映了中国哲学逻辑的核心内容。这一结构的核心是天人关系和人己关系，其中间环节则是身心关系。天人、身心、人己这一哲学宏观逻辑具有较高的兼容性，对中国哲学元范式的探究不能否定

---

① 萧萐父：《哲学史研究中的纯化和泛化》，《社会科学家》1989 年第 6 期，第 3 页。
② 萧萐父：《哲学史研究中的纯化和泛化》，《社会科学家》1989 年第 6 期，第 3 页。
③ 萧萐父：《哲学史研究中的纯化和泛化》，《社会科学家》1989 年第 6 期，第 3 页。

牟宗三的思想成就。但也要看到，这一哲学的宏观逻辑并不适用于阐释《易经》等文献的哲学思想。中国哲学未来的发展，依赖经典的阐发依然是可行的，同时也需要丰富和完善天人、身心、人己的宏观逻辑。

为什么中国哲学这一学科传统发展出来的中国哲学阐释范式总是给人一种脱离中国古代哲学精神的感觉呢？其中有两个原因是非常关键的。其一是天人问题被本体论化了。在中国哲学传统中，天本身就是对形而下事物的形而上学式的处理，其精神并不是把握一个绝对超越的本体。天、天下、国、家、身构成了一种形而下和形而上交织的序列。当天下关联到国的时候，就形成了国家至上的哲学理念；当天下关联到人和生命的时候，就形成了生命至上的哲学理念；当天下关联到修身的时候，则形成了圣人至上的哲学理念；当天下关联到民的时候，则出现了民本的哲学理念。只有把握天中有人、人中有天这一基本思路，才能把握中国哲学形而上学的特质。那种探究超越的天的背后的本体思路是在这一基础上慢慢发展起来的，而且这种发展与外来文化的传入有关。其二是对“玄览”“心斋”一类的词汇缺乏哲学的阐释。“玄览”“心斋”一类的哲学词汇指向了具体的功夫，而不是仅仅局限在语言表达的层面上。那么，把握“中国哲学”既要把握哲学经典的表层思想，也要把握经典背后的深层次的“中国哲学”。

对中国哲学元范式的探究是中国哲学史创新的过程。中国哲学史持续地呈现“中国哲学”，对中国哲学的元范式的探究过程是对“中国哲学”不断进行自觉反思的过程。对“中国哲学”的认知不同，“中国哲学史”的写法也会不同。“中国哲学”要求从中国经典中抽象出一个内在的系统，而且这个系统的本质应该是中国的。用哲学的方法处理经典，会受到处理者的知识结构和哲学能力的影响，当然也会出现“哲学是西方的，材料是中国的”的情况。“哲学”是中国的，“材料”也是中国的，这是一种理想的情况。这一理想的情况不是一蹴而就的，而是一个在历史进程中不断开新的过程。

1. 与西方毫无交涉关系的中国哲学

“中国哲学”的第三条道路是与第一条道路和第二条道路对应的，第一条道路是与西方哲学毫无交涉关系的中国哲学。

金岳霖在冯友兰的《中国哲学史》的审查报告中提到中国哲学史存在根本态度的问题。第一种态度是把中国哲学当成是中国国学中的一种特别学问，不必与普遍哲学比较异同和程度。这一问题从主观上说是态度问题，从客观上说则是道路问题。与第一种态度相应的是中国哲学开展的一条道路。这条道路甚至可以把中国哲学直接等同于中国国学或者经学。这条道路默认，只要研究的对象是中国古代的经典及其思想，就可以说是在研究中国哲学。金岳霖区分了中国哲学和中国国学，把中国哲学看成是从中国国学中抽象出来的。但当这种抽象或者“纯化”遇到阻力的时候，就会出现“泛化”的冲动。“泛化”的典型表现是以思想史取代哲学史，或者以经学史、儒学史等取代哲学史。这一冲动模糊了学科界限，也对传统的中国哲学学科提出了挑战。

金岳霖认为第一种态度行不通，并给出了一些理由，这些理由是值得肯定的。他认为用第一种态度来写中国哲学史，恐怕不容易办到。他提出的第一条理由是：现在的中国人免不了受到时代与西学的影响。第二条理由是：善于考古的人，把古人的思想重新写出来，其结果恐怕仍不免是一种“翻译”。把古人的思想重新写出来，其中一定包含了一种默认的中国哲学观、一种未加反思的素朴的哲学观在内。第三条理由是：即便古人的思想可以被完全述而不作地表述出来，所写出来的书也不见得就可以被称为哲学史。其实即便这样写出来的作品名字叫中国哲学史也未尝不可，只是其中的哲学观是不曾自我反思和自我批判过的，是不自觉的、自动默认式的哲学观。

冯友兰也提到了一种可能性，就是写一个中国义理学史，然后再以中国义理学为基本的哲学视角写一个西洋义理学史。冯友兰在思考“哲学”和“义理之学”的关系的时候，认为西方哲学与中国魏晋玄学、宋明道学、清代义理之学的研究对象约略相当，尤其是在宇宙论、人生论部分。冯友兰注意到二者的不同主要体现在方法论部分。冯友兰认为方法论部分在中国子学时代有讨论，宋明而后就不研究了。宋明以后的义理之学的方法论讲的是“为学之方”，不是求知识的方法，而是修养的方法；不是用来求真的，而是用来求善的。冯友兰认为，中国义理学史的方案不好处理义理之学和各种近代学问的关系问题及义理之学的地位问题。用“哲学”这个词语，就没有这个困难了。冯友兰在这里触及了一个根本的问题，即西方的哲学到了近代已经出现了学科的分化，哲学是分化后的一门学问。中国古代学问并没有完成这样的分化，而中国哲学史则正好是在学科和学问分化为不同的领域的背景下诞生的。中国哲学或中国哲学史显然要对古代的文献进行一定的抽象概括工作，完全与西方哲学没有关系的中国义理学史不能代表中国哲学的发展方向。

2. 发现于中国的哲学

第二条道路是把中国哲学当成是发现于中国的哲学。第二条道路是与第二种态度相应的。金岳霖认为第二种态度是把中国哲学当成是发现于中国的哲学。发现于中国的哲学等于是默认了有一个一般的哲学。金岳霖坚持第二条道路。“如果我们把中国的哲学当做发现于中国的哲学，中国哲学史就是在中国的哲学史，而写中国哲学史的态度就是以上所说的第二个根本态度；但这不过是一种根本的态度而已。”①金岳霖认为冯友兰的《中国哲学史》是以普遍哲学形式来写的。金岳霖认为冯友兰的态度也是将中国哲学史当作在中国的哲学史，但他没有以一种哲学的成见来写中国哲学史。冯友兰的思想倾向实在主义，这是他的成见和主见，但他没有用这一成

---

① 冯友兰：《三松堂全集》（第2卷），河南人民出版社，2001年，第618页。

见来批评中国固有的哲学。金岳霖认为冯友兰不一定赞同中国古人的思想，但是他抱有同情的态度。“他说哲学是说出一个道理来的道理，这也可以说是他的主见之一；但这种意见是一种普遍哲学的形式，而不是一种哲学主张。冯先生既以哲学为说出一个道理来的道理，则他所注重的不仅是道而且是理，不仅是实质，而且是形式，不仅是问题而且是方法。”[①]金岳霖认为冯友兰的《中国哲学史》是一本哲学史而不是一种主义的宣传。“主义”问题也不是一定要排斥的，这种“主义”如果是中国古人的普遍的“主义”，自然不应排斥。另外，一个关键的问题就是冯友兰所采认的普遍哲学形式本身是要检讨的。“所谓中国哲学者，即中国之某种学问或某种学问之某部分之可以西洋所谓哲学名之者也。所谓中国哲学家者，即中国某种学者，可以西洋所谓哲学家名之者也。”[②]中国哲学的确定当然可以以西方哲学名词来确定，但根本上更应该是一种哲学思维、哲学精神，而不是哲学名词本身。在不同的时代，哲学的名称往往会被用在不同的学问上面，甚至某种科学也可能在诞生之初被叫做哲学。

金岳霖提到中国哲学和普遍哲学的关系，应该是中国哲学和其他哲学的关系。即便是当下的或者未来的中国哲人以自己的哲学观讲一个属于中国自己的中国哲学也不能没有西方或者其他民族哲学的印记。这个基本事实是要承认的。关键是是否因为第一条道路走不通就一定得走第二条道路呢？

第二条道路的关键就在于默认有一般哲学，并把西方哲学看成是一般哲学的代表。这是一种把一般哲学前置为实际存在的做法。从哲学史的实际情况来看，单就名词来说，“哲学”的确是在古希腊诞生的学问。“哲学”这个名词有专属性，属于西方，严格说属于古希腊以及延续古希腊哲学精神的欧洲哲学传统。其他民族的思想也可以叫做“哲学”，如中国哲学或者俄罗斯哲学、印度哲学等。这类称呼的出现本来就意味着一种文化的交流，意味着一种文化的比较和融合。“俄罗斯思想”就是在“俄罗斯与欧洲”这一问题意识萌发的情况下提出来的。“中国哲学”也可以说是中国和西方问题意识萌发的一种理论呈现。把“哲学”一般化有双重含义，一重含义是肯定西方哲学最接近哲学的一般性，可以成为中国哲学建设的参照；另一重含义是，哲学不是西方独享的，不同的民族都在不同程度上创造了自己的哲学，或在不同程度上接近哲学。冯友兰设定了本然的哲学系统，然后把具体的哲学看成是在不同情势下对本然的哲学系统的阐发，这一看法具有代表性的意义。牟宗三的中国哲学与冯友兰的中国哲学有很大的不同，给人一种好像二者是对立的存在的印象。牟宗三探究哲学的共同的间架结构，依然是对哲学的一般的追求，不过这一哲学的一般不再是所谓的本然的哲学系统，而变成了他所理解的哲学的一般间架结构。

对哲学的一般的追求是有意义的，但应该先把这一问题“搁置”起来。一般和

---

① 冯友兰：《三松堂全集》（第2卷），河南人民出版社，2001年，第619页。

② 冯友兰：《三松堂全集》（第2卷），河南人民出版社，2001年，第249页。

个别是中国近现代哲学家处理中西文化及哲学的关系问题的一个重要的理论范式。中国哲学的未来发展需要对这一范式进行一定的反思。

冯友兰对一般和个别逻辑的运用更加彻底，贯穿了方法论、社会历史哲学、文化观、本体论等多个层面。我们仅就中国哲学和中国哲学史的宏观方面来加以说明。冯友兰把中西文化的转换看作是类别的转换，而把哲学的转换看成是程度的不同。冯友兰把一般和个别应用于对哲学本身的分析当中，认为哲学有本然系统，有各种具体的本然系统，前者是一般，后者是个别。冯友兰用近代逻辑学的成就，分析中国传统哲学的概念，其所用的近代逻辑学成就主要就是一般与个别的思维逻辑。

冯友兰的新理学方法论也体现了一般和个别相结合的原则。分析经验，分析实际事物，由分析实际事物而知实际，由知实际而知真际。其中包含的基本哲学形式就是一般和个别的关系。

冯友兰的这一哲学方法及其境界论和形而上学以自己的认识论为前提。这就是觉解的说法。觉解由“了解”和“觉”两部分组成。冯友兰理解的“了解”是必须依靠概念的，它的对象是外物。“了解”依靠概念，其中就涉及概念的一般和个别的问题。

在方法论方面，冯友兰的正的方法的灵魂是对一般和个别的分析。正方法就是用逻辑分析的方法讲形而上学，对经验进行逻辑释义，以理智对经验进行分析、综合及解释。在《新理学》中，冯友兰的一般和个别的方法是从逻辑方面说的，把一般抽象成了和具体事物无关的一般。冯友兰所用的逻辑分析方法主要是形式逻辑的分析与演绎。《新知言》所着眼的是形而上学的方法，冯友兰关于逻辑学和认识论的观点也是围绕着这一点展开的。他把哲学的职能主要定位在不是增加人的形而下学方面的知识和才能，而是提高人的境界，增加形而上学方面的知识上。这一点决定了他的整个哲学的重点和内容的取舍。

冯友兰把一般和个别相结合的方法贯穿到了中国哲学史的研究中。经过长时期的探索,《中国哲学史新编》把一般与个别问题作为中国哲学发展的基本线索。在《中国哲学史新编》中，冯友兰非常重视对精神境界的说明，这是其对中国哲学的个性的基本看法。在《中国哲学史新编》中，冯友兰对一般和个别的关系作了唯物主义的处理，从具体事物出发来讨论一般与个别问题。

用一般和个别的理论范式处理中国哲学和西方哲学的关系以及中国哲学的现代化的问题，显示了中国哲学力图通过这一范式实现中国哲学的一般化、普世化、合法化的努力，有着特殊的意义。

用一般和个别以及相应的范畴体系来把握中国哲学是有一定的有效性的。这一道路依然可以继续。比如把亚里士多德[1]、黑格尔或者康德的哲学范畴作为参照来建

---

① 也译作“亚里斯多德”。

构中国哲学的范畴体系依然有很多的工作可以做。

以一般和个别的逻辑来把握中国古代哲学并不能算错。在中国古代哲学的历史发展过程中，存在“什么是什么”的逻辑思维，而且这一逻辑从墨家学说开始逐渐发展起来。告子的“生之谓性”中的“谓”显然接近西方哲学的“是”，而“生”和“性”之间显然也包含一般和个别的关系。但这不意味着，这一思维模式是中国哲学的全部或者核心。

“中国哲学”的未来发展不排斥冯友兰、牟宗三的哲学贡献，相反笔者认为这一工作还有继续进行的必要。比如，西方哲学常用的普遍性概念，在中国古代哲人这里是如何思考和回答的？对于因果问题，中国古代哲人是用什么范畴来说明的？是如何回答的？中国古代哲人是否区分了高级欲求和低级欲求？是否有触及纯粹实践理性的思考？等等。这些都是可以研究的。“中国哲学”的未来发展不是简单地比较和附会西方哲学，也不是一定要争一个高低上下，而是看思考的问题本身。对于西方哲学用西方的概念范畴思考的哲学问题，中国哲学是否也触及，这是根本。在问题的基础上，概念范畴以及触及问题的深度、角度则可以不同。比如孟子讲寡欲的“欲”显然可以说是低级的欲求，而欲善的“欲”，显然是高级欲求要表达的对象。比如纯粹实践理性的概念，中国古人断然是不会有这个说法的，但是理性本身就是实践的问题，在王阳明的立志说以及知行合一说中就触及了纯粹实践理性的某些层面。对于中西哲学问题的研究不应局限于语言本身，而应该看语言表达了什么。比如中国哲学讲“性”，西方哲学讲实体，从概念上看二者是不同的。比如斯宾诺莎说实体和样式，他把实体说成是在自身内并通过自身而被认识的东西。《中庸》讲“性”和“诚”，就有“自明诚”和“自诚明”的区分，本性包含明觉性，这种明觉是自身的功能，通过这一功能又能认识或者复归于自身。“性”、“诚”和“实体”都表达了相近的思想。斯宾诺莎讲样式，他把样式理解为实体的分殊，而他说的分殊是在他物内通过他物而被认知的东西。①朱熹讲“理一分殊”，太极就是在他物内，但是可以通过他物表现出自身来，因为受到气的影响，表现出来的是分理或者是多个太极。“样式”和“理一分殊”就概念来说差别很大，但表达的哲学却相近，可以互相阐明。如果用斯宾诺莎的样式学说来分析朱熹的“理一分殊”，“理一分殊”就拥有了哲学的形态，具有了一种反思的视角。中国哲学的未来发展并不一定要排斥西方哲学，相反要有更为良好的西方哲学的素养，才能更好地发现和阐发中国古代思想的哲学性。

中国哲学未来的发展是不能继续沿着第二条道路走下去的。其原因很简单，那就是一般和个别的哲学逻辑遮蔽了中国哲学的精髓。冯友兰自己多少也意识到一般和个别的哲学逻辑的缺陷，尤其是运用到中国哲学语境中的缺陷。冯友兰曾经讲述张荫麟给他讲的笑话。这个笑话是说柏拉图有一次派人到街上买面包，那个人空手

① 〔荷〕斯宾诺莎：《斯宾诺莎文集》第4卷《伦理学》，贺麟译，商务印书馆，2014年，第1页。

回来，说没有“面包”，只有方面包、圆面包、长面包，没有只是“面包”的面包。于是柏拉图就让他买个长面包。那个人还是空着手回来，说没有“长面包”，只有黄的长面包，白的长面包，没有只是“长面包”的长面包。这样反复几次，最终也没有买来面包。最终柏拉图饥饿而死。柏拉图的这个学生应该说真的进入了哲学的思维。“面包”是一般，世界上并没有一个叫做“面包”的东西。有的只是具体的面包，而具体的面包一定有形状、味道、冷热等具体的属性。不过这个学生虽然懂得一般，懂得去了解概念本身，却不知道一般和个别的关系，面包包括各式各样的面包，拿一个回来就可以了。柏拉图对于他的学生的愚笨倒是有办法解决，即可以拉着他到面包房，指着一块面包说：就是它。概念的重要性就是可以忽略很多个别的属性和特征，包括众多的个别事物，从而可以达到人与人之间的交流，而使人们不必亲自面对那个具体的事物。

中国哲学需要学习柏拉图这个学生的精神。黑格尔就强调，哲学需要抽象，不能让思想进入表象的世界，而是要习惯于把思想停留在抽象概念之中，并用抽象概念来表达思想。中国哲学需要达到这样的高度。但要看到，达到这样的高度是一个文化再造的过程。汉语本身的限制，文化习惯，对抽象思想的尊重、宽容，甚至社会运行机制给予抽象思想发展的空间都会限制这类抽象哲学的发展。仅就抽象程度而言，中国哲学领域的“康德”或者“黑格尔”并不是那么容易诞生的。冯友兰还听说过一个笑话，这个笑话说先生给学生讲《论语》，讲到“吾日三省吾身”，先生说“吾”就是“我”。学生放学回家后，其父亲叫他回讲“吾”是什么意思。学生说“吾”是先生。父亲大怒，说“吾”是“我”！第二天去上学，先生又叫学生回讲“吾”是什么意思。学生说“吾”是我父亲。这个学生无法进入抽象概念的世界，无法用“我”这个概念解释“吾”，不能领会概念的抽象内涵，而总是联想到具体的某个人。“我”和“吾”都可以指代主体，但是作为哲学概念，二者表达的内容还是有差别的。这种差别可以通过阅读《庄子》来了解，也可以通过个体修养来体验到“吾”。这个“我”是泛指，用哲学的话说就是，中国古代汉语本身就是通过个别事物的形象来展现与其相关的各种意义的，并没有明确地区分单数和复数，因此把一般和个别运用到中国哲学中会遇到语言的困难。其实“吾”和“我”既可以等同，也有区别，这要深入《道德经》和《庄子》等文本中才能了解。

其实不单单张东荪关注到中国哲学有自己独特的哲学逻辑，熊十力也用体用论的哲学走了一条和冯友兰等不同的哲学道路。在此不详细论述。部分关注中国哲学史的哲人并不是完全认同用一般和个别的逻辑把握中国哲学。陈汉生当然是一个典型的例子。他把中国哲学的主导逻辑说成是部分整体学的本体论。“我认为中国的本体论是部分整体学的本体论，因为对于对象的每一个抽象集合，人们都可以把该集合的所有元素当作一个不连续的质料，从而构造一个具体的部分整体学的对象。”①陈汉生的叙述有其合理性，但是命名值得探讨。因为整体和部分的逻辑思路与一般和个别的逻辑思路殊途同归。对于一些中国哲学的素材不能用整体和部分的逻辑来表述。比如朱熹谈到“理一分殊”的时候举过一个例子，即“理一”就像房屋，“分殊”就像厅、堂。从表面来看，这是一个整体和部分的关系，其实不然，“理一”和“分殊”的关系不是整体和部分的关系。其实厅、堂就是房屋本身，不过所居之位不同。离开了房屋的整体，也就无所谓厅、堂了。“理一”绝对不能分成部分，“分殊”不是部分。为了避免误解，陈汉生所描述的情形可以被命名为多元和合的逻辑。这里所说的多元和合中的多元是独立、自足的，和合起来的整体不是多元，不是部分，而是独立起作用的一元。

冯友兰把天地、万物、道、有无等都按照一般的理念来处理成纯逻辑的形式的概念，既有意义，也有局限。“道”不是一个纯逻辑的概念。“在我们的系统中，我们仍可说‘理一分殊’，不过我们说‘理一分殊’时，所说之理，仍即是我们讲理时所说之理。先就一类中之事物说，此一类之事物，皆依照一理。虽皆依照一理，而又各有其个体。此一类之事物，就其彼此在本类中之关系说，可以说是理一分殊。”②显然，冯友兰讲的“理一分殊”失去了中国哲学的灵魂。朱熹讲过张三、李四，也讲过桃树和李子树来说明“理一分殊”，但不应从一般和个别来理解，而应结合理气来理解。桃树和李子树因为气不同，显示出来的理也不同，但根本上都是那个理。理本身没有变成个别，气也没有从一般变成个别。张东荪看到了一般和个别的局限，认为中国人没有“种”与所属的“类”的分别。那么该如何理解中国古代哲人所说的“类”呢？“至于所谓‘以类取’与‘以类予’乃根据‘辞以类行’而来。但于此所谓‘类’却决不和亚里斯多德所谓 genus 相同。于此所谓以类取即等于取比，取比亦就是取譬。以其相近相似而比之。乃是触类旁通的意思，并不限于指其有所属。”③在中国古代哲学中，被归到某类中的事物之间并不存在一般和个别的关系，只要彼此之间有某种形式上的一致性，就可以归入某类。一个事物在这个标准下可以归入这类，在另外一个标准下可以归入另外的一类。比如马可以归入乾，父亲也可以归入乾，但马和父亲显然不是一类事物。

中国哲学讲悟，讲玄览，这个悟是超越名言的，自然不能用一般和个别的逻辑来说明。冯友兰讲的悟却是与一般和个别有关的。冯友兰认为了解某物是怎样一个东西，或了解某事是怎样一回事，就是了解某事物是属于某一类，是表现某理的。他认为依赖最浅的概念的了解，是最低程度的了解。真了解是名言的知识在经验中

---

① 〔美〕陈汉生：《中国古代的语言和逻辑》，周云之、张清宇、崔清田等译，社会科学文献出版社，1998年，第38页。

② 冯友兰：《三松堂全集》（第4卷），河南人民出版社，2001年，第40页。

③ 张东荪：《知识与文化》，岳麓书社，2011年，第192页。

得到验证的了解，他把名言的知识在经验中得到了印证从而了解了理的内涵，并产生一种豁然贯通的了解叫做悟，叫做真了解。这样了解的“悟”和道家的“坐忘”、禅宗的禅悟在本质上都不同。

冯友兰的《新理学》讲真际或纯真际，用这样的思想看中国传统的学问，并能够对真际有充分了解的有两位哲人，一个是公孙龙，一个是朱熹。冯友兰在解释公孙龙的思想的时候，用的是一般和个别的逻辑。比如“白马非马”的命题，“白马”是就具体的马说的；“马”是就抽象的马说的，说的是一切马所共有的性质，是马性。[①]这种解释并不符合公孙龙的思想。按照公孙龙的逻辑，“马”是可以和“白”分开的，如果二者相合，就是白马。按照一般和个别的逻辑，不能把白马看作是“马”与“白”之间的相“合”。论证双方实际上坚持的是不同的哲学观念。一种哲学观念是从现实的事物着手考虑问题：现实的马都是有颜色、有形状的，并没有无颜色的马。马的概念是一个涵盖现实的有各种颜色的马的一个一般的概念。这个一般的概念是一种理论的抽象。白马作为个别，显然是可以在一般的马的范畴之下的，所以白马是马这个判断就是成立的。前面是个别，“是”是联结一般和个别的概念，而后面是一般。判断就是把个别归结为一般。按照这个逻辑观念，马这个范畴本身就不能脱离具体的马来理解，也就是说不能脱离有颜色的马来理解，白也不能脱离具体的事物来理解，既然不可以脱离开来理解，那么也就不能把白马看作是“马”与“白”之间的相“合”。“白马非马”论则坚持另外的哲学观念。“白”和“马”都是独立的，二者是和合在一起的，可以分开。不可以把“白马非马”论的“指”和“指物”理解成一般和个别的关系。就像“白”和定在白马上的“白”之间不是一般和个别、整体和部分的关系。白马是个别，白马上的白本身就是白，并不是个别的白，而脱离白马的白也不是一般的白。

冯友兰认为，哲学中的观念、命题及其推论，多是形式的、逻辑的，而不是事实的、经验的。关键是中国哲学的形式是什么呢？逻辑是什么呢？中国哲学形式的系统起码有几个大的谱系：一个谱系是阴阳、五行、八卦，这就是一个纯形式的系统；一个谱系是大化流行；一个谱系是说不可说之物的语言逻辑系统。冯友兰之所以忽视了从阴阳、五行、八卦中寻找中国哲学的形式系统，是因为他把阴阳、五行理解为原始科学了。从逻辑上说，中国古代占据主导地位的思维逻辑是：事物本身可以从不同的角度找到与其他事物的相类关系，从而构成一种类别秩序。八卦之间是相关变化的关系，比如父只有在和母相对的时候才可以归入乾，这并不意味着父亲的属性或者本质是乾。乾、坤、巽、离、坎、兑、震、艮不过是把世界分成八个层次，形成八个界限。可以归入乾的事物与乾之间没有一般和个别的关系。所以八卦以及六十四卦都是用象征来表示变化的样式。“中国人的‘君’‘臣’‘父’‘子’‘夫’‘妻’

① 冯友兰：《三松堂全集》（第8卷），河南人民出版社，2001年，第39页。

完全是各为一个‘函数’或‘职司’，由其互相关系，以实现社会的全体。”①包括阴阳、五行等范畴恰好要从形式方面来处理。

冯友兰的著名的抽象继承法其实可以从古代汉语的特性上来理解。冯友兰提到“天下”一词的抽象意义和具体意义的问题。“天下”可以翻译成“中国”“帝国”“中原”等。“将来如果发现星球上有人，并与地球上的人有交往，它上面的地方，虽不是‘地之所载’，但‘天下’底抽象意义仍然可以包括它。这样意义的‘天下为公’我们就要继承下来。”②古代汉语的概念指代具体的同时往往就表示整体。“天下”有具体的意义，也有抽象的意义。中国哲学的未来发展需要体现汉语的特性。

3. 第三条道路：从默认式的中国哲学走向自觉的中国哲学

中国哲学的未来发展需要寻找不同于前两条道路的第三条道路。第三条道路，也就是中间路线，首先就是义理学的路线。与前文说的第一条道路的不同之处在于第三条道路追求哲学的自觉性，在翻译和记述方面坚持哲学的视野。而在坚持说明一种属于中国自己的哲学精神方面，坚持把握中国哲学古有的概念范畴的内涵，以及精神主旨方面与第一条道路没有根本的不同。

中间路线不排斥第二条道路。金岳霖认为胡适的书好像是由一个研究中国思想的美国人所写的，他流露出来的成见是多数美国人的成见。金岳霖认为胡适在兼论中西学说的时候有牵强附会的地方。“哲学要成见，而哲学史不要成见。哲学既离不了成见，若再以一种哲学主张去写哲学史，等于以一种成见去形容其他的成见，写出来的书无论从别的观点看起来价值如何，总不会是一本好的哲学史。”③哲学史其实也是有成见在里面的，只不过是要看其中的成见是什么。如果其中的成见看起来像中国古人的成见，这没有什么可以指责的。所谓没有成见的中国哲学史，深挖起来看，都是有某种成见在里面的。现在不是要回避成见，而是要自觉地讨论在何种成见下去写中国哲学史。以一种哲学主张来写中国哲学史也是可以的，胡适的写法也是有价值的。比如，如果能够在全面吃透黑格尔的学说的基础上讲中国哲学或者中国哲学史，未尝不是一种哲学的创造。就像牟宗三所讲的中国哲学在很大程度上与康德的哲学有关，如果没有康德的哲学作参照，断然不会有牟宗三的哲学创见。

金岳霖在评论“中国哲学史”时想到“中国哲学”，这是需要一定的哲学眼光。“中国哲学”规定了其和“中国哲学史”二者可以互换。但在中国哲学史已经取得一定的成绩的情况下，“中国哲学”应该有自己独立的形态，而不应仅仅有一个“中国哲学史”的形态。牟宗三的史论结合的形态可以说是更高程度的“中国哲学”的自觉。“中国哲学史”的出现本身代表着一种文化自觉，这种自觉很大程度上是以中西文化和哲学对比的形式表现出来的，是以对中国哲学的特质的把握的形式体现出来

---

① 张东荪：《知识与文化》，岳麓书社，2011 年，第 116 页。
② 冯友兰：《三松堂全集》（第 12 卷），河南人民出版社，2001 年，第 95 页。
③ 冯友兰：《三松堂全集》（第 2 卷），河南人民出版社，2001 年，第 618 页。

的。还需要提升自觉的程度，使得“中国哲学”成为一个自觉的问题。

不能说冯友兰没有“中国哲学”观，不过总体上还是把中国古代思想直接默认为“中国哲学”。之所以会如此，是因为冯友兰认为哲学不是一件稀罕的东西，人人都有。“人身子跑著，心里想著；这‘跑’就是人生，这‘想’就是哲学。”①当然冯友兰也强调专门的哲学家要研究信仰的前提、解释的困难、反对的观点等。但是冯先生对中国哲学的认定还有较多的默认的因素。比如他说：“在旧时，一个人只要受教育，就是用哲学发蒙。儿童入学，首先教他们读‘四书’，即《论语》、《孟子》、《大学》、《中庸》。‘四书’是新儒家哲学最重要的课本。”②这里基本上直接默认“四书”就是哲学了。

在《新理学》中冯友兰提到，自己所写是自己所见，所以虽与前人有相同的地方，但并非转述前人，所以异于注疏家。注疏家不能成为一个时代的哲学家。冯友兰有这个自觉值得肯定。讲中国哲学不是直接认定中国的经典就是哲学，不是说只要讲中国经典，不管怎么讲都叫做讲中国哲学。

把中国古代思想直接默认为“中国哲学”，可能从外表看起来比较“中国”，但也可能并没有真正接近中国。不管默认还是自觉都要处理一个根本的问题，即中国哲学史如何接近古人学说的真相。“由此之故，今日之谈中国古代哲学者，大抵即谈其今日自身之哲学者也；所著之中国哲学史者，即其今日自身之哲学史者也。其言论愈有条理系统，则去古人学说之真相愈远。”③怎样才算与古人学说的真相接近？这就像看一件东西，左看，右看，上看，下看，里看，外看都能接近真相，但跳起来看当然看得更清楚。

冯友兰也有很高的哲学自觉来处理中国思想。不过，冯友兰强调共性，对自然特性的把握就不足了。“中国哲学史是中国哲学的历史。中国哲学，就其内容说，和其他民族的哲学是一样的。如果不是如此，它就不能称为哲学。”④对自觉的把握当然会面临这个难题，冯友兰也不例外。“若理学即是讲我们所说之理之学，则理学可以说是最哲学的哲学。”⑤这一说法实际上否认了理学是最哲学的哲学，这样在宋明理学与新理学之间就存在着一种中西古今的二元断裂。

这种断裂也是在允许的范围内的，正是这一断裂构成了创造性转换的环节。“哲学是旧说所谓道，艺术是旧说所谓技。”⑥冯友兰认为，中国哲学传统里有为学、为道的区别。为学的目的是增加积极的知识，为道的目的是提高精神境界。哲学属于为道的范畴。而冯友兰所说的提高精神境界是达到超乎现世的境界，获得高于道德

---

① 冯友兰：《三松堂全集》（第11卷），河南人民出版社，2001年，第10页。
② 冯友兰：《三松堂全集》（第6卷），河南人民出版社，2001年，第5页。
③ 冯友兰：《三松堂全集》（第2卷），河南人民出版社，2001年，第613页。
④ 冯友兰：《三松堂全集》（第8卷），河南人民出版社，2001年，第39页。
⑤ 冯友兰：《三松堂全集》（第4卷），河南人民出版社，2001年，第4页。
⑥ 冯友兰：《三松堂全集》（第4卷），河南人民出版社，2001年，第150页。

价值的价值。

冯友兰认为："入世与出世是对立的，正如现实主义与理想主义也是对立的。中国哲学的任务，就是把这些反命题统一成一个合命题。这并不是说，这些反命题都被取消了。它们还在那里，但是已经被统一起来，成为一个合命题的整体。如何统一起来？这是中国哲学所求解决的问题。求解决这个问题，是中国哲学的精神。"①

冯友兰把哲学当成是入"圣域"之门路，触及了中国哲学的灵魂。"对于真际之同情底了解，可以作为入'圣域'之门路。"②冯友兰说：中国哲学认为，一个人不仅在理论上而且在行动上完成了这个统一，就是圣人。他是既入世而又出世的。中国圣人的精神成就，相当于佛教的佛、西方宗教的圣者的精神成就。冯友兰认为，哲学的任务就是使人有圣人的人格，使人有内圣外王的人格。但冯先生仅仅是把握通过理性知识而有天地境界，中国哲学中成圣的方法论系统则被忽视了。

如果上述内容是中国哲学的灵魂，那么成圣的方法论系统自然是中国哲学的核心部分。冯友兰的正负方法论却在把握这一核心方法论系统方面有很多的不足。"我们于有活动时，心是明觉底。有了解的活动时，我们的心，亦是明觉底。此明觉底心理状态，谓之自觉。"③这一自觉的说法还不足以把握禅宗之悟。"不可思议，不可言说者，不是哲学，对于不可思议者之思议，对于不可言说者之言说，方是哲学。佛教之全部哲学，即是对于不可思议者之思议，对于不可言说者之言说。若无此，则即只有佛教而无佛教哲学。"④这一说法可以进一步去说明中国哲学是什么。从天命观来说，万物即语言，一切都是语言，都有天命的意涵在里面，要去体悟。体悟是中国哲学的核心，体悟的言说则是必要的辅助。只有体悟还构不成哲学，能言说体悟才是哲学。

负的方法本来是一个系统，对这一系统应当花大力气阐释。"在使用负的方法之前，哲学家或学哲学的学生必须通过正的方法；在达到哲学的单纯性之前，他必须通过哲学的复杂性。人必须先说很多话然后保持静默。"⑤冯友兰把力量较多地用在了正的方法上，而正的方法是否也有一个属于中国哲学自身的维度呢？这显然是需要探讨的。冯友兰认为，禅宗的哲学可以叫做静默的哲学，负的方法在实质上是神秘主义的方法。他强调中国哲学家的言论、著作富于暗示，不能丢掉这些暗示。对待一种哲学系统，除了要看哲学家自己说了什么，还要看其观点中包含的思想逻辑，进而还要问哲学家为什么会有这样的思想逻辑，这样就趋近于一种哲学的实质的系统。

---

① 冯友兰：《三松堂全集》（第6卷），河南人民出版社，2001年，第11页。
② 冯友兰：《三松堂全集》（第4卷），河南人民出版社，2001年，第13页。
③ 冯友兰：《三松堂全集》（第4卷），河南人民出版社，2001年，第472页。
④ 冯友兰：《三松堂全集》（第4卷），河南人民出版社，2001年，第8页。
⑤ 冯友兰：《三松堂全集》（第6卷），河南人民出版社，2001年，第288～289页。

冯友兰以为，中国哲学虽然在形式上的系统不及西方哲学，但有实质的系统。这一系统当然主要体现在子学时代，因为经学时代被认为是“旧瓶装新酒”。冯友兰对内圣外王的说明、对出世和入世的说明可以看成是中国哲学的实质的系统。这一系统的诸多细节还有待说明，在形式的系统方面，冯友兰的看法则大成问题了。他说：“中国哲学，没有形式上的系统，若不研究西洋哲学，则我们整理中国哲学，便无所取法；中国过去没有成文的哲学史，若不研究西洋哲学史（写的西洋哲学史），则我们著述中国哲学史，便无所矜式。据此，可见西洋哲学史之形式上的系统，实是整理中国哲学之模范。”①中国哲学总体的追求应当是实质的系统和形式的系统都是中国的。

金岳霖认为欧洲各国的哲学问题，因为有同一来源，所以很一致。现在是把欧洲的哲学问题当做普遍的哲学问题。如果先秦诸子所讨论的问题与欧洲的哲学问题一致，那么他们所讨论的问题也是哲学问题。以欧洲的哲学问题为普遍的哲学问题当然有武断的地方，但是这种现状不容易改变。既然如此，先秦诸子所讨论的问题，或者整个地是，或者整个地不是哲学问题，或者部分地是，或者部分地不是哲学问题，这是写中国哲学史的先决条件。先秦诸子所讨论的问题也都可以是哲学问题。至于究竟是否为哲学问题就不得不看写中国哲学史的人思想的架格如何。“先秦诸子的思想的架格能不能代表一种论理呢？他们的思想既然是思想，当然是一种实架子的论理。我们的问题是把实质除开外，表现于这种思想之中的是否能代表一种空架子的论理。如果有一空架子的论理，我们可以接下去问这种论理是否与欧洲的空架子的论理相似。现在的趋势是把欧洲的论理当做普通的论理。如果先秦诸子有论理，这论理是普通的呢，还是特别的呢？这也是写中国哲学史的一先决问题。”②显然，先秦诸子有自己的特殊的论理，中国哲学要讲出自己特殊的论理。金岳霖说：“哲学有实质也有形式，有问题也有方法。如果一种思想的实质与形式均与普遍哲学的实质与形式相同，那种思想当然是哲学。如果一种思想的实质与形式都异于普遍哲学，那种思想是否是一种哲学颇是一问题。有哲学的实质而无哲学的形式，或有哲学的形式而无哲学的实质的思想，都给哲学史家一种困难。‘中国哲学’，这名称就有这个困难问题。所谓中国哲学史是中国哲学的史呢，还是在中国的哲学史呢？”③既然把西方的东西当成普遍的东西是独断的，那么建设一个在实质和形式上都是中国的哲学也是不成问题的。关键就在于要勇于尝试。起码在主观上应当追求中国实质和中国形式的中国哲学，至于其中有多少西方的成分，结果的样态如何则又另当别论。

---

① 冯友兰：《三松堂全集》（第11卷），河南人民出版社，2001年，第403页。
② 冯友兰：《三松堂全集》（第2卷），河南人民出版社，2001年，第617页。
③ 冯友兰：《三松堂全集》（第2卷），河南人民出版社，2001年，第617页。

第二节 形式和实质系统相统一的中国哲学原理

阐发出中国哲学的形式和实质相统一的系统是中国哲学建设的长远目标。冯友兰提到中国哲学有实质的系统。冯先生认为为道的目的是提高精神境界，求解“出世”和“入世”的合题是中国哲学的精神，内圣外王之道就是哲学，中国哲学更多地使用“负的方法”等大概勾勒出这一系统的面貌。冯友兰在哲学的形式系统方面的努力虽然被金岳霖看成是哲学的一般，但依然被学术界认为有着强烈的西方色彩。金岳霖在为冯友兰《中国哲学史》所写的审查报告中提到：“中国哲学”这个名称的困难就在于不能使哲学的实质与哲学的形式获得统一。这一看法与冯友兰认为中国哲学虽然在形式上的系统不及西方哲学，但与有实质的系统的看法是互相呼应的。“中国哲学”不仅仅面临形式的系统问题，还面临着实质的系统问题。阐发一个实质系统和形式系统高度统一的中国哲学是中国哲学发展的要求。

这一努力的方向是与中国哲学当下面临的诸多问题相呼应的，是具体落实中国哲学创新和回应中国哲学研究的自主性呼声的尝试。从照着讲、接着讲、对着讲到自己讲就是要彰显中国哲学的特质、气质、风采、品格、神韵。不管是呼吁以“原创性叙事”来彰显中国哲学的灵魂和灵性的相关问题，还是“尝试比提倡重要”，强调用哲学的方法处理经典文献本身，都要落到实际的工作中才会对中国哲学有实质的推进。不管是重写中国哲学史，以解决中国哲学的合法性问题，还是中国哲学话语体系的创新、中国哲学知识体系的重构，或者中国哲学范式的转型等都需要具体的实际工作来体现，而不能仅仅停留在“设想”的层面上。

阐发一个中国哲学的形式和实质相统一的系统是为了使“中国哲学”取得相对独立的学术形态。这一独立形态首先是相对于中国哲学史而言的。“中国哲学”概念的使用和问题的孕育或者提出当然可以上推，如推到西方传教士，或者上推到章太炎、王国维，但学界公认胡适的《中国哲学史大纲》为开中国哲学风气之先。相比于“中国哲学”而言，冯友兰讲“中国哲学史”较多，其贡献有史有论。港台新儒家直接讲“中国哲学”并以之命名其著作或者以之为开篇的话题明显增多。牟宗三史论结合，“论”显然是其思想的特色，“中国哲学”实质的系统和形式的系统呼之欲出，但学界仍有未尽之感。例如，强调史、思互动来化解历史学家的视野和哲学家的视野的冲突，肯定“六经注我”的思考方式。或者强调中国哲学重在说服，强调尝试。强调中国哲学不是对象概念，而是方式概念，这样就不用预设中国思想中有哲学，也就回避了中国哲学的合法性问题。在中国哲学的研究领域存在“无观的中国哲学”“无观的中国哲学史”的问题，因而突出那个“观”非常重要。这就要求把中国哲学研究由中国哲学史推进到自觉的“中国哲学”的逻辑阶段，并且以“中国哲学”为前提，自觉审视中国哲学史的书写问题，从而使得本书的研究成为“中国哲学史”创新的准备工作，把中国哲学史变成有自觉的“观”。从中国哲学史中抽象出中国哲学的路径不应否定，总体上依然应当承认对象性研究，并努力实现研究方式和研究对象之间的高度契合。

以中国古代思想素材总结出中国哲学也会面临一定的难题。唐君毅的《中国哲学原论》在一个概念范畴或者命题下面讲不同思想家的思想，力求以这一方式成就中国哲学的整体面貌。现有的中国哲学概论性的著作依然采用历史性的写法。张岱年的《中国哲学大纲》就是以哲学问题的方式来显示中国哲学的整个条理系统的。其在每一个问题下面都引证了很多哲学家的思想。笔者认为需要在此基础上进一步抽象出基本的逻辑关系和基本原理，使得中国哲学“论”的色彩更强，从而淡化大量的引证。

中国哲学基本原理研究与新儒家对中国哲学的探讨有何不同？有什么理论进展？这要从基本的理论进路说起。“中国哲学”概念以及相应难题的出现，是在处理哲学与中国哲学、西方哲学的关系中引申出来的。而中国现代以来处理这一问题的基本思考方式基本上没有超出一般与个别的思维方法。在这一思路下，中国现代哲人往往会下一个宽泛的哲学定义，然后由此定义给中国哲学开路。如胡适的定义强调研究人生的切要问题是哲学；冯友兰强调对人生的系统反思；冯契强调真善美；牟宗三也从哲学的一般入手来研究中国哲学，并且追求哲学的一般框架。这一思路带来了很多问题：其一是由于哲学概念被拓展了，自然方便肯定中国哲学，但也带来了无须反思就默认中国哲学的问题。这一点在冯友兰的思想中是明显的，一方面冯友兰认为宋明理学等相当于中国哲学，另一方面又直接默认其为中国哲学，包括直接默认“四书”为哲学。其二是普遍性是从何处得出的问题。金岳霖一方面分析了西方哲学不一定能代表普遍的哲学，另一方面又肯定了冯友兰的一般和个别的分析方式触及了哲学的一般形式。其三是由此带来的问题是需要在以下多种选择中选出一条进路：建设一个与西方相似的中国哲学；建设一个与西方不同的中国哲学；建设一个与西方类似但要超过西方的中国哲学；不存在中国哲学但可以参考西方建设一个中国哲学；等等。由于西方哲学流派众多，自然就会提出不同的建设方案。

对中国哲学特殊性的把握因为有中西对比的方法以及相应的限制在内，并不利于直接呈现中国哲学的总体性，因而特质的研究并不能等同于中国哲学本质系统和形式系统的研究。同质性和异质性问题是次级的问题，虽然对中国哲学特质的研究成就是进一步研究的基础，但也不应把中西对比作为先导的问题和先导的进路。中国哲学研究需要参照西方哲学，但焦点不应该放在用不用的问题、用什么的问题、怎么用的问题上面，而是要关注用得恰当不恰当的问题。

如何继承中国哲学和中国哲学史的学科传统？这需要大胆的探索。近年来，“汉语哲学”的呼声很高，“汉语哲学”不应当只是一个西方哲学研究的话题，更应该是中国哲学研究的话题。

这里所说的中国哲学基本原理也是从以中国古代文化典籍为核心的素材中抽象出来的。但相比于现有的中国哲学史，中国哲学基本原理的取材对象更为广泛，主要是：平视儒释道，关注由三家思想内在关联构成的思想整体；兼容文史哲，不单纯从中国哲学史的经典著作中取材（如《史记》《西游记》等作品包含丰富的哲学思想，也是本书所要关注的）；雅俗兼顾，中国哲学基本原理的研究要充分考虑中国人在实际生活中奉行的哲学，把现实的文化传统和文化经典结合起来做整体的考虑。

中国哲学基本原理所说的中国是多义的综合体，是地理、文化、民族、国家、历史综合概念下的中国。这一定位是与取材的多样性相呼应的。

对哲学的不同界定会影响中国哲学基本原理的面貌。就“哲学”一词而言，本书所说的“哲学”是在对“哲”“学”二字进行分析的基础上，取《中庸》对“明哲”的解释，拓展“道问学”的含义，以兼容道家和佛学的内容。

阐发中国哲学基本原理的难点在于“原理”二字。如何讲出原理，并且是体现中国哲学特质的原理，是在哲学史材料考证基础上的合理抽象和合理概括形成的原理，这是一个难题。哲学史材料使用不恰当就会陷入简单罗列而理论抽象不足的困境；而过度抽象和概括则容易陷入空洞的困境。“观”和“观的文本”之间如何浑然一体是要着力解决的问题。本书力求使“视域”、“范式”与“文本”之间能够实现有机，从而使得原理具有一定的有机性。

中国哲学研究的一个难题是有的时候文本本身是零散的，即便文本自身有分章或者分篇，但从总体上看分章或分篇的文本形式和内在的思想系统不那么一致，甚至这种文本的形式对哲学思想的内在体系性说明形成了限制。一些特定的文本会出现没有办法用语言表达来有效地组织成内在的哲学系统的情况。正是由于存在这一疑难问题，因此才产生了汉学、玄学和宋明理学等各具特色的经典注疏形式。随着西学的传入这一问题变得更为尖锐和复杂。一个文本会出现这一问题，当面对众多的文本的时候，这一问题显然就变得更为突出了。这是不能回避，而且必须要重点解决的问题。

进入当前这一阶段的中国哲学建设的初始立意不在于“中西”，而在于“古今”，在于对本民族精神的认同、继承和发展。“中西”问题唯有提升中国哲学自身研究的学术性和专业性才能解决。在这方面，对中国哲学基本原理的研究不排斥西方哲学，但也不会依附于西方哲学，凡是有助于映射出中国哲学智慧的西方哲学资源都在使用的范围之内。中国哲学“合法性”问题的根源还在于既有继承的问题又有创新的问题。本书聚焦在“古今”问题上就是要破解继承和创新的难题，即关注继承的创新不够和关注创新的继承不够的问题。随着这一问题的解决，“中西”问题自然就解决了。

中国哲学基本原理的建设当从对现代中国哲学的基本成就出发，把现代中国哲学的基本成就还原到中国传统哲学的文献之中，以经典文献以及经典哲人的思想系统来校准现代哲学的新思考和新成就。中国哲学基本原理研究的基本点还是中国传统哲学的经典的内在系统以及这些系统的逻辑演进。问题意识是从现代哲学而来的，基本理念和基本逻辑则来源于传统哲学。

对中国哲学基本原理的研究是可行的。当面对众多的文本及其多样的内在体系的时候，如何能够做到阐释出一个文本的形式系统与内在的思想系统一贯的原理来呢？对这一难题的解决思路是：每一个层面的原理都有典型的思想表现，从典型的案例中得出的结论基本可以代表同类的思想。比如，以王阳明的心学为经典案例概括心学原理基本上就会涉及《孟子》《大学》，会涉及《坛经》，涉及陆九渊等的心学思想。经典案例和典型代表研究法是破解这一难题的一把钥匙。

对中国哲学基本原理的探究主张“逆取”。所谓的“逆取”即颠倒哲学与中国哲学的论述顺序，优先论证中国哲学，而后论证哲学；优先论证中国哲学，而后论证中国哲学史；优先继承和发展中国古代哲学，而后解决“中西”问题；优先考察文本的内在逻辑，而后考察文本思想发生的时代和历史情境；优先进行特殊性的把握，而后考察一般性的问题。

第三节　以道问学为灵魂的中国哲学

在《中国哲学导论》中，笔者曾经给中国哲学下过这样一个定义：“中国哲学是转识成智，由凡入圣，出生灭门入真如门的学问。”①此定义涵盖了哲学三个较为核心的组成部分：转识成智是认识论问题、由凡入圣是伦理道德问题、出生灭门入真如门是本体论问题。这个定义在一定程度上触及了中国哲学的内核。如果用一句话来概括中国哲学，可以说中国哲学是闻道的功夫学问。中国古人不以“哲学”称呼自已的学问和思想。中国古人重视“为道”，不管是体悟天理，还是追求本心，都是道问学。这是中国哲学的核心部分，也是最纯的部分。这个最纯的部分当然应该是中国自已的“哲学”。闻道可以成哲学，可以成宗教，也可以成世俗之知识，中国哲学为闻道学即是说中国哲学兼容了这两者。

如何把握中国哲学最核心的内容，会影响到对中国哲学史开端性问题以及经典文献地位的认识。尽管后来存在把闻道的功夫上溯到黄帝或者尧、舜、禹的倾向，但就存世的文本来说，其最核心的内容依然是在《庄子》以及《管子·内业》（简称《内业》）等文献中被明确表达的。也不能完全否认在卜筮或者追寻天命的过程中存在着闻道的要素，但是就文献记载而言，在《尚书》《易经》《国语》等文献中没有明

① 周海春：《中国哲学导论》，科学出版社，2016年，第2页。

确的记载。对闻道方法清晰的记载见于《庄子》和《内业》。①

1.《内业》中的闻道方法论

罗浩把《内业》看成是道家较早的文献。“就道家思想来源的讨论而言,《内业》的突出贡献之一，就是它是现存最早的神秘主义实践的表述，而这种神秘主义的实践见于所有道家思想的早期文献，包括《老子》、《庄子》和《淮南子》。在这种意义上,《内业》真正可以被称作‘原道’。”②在没有更好的研究结论之前，这一结论是一个可以接受的结论。

罗浩看重《内业》是有一定的道理的。道家的学说包括宇宙论，包括内修的方法，也包括政治的思考。即便是内修的方法，也有核心的部分，以及对外围问题的表述。罗浩假定存在一个独特的群体，这个群体有自己独特的入定修炼的方法，并因而产生了对道的神秘认识，在这一基础上诞生了道家文献。这些道家文献除了表达入定修炼的方法以外，也会针对社会的思想潮流给出自己的回应，并回答相应的社会政治问题，从而发展出自己的政治向度。罗浩因此对道家的文献进行了一定的排序，即把《内业》放在更核心的位置上，因为这一文献是直接表述入定修炼的内核的文献，而《老子》中则有考虑社会政治运用的问题。罗浩把郭店本《老子》看成是中间状态，即处于《内业》的纯粹的内修实践与通行本《老子》政治化程度逐步加深的中间状态。罗浩没有提及《庄子》，其实《庄子·内篇》更为侧重内修实践，而其他篇章力求对道家和其他学说进行学术区分，并增加了社会政治运用的内容。

罗浩推想“《内业》是这一组中最古老的作品，是原出于公元前四世纪的作品”③。“然而，由于诸多理由,《内业》应该视为比《老子》更早的一部著作。”④罗浩提出这一推想的理由包括:《内业》的诗句是简单的句子，缺乏《道德经》中格言式的写作技巧;《内业》把培养神秘意识状态当成优先问题，不像《老子》那样关注社会政治上的运用，也缺乏对其他派别思想的批评;《内业》的核心概念是“道”和“德”,《老子》的思想也关注这两个范畴。“在早期道家的传统中现在可以识别出一种独特的文学风格，这个事实进一步暗示了它的历史的起源。内修的实践与哲学，以组成独特单元的、有规则的、通常是四言押韵格律诗的形式的传承，这意味着在像《内业》与《老子》这样的早期道家文献写下来之前，它们是在导师与学生的谱系

① 笔者在《中国哲学导论》(科学出版社 2016 年版)第三章中已经初步阐发了“儒门修心法”“道家修真法”“禅悟法”，读者可以参考。

② 〔美〕罗浩:《原道:〈内业〉与道家神秘主义基础》，严明、刑文、何金俐等译，学苑出版社，2009 年，第 3 页。

③ 〔美〕罗浩:《原道:〈内业〉与道家神秘主义基础》，严明、刑文、何金俐等译，学苑出版社，2009 年，第 35 页。

④ 〔美〕罗浩:《原道:〈内业〉与道家神秘主义基础》，严明、刑文、何金俐等译，学苑出版社，2009 年，第 170 页。

里口头传承。这样，这个早期的‘关于道的全部学问’，在它于公元前四世纪用书写形式记录下来之前，可以很好地延伸到过去。它以这种独特的方式保留下来，显示了在第一个书写文本诞生后，一定数量的口头传承仍存在。这种学问——包括口头的与书写的——大概是由一个导师传给多个弟子的，当弟子们结束了他们的学习，到其他地方依靠他们自己的知识进行教学时，它构成了他们所持学说的核心。在他们新的境遇中，他们可以实践他们的神秘自修的学说，在时代所要求的思想语境中，他们经常这样做——建议地方统治者如何进行有效统治，因此，原始主义与调和主义的后来的向早期道教的发展，都结合了内修的学说。”①

何谓“内业”？陈鼓应解释为内心的修养。这一解释不能直达本源。内业，直白地说就是内在的事业，与外在的事业相对。成就此内在事业的核心方法是什么呢？《内业》第一章就对此进行了交代。“凡物之精，此则为生。下生五谷，上为列星。流于天地之间，谓之鬼神；藏于胸中，谓之圣人。是故此气，杲乎如登于天，杳乎如入于渊，淖乎如在于海，卒乎如在于己。是故此气也，不可止以力，而可安以德；不可呼以声，而可迎以音〈意〉。敬守勿失，是谓成德，德成而智出，万物毕得。”②一般把这一章理解为《内业》提出了一种精气说，其实这一章最有价值的并不是精气说，而是德音说。“精”不过是一个概念，“精”的内容如何，其实是有赖于修道的体验和境界的。这里精气只能“安以德”，只能“迎以音”。成德也是依赖“迎以音”修炼的，只要“敬守勿失”，就可以“成德”，而“成德”是“智出”的前提。从后文来看，《内业》似乎是矛盾的，既然可以“迎以音”，怎么又说“莫闻其音”呢？这就需要对文本进行一种整体性的处理。《内业》区分了“声”和“音”，“不可呼以声”，却可以“迎以音”。“谋乎莫闻其音”“不闻其声”“彼道之情，恶音与声，修心静音〈意〉，道乃可得”均指“不可呼以声”（《内业》）。“迎以音”不是用耳朵听外在的声音，也不是靠思想去想。“修心静音”和“迎以音”并不矛盾，二者是不同的，后者是形而下的，前者是形而上的。“迎以音”中的“音”可以参照鲁米的描绘：“不用担心这些乐音无可收藏！即使我们一件乐器坏掉，也不必介怀。我们所堕入的，是个乐音处处的所在。即使全世界的竖琴尽皆焚毁，仍然会有隐藏着的乐器在弹奏。就好比蜡烛虽然熄灭，但我们手上仍有燧石和火种。歌唱的艺术是海涛的舒卷。那优雅的舒卷力量来自隐藏在海底某处的一颗珍珠。诗歌像浪花一样沿着岸边卷起！它们源出于一个我们看不见的缓慢而有力的根源。现在停止说话。打开你胸脯中央的窗户，一任精神腾飞而出。”③

《内业》中有这样一段论述：“心以藏心，心之中又有心焉。彼心之心， 意以先

① 〔美〕罗浩：《原道：〈内业〉与道家神秘主义基础》，严明、刑文、何金俐等译，学苑出版社，2009 年，第 189 页。

② 《内业》原文参考陈鼓应注译《管子四篇诠释》，商务印书馆，2016 年，第 89～130 页。

③ 〔波斯〕鲁米：《在春天走进果园》，梁永安译，甘肃人民美术出版社，2013 年，第 76～77 页。

言。意然后形，形然后言，言然后使，使然后治。不治必乱，乱乃死。”在这段话中，王念孙把“音”改成了“意”，后人多采用这一改动。这一改动实际上等于把核心方法抹掉了。这一改动就把这段话的意思变成了先有内心的意念，然后形成语言和行动。如果是这样的意思，那就是在根本上违背了修道的方法，修道首先就是要没有意念，对于这一点儒家也是这样强调的，道家自然也不会把意念当成心中之心。音然后形是说此音是有创造力的，形象的本质是音，音可以化为形象。因为形象为音所化，形可以化为“言”，言是音的蜕变，言的出现使得音转换成一种行为的动能，即“使”，通过这些环节，“音”支配着这个世界的运转，从而达到大“治”。

2.“道问学”可以不为儒家专属

我们可以不加反思地说在研究“中国哲学”，也可以自觉地说在研究“中国哲学”，自觉地做“中国哲学”就是要有“中国哲学”的立场。这个立场一定是中国古人的，才能叫做“中国”。“中国哲学”中的“中国”当然可以指代地域，可以指代民族和个人，但从哲学的表征来说，就是指代中国古代那些看起来比较有思想成就的“圣人”。因此，“中国哲学”之“中国”一定要在某种程度上表现出古汉语的哲学意味。如果完全脱离了古汉语，也很难讲是“中国哲学”。当然，这些都是比较表层的部分，最核心的还是：中国的那个“哲学”到底在哪里？答案当然要在文献中去寻找，这就要求有一个开放的文献视野，先把文史哲的学科界限打开，当然也要尊重中国哲学史学科的传统定位。因为“中国哲学”不是一门古有的学问，而是一门当代的学问，在某种意义上说，更应该是一门未来的学问。

“道问学”虽为儒家所用，却可以用来指称整个中国哲学。就人的生存来说，最直接的问题是该如何做事，这一问题抽象地讲就是如何走完一生的道路。哲学的智慧能够指引人生的道路，哲学家就是人生的指路人。从这一意义上说，中国古代的思想是哲学。

在日常经验之中，我们走路靠脚，用眼睛看方向，但向哪里走，则涉及对人生意义的理解。走路不单单是走路，也是一个实现人生意义的过程。

走人生的道路靠的是整个身体，靠的是价值追求，靠的是理性思考指引方向。儒家之道，着眼于整个人生，人们常说儒家关注人道即是此意。人道的含义之一即人从小孩到成人的过程，如古人把人生分出八岁前、十五岁、三十岁、四十岁、五十岁、六十岁、七十岁等关键节点，人生意义逐渐丰富的过程也就是成人的过程，是从小人到君子、圣人的过程。

要完成对人生意义的领悟，首先就是要学习先人之道。从个人的角度来看，人出生的时候，先前的人际关系是确定的，人首先要面对的是如何对待先人，所以儒家比较重视“先王之道”。

成年人之道对于幼年人有很大的参考作用，儒家很重视“父之道”。社会之道对于个人的成长也很重要。个人并不总是接受既定的社会之道，同时也赋予社会之道以意义。这就表现为在中国哲学领域一直存在的“穷”“达”“显”“隐”，或者“出世”和“入世”的话题。

个人的人生道路总是和群体的人生道路关联在一起的，治国之道是中国哲学的一个重点内容。王道和霸道不过是群体不同的道路罢了。群体的道路，会因为社会的样态不同，被分成不同群体的道路，如天子之道、诸侯之道、士人之道、庶民之道等。

为了给人生之道寻找本源性的根据，哲学家把目光投向了形而上的世界，并力求在形而上的世界中为人生道路寻找依据。这样一来，形而上的世界就成了人生道路的归宿。为人生寻找意义的努力促使了天命、天道等概念的诞生。人要行道，当然要有一些参照，“天道”本身就是最好的参照。每个人只要起到了积极的典范作用，其实就形成了自己的道。儒家追求天道，落脚点在现实的人生，并依凭人身。老子和庄子把道路的概念提升为本体的概念，用人可以在现实的经验中确证的行走、观察等概念表达形而上的道路思想。道家的道是一个行走意象的语言，不过表达的却是形而上的行走。这在道家的思想中随处可见。如“善行无辙迹”(《道德经》第二十七章)，讲的就是行走，不过把这种行走规定为没有痕迹的行走。这种行走恰好是对形而下的行走的否定，即“不出户”“不行”(《道德经》第四十七章)。庄子讲“无行地难”(《庄子·人间世》)也是一种行走的语言，不过这个行走是没有具体行走的地方的。没有行走的地方用西方哲学的概念来说，可以是普遍性。

不仅仅行走被引入对形而上的道路的说明，行为也被引入，“无不为”的显然是行为，但这个行为却不是人生可见的那些行为。这样就发展了一种哲学思路，即指引人生道路的关键要素都可以被转换为形而上的语言，如指引人生道路不可或缺的知识性要素变成了形而上的“无知知者”(《庄子·人间世》)。般若学传入中国以后，这一表达方式得到了进一步理论化，从而成为阐发形而上世界的典型表达式。

3. 讲“道”不比讲理性差

黑格尔把《道德经》中讲的“道”说成是一种处于初级阶段的哲学。为什么会称其为初级阶段的哲学呢？《黑格尔历史哲学》和《哲学史讲演录》中的讲法略有出入，并且是很模糊的。根据文意大略：用“无”来规定“道”就把“道”规定为单纯的、自身同一的、无规定的、抽象的统一，但是只是达到这一阶段显然还只是处在哲学的开端。黑格尔说：“因此这‘无’同时也是肯定的；这就是我们所叫做的本质。”①黑格尔认为讲“无”也是肯定的，就像说绝对是一，因为说绝对是一也是排除了一切规定。如果联系《逻辑学》来看，讲“无”还只是在哲

① 〔德〕黑格尔：《哲学史讲演录》(第一卷)，贺麟、王太庆等译，商务印书馆，1959年，第131页。

学的开端阶段。黑格尔在《逻辑学》中说：开始的东西，既是已经有，但又同样是还没有。所以有与无这两个对立物就在开端中合而为一了。开端是两者无区别的统一。对开端的分析，产生了有与无的统一的概念。“这个概念可以看作是绝对物最初的、最纯粹的，即最抽象的定义。”[①]道家哲学被看成是初级阶段，就是因为黑格尔没有在《道德经》中发现从最抽象的规定向具体的规定的内在贯通的理念的逻辑学展开以及由此形成的逻辑秩序。黑格尔说：“中国是停留在抽象里面的；当他们过渡到具体者时，他们所谓具体者在理论方面乃是感性对象的外在联结；那是没有［逻辑的、必然的］秩序的，也没有根本的直观在内的。再进一步的具体者就是道德。”“从起始进展到的进一步的具体者就是道德、治国之术、历史等。但这类的具体者本身并不是哲学性的。”[②]黑格尔不懂得“德”是内在的，从而使得道成为生命前置的“道路”。

纯无作为一种形而上的规定，并不能成为哲学的开端。“无”只能是一个界限，犹如天地之暗河，对于形而下的事物来说，“无”划定了形而下的界限，开辟了形而上之境。至于形而上的世界，哲学虽可探究，但却不必然是哲学的。形而上的世界完全可以说是一个“有”的世界，只要把这个“有”规定为不是形而下的“有”就可以了，也就是“非有之有”。《道德经》第十四章所说的“夷”“希”“微”并不是如黑格尔所说的表示一种绝对的空虚。这里不过是一种否定，不过是表示一种对感性及其对象的远离。道并不空虚，并不是没有规定性，相反，其中有“物”，也有“精”。

依据黑格尔的哲学看不出道家具有哲学性，等于是否定了中国哲学。黑格尔承认“道”有“道路”的意思，这个道路指引着方向和事物的进程。但是他却把“道”理解为理性、本体、本原，是事物之所以存在的理性根据和基础。他提到“道”是“逻各斯”的说法，但他更坚持认为“道”就是“原始理性”。“理性”的说法更“哲学”，还是“道”的说法更“哲学”？显然“道”比“理性”更好。金岳霖对此认识更深刻。依《论道》的论述，能够用概念表达的，更多的是样式，是“可能”，顶多把握到“式”，而不能把握“能”。“道”有“是”，也有“由”，“是”对应“逻各斯”，“由”对应如来如去。“逻各斯”是道路的边界和关卡，是黑暗的地带，而“由”为澄明的道路，为一自由行走之境。理性不能把握“能”。作为哲学的开端性的思想显然不能从理性开始，而要深入“能”的道路。这个“能”就是德性所表达的那些内容。

理性对于指引人生的道路是很重要的，面对人生的路障和关卡，需要理性智慧的认知，如此才能通达。但理性不是道路的全部内容，理性无法把握“能”，因而也就不能把握本体之道路。

---

① 〔德〕黑格尔：《逻辑学》（上卷），杨之一译，商务印书馆，1996年，第59页。

② 〔德〕黑格尔：《哲学史讲演录》（第一卷），贺麟、王太庆等译，商务印书馆，1959年，第132页。

4. 哲学即道路

人们常说哲学是智慧之学，而谈到智慧，人们总是语焉不详。智慧在哪里？从经验上来说，能够指引他人人生道路并且这种道路是好的道路的人是有智慧的。知道道路在哪里，所谓理性的选择，不过是对道路的抉择，如果道路不曾展开在人生的面前，那么选择也是盲目的。理性的选择总是与道路的展开相关联。

中国哲学的萌发是与道路意识有关的。正如我们每天走在道路上，并没有感觉到有道路的存在。道路比存在者的概念更根本，只有走在某种道路上的存在者才能称为存在者。万物都有自己的生命道路，可以说万物即道路。万物之所以是道路，用朱熹的哲学来说，是因为气即路障，理即自由行走的道路本身。气之分殊，使理亦呈现为多样的面貌。

万物为什么要有自己的道路，而不共走同一条道路？这显然是一个最哲学化的问题。不管是原罪意识、自我抑制说，还是静极生动说，都不过是在追问多样的道路何以产生的问题。这一问题太形而上了，不如追问既然已经走在某种生命的道路上，这种道路的终点在何方才更为根本。对起点的追问不过是对终点的追问的一个表现。对于这一问题，中国哲学的经验就是“成道”。成道说是模糊的，但在模糊性中包含了思想的丰富性。觉悟者是成道着的，迷失于红尘者也是成道着的。成道不分圣与凡，不过，圣人自然是更值得追求的。万物是成道着的，这是中国哲学对生命意义的理解，是中国哲学的终极关怀。尽管万物是成道着的，但有自觉和不自觉之别，有喜剧和悲剧之别，自然也有圣人的期许。圣人就成了道路的自觉者和指引者。

每个生命都走在自己生命的道路上，哲学最根本的问题往往都来自对生命道路的质疑。发问本身意味着自觉，也意味着困惑和指引。这样就出现了一种哲学思想，即认为任何寻求都有从它所寻求的东西而来的事先引导。《中庸》说的“审问”本质上不是去问别人，从他人那里得到答案，而是面对内心的疑问，回到问题的源头，并接受问题源头的指引。因而“审问”就是生命自我的解释。哲学即道路，意味着哲学必然是生命自身的解释、生存论的解释。问题比理性更根本，理性不过是对问题的澄清和解释，从而成为外显的固定化的思想道路。

哲学所探讨的东西是与生命相关的，是最能触动生命的东西。哲学关联着生命最原始的情感、最原始的情绪、最原始的生命意向。这个意向为生命本有，是儒家所说的立志的那种东西，康德所说的意志不过是对生命本有意向的一种追问。

道路对生命的开展是内在的，因而道路与生命最为切近。当生命完成自身的生命道路之时，他就成了一个外在的道路典范，指引着他人的生存道路。生命总是在他人的道路中寻找着自身，最终发现切近的道路只是在自身这里。

排除了形而上的哲学很难再被称为哲学，这样的哲学与其说是哲学，不如说是对科学还未研究领域的一种补充。真正的哲学总是形而上的，其原因就在于人总是想寻找人生道路的源头，寻找在生命之前已经存在的道路，不管这是虚幻的思考，还是真实的，哲学总是不愿意放弃对人生道路的追问。

5. 形而上学的悬置

中国有形而上学，但因为这一形而上学是就着形而下学来讲的，所以这一形而上学本身是虚置的。正因为是虚置的，所以常常被说成是境界形而上学。也正是因为形而下学的人生才是“实”的，这使得这一形而上学既有本体论意义，同时也有实际人生道路的源头与归宿的意义。本体论同时也是创生论，二者往往结合为一体。这在《道德经》中有明显的呈现，“道生一”，道同时也是恒常的。

形而上学不离形而下学，使得天命或天道成了中国哲学前置性的范畴。天地寂寥，人却必须要说话，说话是人的使命。天地虽不言，却像是发出了某种指令，发出某种召唤，召唤着人说出点什么。董仲舒说：“天不言，使人发其意；弗为，使人行其中。名则圣人所发天意，不可不深观也。”[①]天不言，说明“天”没有被赋予实际的语言功能，天为虚，人才是实际的说话者。但人这个说话者却离不开“天”。天地寂寥却有语言的召唤，这种召唤就被哲人体会为一种天命。对天命的体会引发了一种使命感，使命的实现会遇到阻碍，这又萌发了对命运的感叹。使命和命运感对于圣人来说是实际的体验。尽管天命是虚悬的，圣人的使命感却离不开这种虚悬。

由有入无，由无转有，自然就成了中国哲学不可缺少的思想过程。有无转换的关键点或者被思考为静动的关系，或者被思考为善恶的区分，或者被思考为未发和已发，或者被思考为“端”。这样中国哲学就有了一种开端性的思想。这一开端就是由形而上的道路向形而下的道路展开的开端。

6. 出世为虚、入世为实的哲学的本源构造

哲学探究生命的道路，如果对这一道路的探究不过是万物的道路，终究不能成为哲学。对形而上和形而下的探究如果终究不能开辟人生道路的起点和终点，那么这种探究终究是一场空谈。中国哲学谈“独”“兼”，谈“穷”“达”，谈“隐”“显”，谈“游于六合内外”，看似不像哲学，却触及了哲学的本源构造。

道路只有由源头而来，而又回归于自身，才是完成了道路。道问学一定不会局限于形而下，而一定是追问形而上的。人走路是形而下的行走，个体一生构成的道路也是形而下的道路。生死之外的本体道路，超绝于经验和理性之外。中国哲学不否认这一道路，但也不实际地阐发这一道路，所以出世往往是虚置的道理，入世才是实际的道理。人在场内，如何跳出三界外，不在五行中？其实生命已经跳出三界外了。万物出入于大道之门，如此才构成了道路。门是道的标志，在门前，需要智慧的辨别，在路口，需要生命的本觉和德性品质的助推，这样生命才能走上通往至善的道路。

除了“门”的意象，海德格尔喜欢讲“座架”，即一个万物游戏的舞台。就像

---

① 〔汉〕董仲舒：《春秋繁露》，张世亮、钟肇鹏、周桂钿译注，中华书局，2012 年，第 367 页。

演戏一样，自己当演员的时候，知道自己是在当演员，所以能够超越戏中的喜怒哀乐，不被其左右。戏中的故事是场内，演员在场内，但他本身不是戏中那个角色。哲学恰好就是要告诉人、提醒人自己是“剧作者”，而不是“剧中人”。当然提醒的方式不同：有放弃演戏的选择，有边演戏边认识自己是“剧作者”的选择。“剧中人”为入世，自知自己不是“剧中人”，为出世。本体不离大用，大用就是本体。

7. 觉悟和梦醒为中国哲学的本始体验

出世为虚，入世为实，如何统一虚实？中国哲学的形而上学是体验式的，而最为根本的体验是开悟的体验和梦醒的体验。

孔子没有突出觉悟的概念，但学、思已经包含了某种觉悟在内。孟子提到“先觉觉后觉”，对本心的把握被表述为思。这个思是孟子的一种觉悟体验。这种觉悟是体验到自己有个初始的善心。随着佛教的中国化，开悟的问题开始凸显。但是所谓的开悟之法也是虚置的，即明明无悟法，但是悟法却迷人。当人开悟以后，悟法就是无伪亦无真的。禅宗明确悟法不是假的，但也不能说是真的。

不真也不假，看似矛盾，却表达了对开悟的真实性的追求，但又不能执着于这种追求。这样开悟的体验就如梦醒一般。明心见性的价值就在于本体道路的开启。悟法无真无假。如果人开悟了，开悟的方法也就不重要了。但是如果还没有开悟，就需要通过顿悟的理论来指导。

梦醒的问题对中国哲学至关重要。只有沉睡在梦中，生命才能当好“剧中人”，才有形而下的道路展开。只有醒来，才有“剧作者”，生命才抽身而去，才对本体道路的探究有紧迫感。形而下的经验生活的梦醒非常适合用来说明形而上的问题。庄子用梦醒来表达哲学思想，具有高超的哲学艺术性。因为梦醒可以包含很多逻辑关系。梦和醒是不同的，这可以说明形而下和形而上的区别。人在做梦的时候往往把梦当真，不知道自己在做梦。这可以用来说明现实的人生是一场大梦，这场大梦之所以具有实在性只是因为人把梦当真了而已。从更宽阔的时空洪流来看，这个大梦是会醒来的。人做梦会醒来，可以用来说明人最终会觉醒。

人既在场内又不在场内，就形成一种观察，这种观察带有反思的性质，能够反思自己在场内的一切，同时可以采取场内的行动，按照场内的规矩办事。既在场又不在场，正是因为不在场，所以才能更好地在场。这就像一个纯粹盲目的人和一个拿着剧本演戏的人的区别，后者既有投入的激情，又有冷静的旁观，既在梦中，又是觉悟者。这一点显示了中国哲学的本质精神。因为不在场中，所以可以和宇宙合一，进入澄明之境，活在大宇宙中，与宇宙完全不相限隔；因为在场中，还在遮蔽之中，在小宇宙中，在被限隔的世界中生活。这是出生灭门入真如门，也就是人们常说的内在超越。中国哲学的灵魂恰好就是让人在场内，同时已经活在了场外。活在场内是梦，觉悟是醒来，从而让人超越了场内。

8. 哲人“明哲保身”的境遇

古今中外哲学家的境遇既有共性的一面，又有特性的一面。中国古代哲人是什么样的人呢？这里借助连叔的形象来说明。

《庄子·逍遥游》中有一段肩吾和连叔的对话：“肩吾问于连叔曰：‘吾闻言于接舆，大而无当，往而不反，吾惊怖其言，犹河汉而无极也。大有径庭，不近人情焉。’连叔曰：‘其言谓何哉？’‘曰：“藐姑射之山，有神人居焉。肌肤若冰雪，绰约若处子。不食五谷，吸风饮露。乘云气，御飞龙，而游乎四海之外。其神凝，使物不疵疠而年谷熟。”吾以是狂而不信也。’连叔曰：‘然，瞽者无以与乎文章之观，聋者无以与乎钟鼓之声。岂唯形骸有聋盲哉，夫知亦有之。’”

肩吾和连叔谁像哲学家？显然是连叔。肩吾是拘泥于常识经验的人。肩吾不理解接舆的话，以“人情”为标尺来看待接舆的话。在肩吾的心目中，接舆的话空泛而漫无边际，谈论的都是不可捉摸的事情。他认为接舆的话“大而无当”“往而不反”“不近人情”。接舆的话显然有一定的“大话”特征。接舆，隐喻已接近道的人。如果说接舆是一个宗教家的话，连叔就是一个哲学家。连叔具有一种解释者的地位，可回忆或者解释不同的经验系统，可以了解神秘经验，也可以了解常识经验。连叔的智慧是兼通形而下和形而上两个领域的。

中国本无“哲学”二字，这成了中国哲学之痛。借助古代经典为中国“哲学”两个字“正名”也是必要的。[①]“是故居上不骄，为下不倍。国有道，其言足以兴；国无道，其默足以容。诗曰：‘既明且哲，以保其身’，其此之谓与！”（《中庸》）为何要“哲”？“哲”之要害何在？中国本意的“哲”的意蕴为何？“哲”的前提是“明”，要结合“明”来理解“哲”。依《中庸》，人有禀赋于天的诚明明德，然此诚明进入人身而被部分地遮蔽，人需要从透出的明德来回到明德的源头。从保护明德的角度来说，人需要一种智慧来处世。这个智慧就是“居上不骄，为下不倍。国有道，其言足以兴；国无道，其默足以容”。“哲”字在这里就有从明德的视角看待人生，并合理处世的意味。“明哲保身”是保护“明”不受到伤害，以超越的心态处世，其中包含了一种以出世的精神入世的要求。

明哲保身已然说出了哲人的境遇。在哲人那里，既然展开了形而上的人生道路，守护这条道路就成了哲人最为神圣的使命。为了完成这一使命，哲人不得不“哲”，不得不拥有开展形而下生活的智慧。“哲”有处世智慧的意味，这当然会变成流俗性的东西，“明哲保身”如果缺少了“明”的前提，也很容易变成庸俗性的文化取向。

① 周海春：《中国哲学导论》，科学出版社，2016年，第5～15页。

第四节　中国哲学工具初论

亚里士多德的哲学包含对整个世界的宏观的划分，语言逻辑领域的事情被归入工具论。对于中国哲学的未来发展来说，探索一个成熟的工具论是非常必要的。工具论指向具体的语言活动，在中国哲学中有关于“大言”的论说，这里不进行讨论。①这里主要从具体的语言开始论述，但为了更好地把握中国古代语言哲学，也需要对语言的开端性问题进行初步的勾勒。

1. 静默的哲学逻辑

从语言活动的整体来看，哲学家是语言活动中的积极分子。每一种新的哲学体系总是会有自己独特的语言风格，有新的概念被创造出来，即便是旧有的概念也会被赋予新的含义或者具有新的逻辑地位。这种新的语言活动往往是抽象的，有的时候看起来甚至是混乱的、晦涩难懂的。中国古代哲人也不例外，也是语言的积极创造者。但中国古代哲人还有另外一个方面，那就是他们总体上是反对语言活动的。禅不用语言，这为人们所熟知。道家否认语言，要求超绝名言之外。魏晋玄学有关于言和意的关系的讨论，得到意可以忘言。到了宋明理学，则融合了儒释道，突出了静，突出了寂灭。静默是中国哲学的要素之一。但是静默并没有被承认是中国哲学的要素。

20 世纪中国哲学史的进程是一个不断追寻中国哲学特质的进程。提及哲学，人们总是会想到语言，想到语言，自然想到逻辑。以此来观中国哲学，其因为自己对语言的独特的哲学态度被定位为存在反语言倾向。这个问题涉及如何理解哲学的“逻辑”问题。海德格尔曾经对形式的逻辑学提出了批评，因为这种逻辑学无法真正地使得逻辑学和哲学关联起来。“逻辑学应该是不同的，应该成为哲学的逻辑学！”②哲学的逻辑学包括语言以及语言中包含的逻辑和对待语言问题的逻辑。

静默对于哲学思想的诞生是很重要的，静默由此就成了一种开端性的思想，用中国哲学来说，就是一种功夫。“而开端性的思想，作为本有之静默，就是为此种准备工作服务的。”③在中国哲学领域，在很长的时间内，静默是被当成修道的功夫实践来对待的，但到了程颐、程颢和周敦颐，静默被看成是思想的前提。周敦颐把静置于和诚、太极同等的逻辑地位上。“无思而无不通，为圣人。”（《通书》）静意味着“无思”，但却能够“无不通”，静默反倒是获得思想丰富性的前提。圣人就是凝然不动的。但圣人的凝然不动不否认思考，“人心常要活，则周流无穷，而不滞

---

① 关于大言问题笔者进行过阐述，参见周海春：《中国哲学导论》，科学出版社，2016 年，第 284～286 页。

② 〔德〕海德格尔：《从莱布尼茨出发的逻辑学的形而上学始基》，赵卫国译，西北大学出版社，2015 年，第 8 页。

③ 〔德〕海德格尔：《哲学论稿：从本有而来》，孙周兴译，商务印书馆，2014 年，第 473 页。

于一隅”①。这一区分可以说把静拉到了哲学逻辑的轨道上来，使静成为产生思想的功夫。在儒家这里，静不是思想的障碍，而是思想的源泉。静对于思想诞生的意义在于有助于思想家摆脱人云亦云，摆脱功利的算计的影响，让思想进入自身的本质之中。“只要哲学从基础问题的另一开端而来进行追问，那么，静默就是哲学的‘逻辑’。”②静是寻求真理的一种方式，其中包含着追问。这样一来，静默就成了比其他逻辑更高的法则。“‘逻辑’的本质就是默秘学。”③只要哲学保持形而上学的热情，哲学的第一逻辑一定是静默。“静默具有比任何逻辑更高的法则。”④静也是一种成就思想的功夫。

只有静默才能让哲人的思想从有形的世界中抽离，直面那形而上的世界。“不知处阴以休影，处静以息迹，愚亦甚矣！”（《庄子·杂篇·渔父》）哲人需要观万物，观万物需要保持心灵的宁静，不让万物来干扰心灵。观万物需要对万物有一种精神上的超越。万物在虚静中归根，哲人在虚静中静观事物回归本根，从而建立自己的形而上学。

清静让哲人离开利欲的羁绊，从而趋向公理。是什么让人不得清静呢？人心好静，欲望的牵引使人不得安宁，遣欲澄心，可以平复欲念。静是思想沉淀的良方，诸多的思想需要在安静中被澄清，让思想“浊以静之徐清”（《道德经》第十五章）。清静更能够帮助哲人获得思想的方向感。“人能常清静，天地悉皆归。”（《清静经》）恰如泰戈尔所言：“静静地坐着吧，我的心，不要扬起你的尘土。让世界自己寻路向你走来。”⑤

2. 在虚实之间：万事的语言学意义

“言”是一个会意字。甲骨文中，“言”从口，上像萧管乐器形，为会口吹乐器之意。金文中的“言”也大致如此。直言叫做“言”，论难叫做“语”。从字源上可以看出，“言”本指吹奏乐器，也指被吹奏的乐器，后指开口说话。从广义上讲，“言”应是一种“有意义的声音”，其中包括吹奏乐器、直言、论难、文字写作等诸多的语言形式。

从事实角度来看，“言”有两种表现形式：“言之言”与“不言之言”。“言之言”主要有两种：一为开口说话；一为书写写作，如诗、书即为雅言。吹奏乐器本不是“言”，但其能表达人的心灵追求，聆听者也可以从中体会人生意义。同时代的人能够从孔子的乐曲中听到他关心世事，孔子的弟子曾经从孔子的乐曲中听到贪欲。吹奏乐器、人的行为，甚至自然现象都能给人以思想启迪，从而构成“不言之言”。“天

① 程颢、程颐：《二程集》上册，王孝鱼点校，中华书局，1981年，第76页。
② 〔德〕海德格尔：《哲学论稿：从本有而来》，孙周兴译，商务印书馆，2014年，第97页。
③ 〔德〕海德格尔：《哲学论稿：从本有而来》，孙周兴译，商务印书馆，2014年，第97页。
④ 〔德〕海德格尔：《哲学论稿：从本有而来》，孙周兴译，商务印书馆，2014年，第98页。
⑤ 泰戈尔：《飞鸟集》，郑振铎译，外语教学与研究出版社，2010年，第96页。

何言哉？四时行焉，百物生焉。天何言哉！”（《论语·阳货》）这里并不是说天地万物本身会说话，实际说话的是人。但人可以在天地万物中体会出某种语言来。“天不言，以行与事示之而已矣。”（《孟子·万章上》）“行”与“事”起到显示某种意义的作用，但意义的具体内容却依赖人的解释。如颜渊死了，孔子认为是“天丧予”（《论语·先进》）。“凤鸟不至，河不出图”，孔子认为是“吾已矣夫！”（《论语·子罕》）

人可以从同样一个现象中发现不同的意义，并用自己的语言表达出来。这样建立起来的关联往往是模糊的，是缺乏可靠的联系的。汉代发展起来的“符瑞”和“谴告”说的就是此意。将万物泛化为语言的现象是中国哲学的一个很重要的特征。尽管这一现象有很多局限，但研究中国哲学的特质却不能忽视这一现象。在这一模糊的联系中，也有值得探究的哲学智慧，有可以用语言来加以澄清的内容。就像面对“水”，既可以体会到柔弱，也可以体会到性善；既可以体会到公正，也可以体会到智慧；既可以体会到坚持，也可以体会到勇敢。对其中包含的思想规则的思考，是中国哲学现代转换必须面对的问题。把握万事的语言学意义是体会中国哲学智慧的必经之路。天地不言，其中有本来的理，也可以有诸多的哲学体系与之相应。这诸多的哲学体系不过是一种描述、一种诉说。作为哲学逻辑的沉默表达语言的压抑，不是不说的境界，而是自由诉说的境界。

3. 汉字哲学论

想要说明中国古代有哲学，首先要说明古汉语对表达哲学的影响。古汉语也表达了哲学。如何阐发古汉语与哲学的关系是一个难题，这里仅仅就和哲学关系密切的几个问题进行初步的说明。

其一，一字一语论。要把字当成哲学范畴，甚至当成哲学语言来对待。“古代汉语，一字表示一语，成为一个单位。因此，汉语被称为孤立语的代表。”[①]汉字是句子的要素，会随着句子和句群的发展而逐步成为语法系统的一个要素。但也存在相反的情况，一些汉字顽强地保持着自身的独立性，使得哲学思想反倒围绕着这些汉字展开。这样的汉字就具有了哲学范畴的意义如道、德、性、命、心、阴阳、仁、义、礼、智、信等。

一字表示一语的说法非常深刻。比如“德”字，有道路的意象，有十字路口的意象，有脚印的意象，有眼睛的意象，也有心灵的意象。当这些意象组合在一起的时候，这样的一个字本身几乎涵盖了语言最基本的要素。这些要素包括对不同对象的指称，如客体、主体、心灵和行为。对于这样一个汉字，如果转换成现代汉语，需要很多语言才能讲清楚，甚至可以做成文章。

要关注字，而不是合成词。汉字的孤立语特征还表现为现代汉语使用的合成词

① 〔日〕中村元氏、〔日〕萩原朔太郎：《中国人之思维方法　诗的原理》，徐复观译，九州出版社，2014年，第23页。

如果放在古汉语的语境则应从字的角度来理解。比如“学生”一词，背后隐藏着一种静态的哲学理念。只要一个人在学校读书，取得学生的资格，那么这个属性就是稳定的。即便不是在和老师相对的环境中也是学生。但是如果按照古汉语的语境来理解，则应该理解成“学”和“生”。只有不断学习的人才能叫做学生，即便有学生身份的人如果没有学习，也可以说不是学生。不是学生身份的人如果虚心好学，也可以叫做学生。比如“改良”一词，作为合成词和“改革”含义相近。但如果从古汉语的语境来看，这个词语是很荒谬的。改掉良，就是变坏的意思了。当然也可以有辩护的方法，就是改掉坏的，趋向良好，所以叫做改良。

一字为一语，其中包含丰富的内容，使得一些字可以被后人从不同的角度进行发展，从而用来构造自己的哲学。汉字的疏解往往构成了中国哲学创造中不可或缺的环节，如宋代陈淳的《北溪字义》。陈淳以“令”解释命，依据笔者的道问学思路，命则是指向一种必然性的道路，其涵盖了命令、命运和使命等核心含义。陈淳以命开头，有他的考虑。因为他把性理解为天命给人的理。这样一来，天指引人生道路就被内置在人之中了，顺从性就成了人道的开展。陈淳把心看成是容器，里面装着性，通过性主宰身。性发动出来是情。“心之所之”就是志，这样就构成了一个道路的循环。陈淳对字义的解释如果以道路为核心就会变成这样的逻辑。但对陈淳自身来说却不是这样。他把道、德的范畴看成是由理这个环节展开来的。如果突出道路的含义，理则是某一类道路，这类道路和另外一类不同，自然有分别。陈淳看起来是讲字义，实际上却是在讲一种哲学。这种哲学由天人关系延伸到人与人的关系。

其二，根身-道身性相学语言。根身-道身性相学语言的讲法取自唐力权的“根身性相学”的语言这一讲法。①之所以改为根身-道身性相学，是因为汉字虽然表象的主要内容是根身以及与根身相关的事物，但往往是从根身性相来说明道身性相的。

象形所象之形多为人自身以及古人生活涉及的诸多具体事物。关于这一点，汉字学已经有很多研究成果。这里借用“根身”和“道身”来说明汉字总体上反映的是人的经验生活，因而是具象性的。汉字构成法虽分象形、指事、会意、形声、转注、假借六法，但象形是基本。汉字更多诉诸视觉而不是听觉，诉诸图画思维而不是声音思维。汉语表达可以南腔北调，但是只要汉字的写法是差不多一样的，就可以把有不同音调的人连接为一个民族的整体。汉字早期的样态更像一幅画，后经发展逐步简化。具象性的汉字如何表达抽象呢？象的组合会弥补孤立的象的局限性，同样也可以通过某种属性或者特征的相似性来实现抽象思想的表达。比如“理”字，本为玉的条理。《孟子字义疏证》强调物质中有一种分别，这种分别就是条理。人主观认识这种条理就是智慧和圣贤。这样理就从客体的规定转换为主体的规定，变成了心之所同然的理。物质的天理和心的条理之间有某种共同性。当“理”被解释成“理

① 唐力权：《周易与怀德海之间：场有哲学序论》，辽宁大学出版社，1997年，第186页。

由”的时候，就比较抽象了。汉字的具象性有表达抽象的困难，不仅如此，表达复数也会遇到困难。如“众”字就是一种表达多数人的方式。附加数字或者加上“等”“诸”等字都有助于表达复数。具象性也有表达抽象性的优点，就是使得抽象回到感性的具体。比如用“圆”来表达整体、普遍。“圆成实性”或者“圆教”的讲法既有抽象的意味，又很形象。古汉语的这一特征影响了中国哲学。西方哲学有“存在”或者“存有”这样的概念，但是“存”、“在”和“有”在中国古汉语的使用习惯中，往往是形而下的概念。如“有人曰”，“有”起到限定的作用。像“群有”这样的概念，“有”是一个形而下的存在物。“在”也更多的是形而下的事物的“在”。

用人的身心以及与身心相关的具体事物来说明抽象事物，使用的方法之一就是用局部属性指代整体。《孙子兵法》说：“兵者，国之大事。”如何把握“兵”的内涵？通读整本书就会知道“兵”包括战争的善恶价值问题，包括军事战略、战术，包括统帅、士兵等，而不单单指士兵。

其三，事体论。汉字表达的重点是事体，而不是实体。“雨”包含下雨的意思，而“下雨”中的“雨”则名词化了。如“祭”字由示、又、肉三个独立的象形字组成，要说清“祭”字甚至需要用很多话才行。“道”字有说话的意思，也有道路的意思。

汉字既有价值性又有事实性，并且在价值上往往同时兼顾事物的正反、好坏两个方面，体现出一种阴阳整体性的特征。“德”字原来是中性的词语，后来为了区分好和坏，就在“德”前面加上限定语，再到后来“德”就变成褒义词了。中国古代汉字，既可以表达肯定，也可以表达否定，或者中性。同样，事实判断很多时候就有价值判断的意义和作用。

事体是一个过程。比如“乱”字，可以解释成“治”。乱就是理乱，并进而引申出动词性的“治”，进而引申出名词性的“治”。

古汉语中，一个字，到底是作名词用，还是作动词用，有时难以判别。读去声的“好”侧重于主体，但是一个“好”的事件，总是会赋予事件涉及的对象以“好”。这对中国哲学产生很大的影响。孔子倾向讲好恶，《论语》中善恶的话题不突出。孟子也突出讲善恶，而反对把某个对象定位为善恶的。到了荀子，思想则有很大的变化，“恶”指称的是具体的对象性的事物，即人的感性欲求。这样就出现了两条思考善恶的线索，一条是主体的事件规定，一条是客体的善恶规定。王阳明突出了主体的规定，这使得后来的理学家或心学家不得不协调两种思路。

4. 句子论

根据洪堡特对不同民族语言哲学的分类，中国古汉语不属于富于曲折变化的语言体系，古汉语缺乏曲折形式。古汉语表达思想从某种意义上说就是通过把字罗列在一起完成的。至于字之间的罗列关系是否遵循一定的语法规则则另当别论。汉语中的词更多的是用来直接表达概念，而不是指明语法关系。即便看起来是指明语法关系的词语，往往也只是指出一个思想片段向另一个思想片段的过渡。比如“之”

有区分开的意义，也有联系的意义。比如“小人之中庸”，这个句子不过是把小人、中庸一个接一个地排列起来。语气助词“之”表明中庸和小人是有关系的。古汉语的孤立语特征背后潜藏着一种对世界的哲学理解，即世界的诸个体及其属性具有一定的孤立性、平等性。中村元氏在论及“白马非马”的时候说：“此时把握兼名的方法，没有意识到实体与属性的区别，不过将‘白’与‘马’作为同一资格的‘名’在把握。”①

古汉语中的句子里面蕴含着不同的思维方式，当一个字和其他范畴结合在一起表达思想的时候，并不总是一种严格的对象化的思维模式，还有过程性的思维模式。而中国古汉语则体现了强烈的过程性思维。汉语的词序并不能明确地指出句子里的每个词都具有什么样的语法形式，而只是表达了一个思想的组成部分。“严格说，在汉语里，词序只是指出哪个词决定着（bestimmt）哪个词。”②这种决定作用包括：一个概念的范围由另一个概念的范围加以限定；一个概念指向另一个概念，这更突出了思想。“汉语对表达有意义的独立概念的词做了大胆的处理，让它们一个个孤立地存在，然后把它们串接起来，同时排斥一切本身不具意义、只起黏附和联系作用的成分。”③字和字构成句子来描述一个事物发展的过程。如“子夏曰：百工居肆以成其事，君子学以致其道”（《论语・子张》）。道是“学”的过程性展开，是一个过程的两个不同的阶段和两种发展程度。如 “攻乎异端”中“攻”和“异端”的关系在语法上可以理解成谓语和宾语的对象性关系，也可以理解成过程性关系。在过程性的视野中，“攻”等同于“功”，“异端”是用功导致的一个结果。古汉语只是把一个个概念简单地排列起来，这样思想的表达就不那么依赖推理了。这种语言针对的只是概念的形式和组织。汉语句法具有特殊的组织艺术，即把词一个个排列起来，使得概念之间的相互关系从概念结构本身中凸显出来。古汉语的词和句子的关系不像西方语言那样，即词被改造得适合于在句子中的运用，恰恰相反，古汉语的词保持了自身的独立性。在古汉语中，在词和句子的关系上词的地位更为核心。

在中国古汉语中，提问“是什么”往往涉及个体事物在某种情境或者事件中出场。很多提问的定义式的回答往往是用具体的示例来回答，当然示例本身有一定的逻辑关系，这个逻辑关系是一般的，但又不是一个简单的具有一般性的回答。其中包含着从整体划分殊相、从殊相显示共相的过程。往往是回答两个对象之间的限量、归属、过程、符合、适当等的关系的。命题有时不是关心这样思考的真和假的问题，而是关心主体及环境是否适当。在古汉语中，几个词构成的句子表达的是一个命题还是两个命题并不那么容易确定。

---

①〔日〕中村元氏、〔日〕萩原朔太郎：《中国人之思维方法　诗的原理》，徐复观译，九州出版社，2014 年，第 39 页。

②〔德〕威廉・冯・洪堡特：《洪堡特语言哲学文集》，姚小平编译，湖南教育出版社，2001 年，第 132 页。

③〔德〕威廉・冯・洪堡特：《洪堡特语言哲学文集》，姚小平编译，湖南教育出版社，2001 年，第 135 页。

古汉语的某些表达显示了主客体的在场性。如“见”，一般把“见”翻译成“出现”，出现侧重于客体的方面，任何出现都意味着看见。“见”表达了这种“出现”与“看见”的在场性。

古汉语常常突出事件出场的优先性。《庄子·逍遥游》中许由说：“归休乎君，予无所用天下为！”一种翻译是：“你请回吧！我要天下做什么呢？”此翻译当中比较强调“我”的主体性，而不是“我”的出场性。“我”是否在“天下”中出场是中国古汉语的一个基本的使用方式。此句当为“天下对我没有什么用”，表示“我”不愿被大家关注，不愿在“天下”中出场。

在古汉语中，主语和宾语或者补语往往被隐含，主动和被动不分。《庄子·应帝王》中记载，列子受命去追一个人，然而这个人已经逃走。他向老师报告说：“已灭矣。”这里是说此人已经逃走了，还是说被列子灭了呢？显然是前者。在古汉语中，主客体往往是可以省略的，只要符合这一动态过程，或者相应规定的事物，就可以进入句子所规定的主客体范围之中。这就决定了中国古代哲学语言并不是以纯粹的事实性的个体世界为哲学关注的焦点的，而是把事实和意义统一起来，并以意义为根本的指归。主语或物主代词主语往往不规定动词，而恰恰由动词来规定物主代词，主语表示对某类行为的占有，或者可以被归到（包括否定）某个系列之中。古汉语并不专心去描述事实，而是关心秩序，关心建构意义世界，并把对意义世界的理解带入对事实世界的理解之中。无主语性在西方思想家那里被认为是和集体主义以及缺乏完整的个性化相关联的。

张东荪对中国古汉语中的“什么是什么”的句式进行了一定的分析。比如：“仁者人也。”“‘……者……也’这个式子不表示‘相等’。换言之，即不是正式的缀词。”①在张东荪看来，“者”起到语音和语顿的作用。中国古汉语中很多“是”的句式并不能与英文的 to be 相当。“为”也不等同于英文的 become。在张东荪看来，中国人的心思从根本上是非亚里士多德式的。“烦恼即菩提”并不是说烦恼就是菩提，而是说烦恼和菩提有关系，可以转化为菩提，如果不能转化为菩提，那么烦恼万万也不会是菩提。

“什么是什么”的句式本身蕴含了一种对本体的追求。现象背后有本质，本体有属性。个体归属于一般，主体和客体之间有较为强烈的主客体关系。用中国传统哲学的话语来说，就是有内外之别。“是”具有强烈的行为主义的色彩，自然涉及个体和社会、个体和类的关系。行为发生的精神动因和行为的结果之间都会形成一种逻辑的区分。相反，当磨平这些区分的时候，则要强调万物一体，即没有内外之别，没有知行的区分。“什么是什么”的句式背后隐藏的主要的哲学逻辑是一般和个别。而中国古代哲学对内外的区分、对知行的区分本身就包含着对主客二分的一种抵制的态度。

---

① 张东荪：《知识与文化》，岳麓书社，2011 年，第 195 页。

也不能说中国古代绝对没有“种”“类”或者本质、属性的分别，但这种分别没有构成思想的核心。如何看待中国古代哲人所说的“类”呢？“以类取”与“以类与”更多的是取譬，是触类旁通的意思，并不限于指其有所属。中国古代哲人讲“类”，更多的是归类，而所规之“类”和被归到某类中的事物之间并不存在一般和个别的关系，只要彼此之间有某种形式上的一致性，就可以归入某类。一个事物在这个标准下可以归入这类，在另外一个标准下可以归入另外的一类。从逻辑上说，中国古代占据主导地位的思维逻辑是：事物本身可以从不同的角度找到与其他事物的相类关系，从而构成一种类别秩序。

海德格尔认为，“主词-谓词关系的特性就是同一性之特性”①。在海德格尔看来，这种统一必须先行。中国哲学有着特殊的把握这种同一性的方式。如道就具有最高的统一性，因为道生一。只有探究中国古代思想的特殊的哲学逻辑，才能更好地论证中国古代思想的哲学性问题。

5. 句群论

即便是从西方哲学的逻辑来看，古汉语的句子表达依然可以还原为西方哲学的问题。“子夏问孝。子曰：‘色难。有事，弟子服其劳；有酒食，先生馔。曾是以为孝乎？’”（《论语·为政》）与把《论语》读成道德教条或者行动指令句子的集合不同，这里始终努力去发现孔子语言背后的思维进程。比如，对于以上这句话，可以读出丰富的哲学内容。从“弟子”和“先生”的场景中读出“孝”是上下级关系的范畴。从“酒食”中读出了功利性。从“有事，弟子服其劳；有酒食，先生馔”中读出了“异化劳动”关系。从“曾是以为孝乎”中读出了否定“孝”是“异化劳动”的关系。“孝”应该是一种上下级间的人性关系。这显然是合理引申，是孔子应当说出而没有说出的“哲学”。假如“孝”是一种人性关系的话，那么到底孔子允不允许学生劳动、老师享受酒食呢？比如，现实生活中偶尔会发生的学生请老师吃饭一类的现象，是否算是“孝”呢？把《论语》读成哲学会不会让我们在行动选择上更加无所适从，从而降低了《论语》的道德指南的功能？不能仅仅从思维上进行考察，要列出若干种可能的行动方案以供读者去选择：两者都不看重物质关系，尽量使其超越物质关系，维持在精神层面上；在物质关系方面二者共同劳动、共同享有；老师劳动，学生享受；学生劳动，老师享受。如果双方没有彼此利用的关系，而是从彼此人格健康的角度来考虑问题，以上行动方式都是可以接受的。

6. 对话论

中国哲学中有特殊的对话方式。“冉有曰：‘夫子为卫君乎？’子贡曰：‘诺。吾将问之。’入，曰：‘伯夷、叔齐何人也？’曰：‘古之贤人也。’曰：‘怨乎？’曰：

① 〔德〕海德格尔：《从莱布尼茨出发的逻辑学的形而上学始基》，赵卫国译，西北大学出版社，2015年，第143页。

'求仁而得仁，又何怨？'出，曰：'夫子不为也。'"（《论语·述而》）这是一段很经典的对话。对话到最后，其实孔子也没有明确给出冉有想要的答案。想要弄懂这段对话，需要大致了解对话发生的情境、对话所涉及的历史事件。受到历史情境记载的限制，后人在不同的情境下有不同的理解，这增加了中国哲学的模糊性。这段对话使用了伯夷、叔齐这个典故，想要理解这一段对话，还需要懂得这一典故的意义内涵。在这一对话中，冉有的问题是为卫君的问题，但子贡没有直接问这一问题。子贡问了两个问题，孔子都回答了。但是孔子的回答是否回答了冉有的问题呢？显然是没有直接回答的。但可以理解为其中包含了冉有问题的答案。提出的问题不等于文本包含的问题，这段对话中包含争和让的问题，包含求仁还是求权力的问题，包含仁和怨的关系问题，包含帮助谁以及帮助的理由的问题，包含人伦亲情和国家的关系问题。

7. 文本优先论

在讲孔子的"中庸之道"的时候先引用一句"中庸之为德也，其至矣乎，民鲜久矣（《论语·雍也》）。"再使用程颐的解释。"不偏之谓中，不易之谓庸。中者天下之正道，庸者天下之定理。"[①]然后就讨论两端、同、和、过和不及、质和文等问题，以及绝四、无可无不可等的问题。这样处理当然可以，但直接使用"中庸"字样的资料还是太少了些。该如何理解孔子的"中庸"呢？就解释的优先性来说，需要优先关注直接论述或者使用"中庸"的句子，否则就犯了概念或者语言乱用、指鹿为马的错误。以往形成的解释传统，基本上把中庸解释为折中的方法论。"中"被解释为不偏、无过无不及、折中、调和、正等；"庸"被解释成不易、平常、用等含义。

"中庸"到底是什么意思呢？看看《中庸》中孔子是如何说中庸的，就清楚了。"中庸之为德也，其至矣乎，民鲜久矣。"（《论语·雍也》）这句话只是说明了"中庸"是至德，也就是元德，元德是能够衡量善恶的标准和标尺，并且超越善恶。"中庸"其实就是把自己的注意力集中在至善上面。"子曰：'回之为人也，择乎中庸，得一善，则拳拳服膺而弗失之矣。'"（《中庸》）颜回就是这样的典型代表。"君子依乎中庸，遁世不见知而不悔，唯圣者能之。"（《中庸》）君子命中了"仁"这一价值目标，并不会因为世人是否欣赏而动摇。君子就是时时刻刻都能命中"仁"这一价值目标的人。"君子之中庸也，君子而时中。"（《中庸》）孔子要求一刻也不要离开至善，这是中庸。专心于善，至于现实世界的善恶，则无可无不可，所以有两端之说。过和不及其实质是不能认识至善，不能"明道"。"道之不行也，我知之矣，知者过之，愚者不及也。道之不明也，我知之矣。贤者过之，不肖者不及也。人莫不饮食也，鲜能知味也。"（《中庸》）"中庸"其实就是停留在"明道"的境界之内，然后依据这个智慧处理日常事务。"子曰：'舜其大知也与！舜好问而好察迩言，隐恶而扬善。执其两

① 程颢、程颐：《二程集》（上册），王孝鱼点校，中华书局，1981年，第100页。

端，用其中于民，其斯以为舜乎！’”（《中庸》）

8. 文本内在逻辑论

中国哲学经典的内在思想体系也是可以通过一些观念的重新整理表现出来的。比如孟子讲了很多次“义”，如何把握孟子的“义”呢？关键就是：“义，人之正路也。”（《孟子·离娄上》）这个路的发端是“羞恶之心”。“羞恶之心，义之端也。”（《孟子·公孙丑上》）另外一个关键的讲法是：“人皆有所不为，达之于其所为，义也。”（《孟子·尽心下》）这个讲法把开端和过程，以及结果都讲出来了。落实到哪里呢？“义之实，从兄是也。”（《孟子·离娄上》）当然，孟子的落实还包括其他的内容。浩然之气上通天是“配义与道”的，是“集义所生者，非义袭而取之也”（《孟子·公孙丑上》）。最后义通向天，这样就完成了一个循环。这里只是举一个例子来说明，中国哲学很多经典中都可以用这样的方法寻找到古人的哲思过程。

9. 两种逻辑论

前文在论述冯友兰的相关思想的时候已经论述了一般和个别的问题，笔者认为中国哲学史上有两种逻辑进路：一个是一般和个别的逻辑，一个是多元和合相涵的逻辑。[①]两种逻辑各有优缺点。一般和个别的逻辑在理论上容易出现一般和个别的颠倒，把一般看成是实在的，从而否定了个别的现实性。一般和个别的逻辑在实践上容易陷入对一般和个别的混淆，把个别说成是一般，或者强调一般从而否定个别。多元和合相涵的逻辑，承认个别事物是多元属性和合而成的，每一种属性与属性之间不存在条件和因果关系，每一种属性都是圆满自足的。这一逻辑更能说明个体的平等和自由，但在解释经验现象方面有很大的不足。自亚里士多德以来，西方哲学的主要思考逻辑是建立在“什么是什么”这一命题基础上的。中国现代哲学的发展也受到以“什么是什么”为核心的哲学逻辑系统的影响。对于中国哲学的语言特质的自觉把握，最有成就的应该是张东荪，其《知识与文化》一书自觉地分析了古汉语与中国哲学思想逻辑的关联，为进一步探索中国现代哲学发展的理路提供了理论思考的前提。

古汉语孤立语的特征，使得中国哲学的基本范畴具有孤立性，但孤立性本身不意味着不能构成一种整体，当然这个整体不是机械的整体。

① 周海春：《中国哲学导论》，科学出版社，2016年，第307～314页。

第二章　中国哲学的原生系统

中国哲学的原生系统，可以从甲骨文和金文等文献中寻找，也可以从“六经”等文献中求找。胡适截断众流，从哲学家开始叙述中国哲学史。这一做法有其优点，但还需要了解哲学家诞生的文化土壤，了解孔子和老子等成为哲学家之前哲学的发展。本书重点选择了十位哲人及其重要经典为例证，来阐发中国哲学的系统性，并不是对中国哲学史的完整叙述。但是为了更好地理解中国古代十位哲人的思想，也需要对夏、商、周的哲学发展有所了解。这里选取了《易经》、《尚书》、《诗经》和《国语》略作阐发。

第一节　《易经》的天地循环之道

《易经》中的哲理极其丰富，这里只是以泰卦为例进行阐发。泰卦中包含乾、坤，并且乾坤所处的位置正好与否卦相反。在六十四卦中，乾卦由两个乾组成，坤卦由两个坤组成。就有完整乾、坤样态的卦来说，只有否和泰二卦。而否卦乾在上，坤在下，属天地闭塞不通的样态。相比而言，选泰卦代表《易经》的哲理最合适。抛开《易传》的内容不谈，《易经》共有六十四卦，每一卦由卦名、卦画、卦辞、爻题和爻辞构成。如泰卦中的“泰”就是卦名、䷊就是卦画。

在卦画之后的内容是：“泰，小往大来，吉亨。”[1]这个是卦辞。对此，虞翻解释说：“阳息坤，反否也。坤阴诎外为‘小往’，乾阳信内称‘大来’，天地交，万物通，故‘吉亨’。”[2]在这里，虞翻也有他解释经典的“理”，这个“理”就是下卦为“内”，上卦为“外”。而且以阳爻进入坤卦初爻、二爻到三爻的过程来解释泰卦的来源。复卦然后是临卦，再就是泰卦。泰卦这个状态和“否”卦是“反否”的关系。

胡瑗则强调了礼的重要性。“盖言凡人既能行其礼典，则必获其安泰。泰者，安也。”[3]胡瑗把乾在下、坤在上的关系理解成君以礼下臣，臣以忠事君。“以人事言之，君以礼下于臣，臣以忠事于君，君臣道交而相和同，则天下皆获其安泰也，故曰泰。”[4]显然，这个解释带有强烈的主观意愿，有政治建言的意味。从《易经》本身的道理来看，这个解释有一定的缺陷。乾为君，乾在下、在内，而下位不是天位，坤为臣在上位，不存在君在上礼下的问题。不过，也可以把下卦的乾理解成君

---

① 北京大学《儒藏》编纂中心：《儒藏（精华编二）》，北京大学出版社，2009 年，第 336 页。

② 北京大学《儒藏》编纂中心：《儒藏（精华编二）》，北京大学出版社，2009 年，第 336 页。

③ 北京大学《儒藏》编纂中心：《儒藏（精华编二）》，北京大学出版社，2009 年，第 95 页。

④ 北京大学《儒藏》编纂中心：《儒藏（精华编二）》，北京大学出版社，2009 年，第 95 页。

主具有礼的姿态，坤理解成臣子以道事君的姿态，道相当于乾，礼相当于臣，这样就和《易经》本身的道理比较吻合了。胡瑗对“小”和“大”的解释除了理解成坤和乾以外，还理解成“小人”和“君子”。“以人事言之，则大为君子也，小为小人也。大者来居于内，是君子进用于朝廷。小者往而处外，是小人退黜于严野也。君子既进，小人既退，则君臣之道交而上下之心和同，成治于天下，而天下之民皆得其吉。”①把“乾”理解成君子是可以的，但是这里乾在下，显然不是朝廷，坤在上，显然不是在野。这里是小人居于上位，君子居于下位，不过君子居于下位能够给社会带来文明，并且终究是要回到上位的，小人居于上位终究是要回到下位的。如果胡瑗想劝导君主重用君子，应当告诫君主：目前是小人当朝，君子隐藏在民间，君主需要从民间发现君子并提拔，朝廷有小人，需要罢黜小人，这样国家才能安泰。

泰卦初九爻辞说：“拔茅茹，以其彙，征吉。”②初九是爻题。至于是九还是六，则需要根据阴阳来确定。阳爻就用九，阴爻就用六。排列顺序由下向上依次为初、二、三、四、五、上。虞翻的解释比较尊重文本，更希望能够结合卦象、卦辞进行合理性的解释。这一解释方向是值得肯定的。虞翻说：“‘否泰反其类’，否巽为茅。茹，茅根。艮为手。彙，类也。初应四，故‘拔茅茹以彙’。震为征。得位应四，‘征吉’。‘外’谓四也。”③虞翻用“反类”来解释泰卦的卦辞，总的思维方向是认定爻辞的提出有其合理性，每一句话都和卦象相对应，具有一种严格的逻辑关系，不是任意提出的，也不应脱离卦象、卦画来单独解释爻辞。将泰卦每一个爻都换成相反属性的爻就变成了否卦。否卦中的三、四、五爻构成了巽卦，二、三、四爻构成了艮卦，二者之间构成了手拿茅根的形象。初爻和四爻相应，是“彙”。泰卦中的三、四、五爻构成了震卦，三爻如果得位的话就到四爻这里了，这是“征”。

胡瑗说：“乾本在上，今居于下，必务上进，若君子将进用于朝廷，以佐君泽民而兴天下之泰也。”④胡瑗对乾上进的原因的解释有助于说明初爻为什么一定要上进。上进是回复自身地位的运动。胡瑗对“征吉”的解释多少与其政治立场有关。“茹者，相续之称也。彙者，类也。征者，进也。夫茅之为物，拔之则其根牵连而起，若此初九之君子，既进用于朝廷，则天下之贤必皆引类而进，则是君子之道长之时也。君子之道得长，则天下之民受其赐，如此则吉莫大也。”⑤

“九二，包荒。用冯河，不遐遗。朋亡，得尚于中行。”⑥虞翻解释说：“在中称‘包’。荒，大川也。冯河，涉河。遐，远；遗，亡也。失位，变得正，体坎。坎为大川，为河。震为足，故‘用冯河’。乾为远，故不遐遗。兑为朋，坤虚无君，欲使二

① 北京大学《儒藏》编纂中心：《儒藏（精华编二）》，北京大学出版社，2009年，第95页。
② 北京大学《儒藏》编纂中心：《儒藏（精华编二）》，北京大学出版社，2009年，第337页。
③ 北京大学《儒藏》编纂中心：《儒藏（精华编二）》，北京大学出版社，2009年，第337页。
④ 北京大学《儒藏》编纂中心：《儒藏（精华编二）》，北京大学出版社，2009年，第96页。
⑤ 北京大学《儒藏》编纂中心：《儒藏（精华编二）》，北京大学出版社，2009年，第96页。
⑥ 北京大学《儒藏》编纂中心：《儒藏（精华编二）》，北京大学出版社，2009年，第337~338页。

上，故‘朋亡’。二与五易位，故‘得上于中行’。震为行，故‘光大’也。”[①]虞翻认为，九二在泰卦下卦的中间，所以是“包”。二爻是阳爻居于阴位，应该得正，二爻变阴，下卦就变成了离卦，所以虞翻参照了明夷卦来解释这个爻辞。明夷卦的二、三、四爻成坎卦，这解释了“河”。明夷卦的三、四、五爻成震卦，这是足，以足涉河可以解释“冯河”。虞翻对《易经》的解释富于变化。在转到明夷卦之后，又回到泰卦来解释“不遐遗”。一方面，虞翻说遐为远，又说乾为远。如果遐为远，“遐遗”就是“远亡”。二爻失位的时候恰好是保持了乾的样态。这个时候，二爻没有“远亡”。二爻没远亡，就意味着乾没远亡。“乾为远，故不遐遗”一句当是说：乾没有远亡，但乾是一定要远亡的，因为乾的正位是上位，来自远方。上卦坤为虚，五爻是阴爻占据阳位，所以说是“无君”。泰卦的三、四、五爻构成震卦，为“行”。二、三、四爻构成兑卦，这是“朋”。二爻上行到五爻的位置上，兑卦就不见了，这是“朋亡”。二和五爻易位后就变成了水火既济。从二到五叫做“上于中行”。既济卦下卦离为光，九五为大，所以说“光大”。形成“光大”的关键在“行”。

胡瑗采取了一贯的思路，用君子是否被重用来解读这个爻辞。“九二以刚明之德居中，而上应于六五之君，为六五之所任，是君子见用于时，为兴泰之臣也。”[②]胡瑗用包藏污垢来解释“包荒”，以任用暴猛之人来理解“用冯河”，用不遗弃遐远者来解释“不遐遗”，中道“故必不亲已之所亲而亲其朋类”[③]。

“九三，无平不陂，无往不复。艰贞无咎。勿恤其孚，于食有福。”[④]“陂，倾。谓否上也。平谓三，天地分，故‘平’。天成地平，谓‘危者使平，易者使倾’。‘往’谓消外，‘复’谓息内。从三至上体复，‘终日乾乾，反复道’，故‘无平不陂，无往不复’。”[⑤]虞翻把“否上”定位为“陂”，把三爻定位为“平”。九三恰好是在泰卦的天地上下卦之间，是天地相分之际，这是“平”。乾卦从初爻开始依次变成阴爻的过程是“消外”；由坤到泰卦，是复，是息内。地天泰三、四、五、上爻是复卦，“从三至上体复”。“二之五得正，在坎中，故‘艰贞’。坎为忧，故‘勿恤’。阳在五孚。险坎为孚，故‘有孚’。体噬嗑，食也。二上之五据四，则三乘二，故‘于食有福’也。”[⑥]二爻回到五爻的位置就成了既济卦，上卦坎是险，是“艰”；九五正位是“贞”。坎是“恤”，九五是“孚”。水火既济卦五爻下到初爻，在三爻阳变阴的情况下就是噬嗑卦，这是“食”。既济卦五爻下是四阴爻，这是据的关系；二阴爻承三阳爻，这是承的关系。周边有四阴爻，代表着口福的享受。这里的“往”显然是指上卦坤，“复”指坤应该回到下卦。“平”，显然是“坤”；“陂”，显然是“乾”；

① 北京大学《儒藏》编纂中心：《儒藏（精华编二）》，北京大学出版社，2009 年，第 338 页。
② 北京大学《儒藏》编纂中心：《儒藏（精华编二）》，北京大学出版社，2009 年，第 97 页。
③ 北京大学《儒藏》编纂中心：《儒藏（精华编二）》，北京大学出版社，2009 年，第 97 页。
④ 北京大学《儒藏》编纂中心：《儒藏（精华编二）》，北京大学出版社，2009 年，第 338 页。
⑤ 北京大学《儒藏》编纂中心：《儒藏（精华编二）》，北京大学出版社，2009 年，第 338 页。
⑥ 北京大学《儒藏》编纂中心：《儒藏（精华编二）》，北京大学出版社，2009 年，第 338 页。

“孚”显然是俘获。

胡瑗认为：“此一爻圣人因天地将复之际，故设为之戒也。”[①]在艰困的情况下守护正道则有福。胡瑗的认识比较侧重于爻辞自身的哲学内涵。

“六四，翩翩，不富以其邻，不戒以孚。”虞翻说：“二五变时，四体离飞，故‘翩翩’。坤虚无阳，故‘不富’。兑西震东，故称‘其邻’。”[②]二变到五爻的位置后，变成既济卦，三、四、五构成离卦，是飞，是翩翩。泰卦上卦是坤，没有阳爻，是不富。泰卦二、三、四是兑卦，三、四、五构成震卦，这是“其邻”。“谓坤。‘邑人不戒’，故使二升五，信来孚邑，故‘不戒以孚’。二上体坎，中正，《象》曰‘中心愿也’。与《比》‘邑人不戒’同义也。”[③]虞翻在这里还引入了比卦来说明。

胡瑗对六四爻的解读为理想的君臣关系进行了铺垫。“翩翩者，自上而下疾飞之貌也。夫九三以阳居乾卦之极，是三阳同志皆务上进也。六四以阴居坤卦之初，是三阴同志而皆欲下复也，故此所以翩翩然与上二阴具复其本，所以无有凝滞也，故曰‘翩翩’。”[④]胡瑗说：“此六四不待富盛而自然能用其邻，不须戒备而自孚信也。”[⑤]并说这是“众心之所共愿也”[⑥]。显然胡瑗依然希望君主能够“下复”，而君子能够“皆务上进”，并认为这样君主才能获得臣民的信任。

“六五，帝乙归妹，以祉元吉。”虞翻说：“震为帝，坤为乙。帝乙，纣父。归，谓嫁也。震兄兑妹，故嫁妹祉福也。谓五变体离，离为大腹，则妹嫁而孕。”[⑦]泰卦二、三、四为兑，三、四、五位震。这个互卦就是归妹卦。归妹卦三、四如果下降就是泰卦。泰卦五爻变成阳爻，这是祉元吉，其中的离卦是大腹。胡瑗在解释六五爻的时候也强调：“即君降志而接其臣，所以兴泰道者也。”[⑧]

“上六，城复于隍，勿用师。自邑告命，贞吝。”虞翻说：“否艮为城，故称‘城’。坤为积土。隍，城下沟。无水称隍，有水称池。今泰反否，乾坏为土，艮城不见而体复象，故‘城复于隍’也。”[⑨]否卦的二、三、四是城，泰卦三、四、五成复象。虞翻说：“谓二动时体师。阴皆乘阳，行不顺，故‘勿用师’。坤为自邑，震为言，兑为口，否巽为命。今逆陵阳，故‘自邑告命’。命逆不顺，阴道先迷，失实远应，故‘贞吝’。”[⑩]二爻变成阴爻，就成了明夷卦，明夷二、三、四爻和四、五、上爻构成师卦。否卦中的巽卦是命，到了泰卦中就是从上到下构成巽卦。

---

① 北京大学《儒藏》编纂中心：《儒藏（精华编二）》，北京大学出版社，2009年，第97页。
② 北京大学《儒藏》编纂中心：《儒藏（精华编二）》，北京大学出版社，2009年，第338～339页。
③ 北京大学《儒藏》编纂中心：《儒藏（精华编二）》，北京大学出版社，2009年，第339页。
④ 北京大学《儒藏》编纂中心：《儒藏（精华编三）》，北京大学出版社，2009年，第98页。
⑤ 北京大学《儒藏》编纂中心：《儒藏（精华编三）》，北京大学出版社，2009年，第98页。
⑥ 北京大学《儒藏》编纂中心：《儒藏（精华编三）》，北京大学出版社，2009年，第98页。
⑦ 北京大学《儒藏》编纂中心：《儒藏（精华编二）》，北京大学出版社，2009年，第339页。
⑧ 北京大学《儒藏》编纂中心：《儒藏（精华编三）》，北京大学出版社，2009年，第98页。
⑨ 北京大学《儒藏》编纂中心：《儒藏（精华编二）》，北京大学出版社，2009年，第339页。
⑩ 北京大学《儒藏》编纂中心：《儒藏（精华编二）》，北京大学出版社，2009年，第339～340页。

胡瑗利用上爻对君主提出了警戒。在胡瑗看来，上六的意思就是居安思危。在自己缺乏条件的情况下使用军事力量不能得到天下人的服从，是自取灭亡之道。在安泰的状态不能居安思危就会导致号令无法行于天下。"'自邑告命，贞吝'者，夫威赏政令行之于天下则可，今上六既无所戒备，又不可用师，威德不足以及远，告命不能及天下，但可号令于己邑之中而已。"①胡瑗思想的政治劝诫意味浓厚。"君必有民，民必有君，所以为天下也。"②

比较虞翻和胡瑗对泰卦的解释可以明显地看到差异。同样是解释经典，虞翻心目中卦爻辞不过是卦象的一种说明而已，而胡瑗则注重阐发卦辞能够引申出来的对现实生活的价值。也可以说虞翻以象为核心，辞不过是象的注脚；而胡瑗是以辞为中心，将象作为辅助。二者之间保持一定的张力才是恰当的解读方向。虞翻易学思想的局限是忽略了卦爻辞本身的独立性。爻辞本身可能来自生活的经验或者个人的体验，具有独立的哲学思想。当来自生活的经验或者个人的体验的言辞变成爻辞以后，虽然和卦象有对应关系，彼此之间有互相限制和补充的关系，但还是有自身的独立意义的。但把辞完全独立起来也是不可以的，将一个辞放到卦中某个位置一定是有某种哲学考虑的，一定是考虑了卦象的。

虞翻的解读引出了一个以本卦为主来解释卦辞，还是更多地借用其他相关的卦象来解读卦辞的问题。另外还有一个问题就是以卦为主还是以爻为主的问题。虞翻以卦为主，把卦辞和卦进行了一一的对应，并且较多地引入其他卦来进行解释。在一个卦本身的卦象能够解释卦辞的情况下，应该以自卦为主，而不是引入反否等关系。虞翻的解释很有想象力和逻辑性，不过有些地方有待商榷。

以泰卦本身的爻为主来解释卦辞是完全解释得通的。从卦辞本体的角度来看，天来到地上，天地相交共谱文明曲。"地界"文明的核心来自"天界"，来到"地界"的乾终究要回到"天界"，"天""地"之运动是一个循环，是回到原点的运动。

茅，草；茹，草根。当茅草及其同类之物有害于庄稼时，必须连根拔掉。上下均为阳爻，所以是同类，前进遇到同类的制约，但是必须前进。从日常经验来看，这个爻辞显然是农业经验，需要除掉庄稼身边的杂草，尽管这样有可能会伤害到庄稼，但是也必须要这样做。这个经验比较适合泰卦的初爻。从泰卦本身来看，"茅"应该就是初爻本身，而不是否巽。拔茅的手是否需要以艮来解释，则可以探讨，不过不用解释也是可以的。"彙"应该是二爻，二爻和初爻都是阳爻，属于同类。而且二者相邻，当初爻运动的时候，二爻也要运动才行，否则就成了初爻上升的障碍，二爻需要初爻推动才能运动，这是"征吉"。"征"不用震卦来解释也是可以的。《易经》的原始精神，包含着对大利和小害的权衡，以及基于慈悲胸怀对无法避免的伤害的坚忍。另外还包含对自然规律的服从、对进步的肯定。

① 北京大学《儒藏》编纂中心编：《儒藏（精华编三）》，北京大学出版社，2009年，第100页。
② 黄宗羲：《宋元学案》（一），中华书局，1986年，第36页。

虞翻对泰卦二爻的解释有一些地方值得商榷。泰卦三、四、五爻为震卦，二爻回到五爻，就变成了坎卦。泰卦二、三、四爻为兑卦。有人走到河边，看见一个大葫芦，便把它绑在腰间，浮水渡河，又不愿弃他的两个朋友，甘心冒着危险，携带着朋友一起渡河，结果三人都没有被淹死。朋友就是初九和九三，只有带上这两个朋友才是乾，否则就不是乾了。因为此人有这种见义勇为的行为，在路中得到了他朋友的赏赐。在这里，二爻在中间，用包荒比较合适。这里的朋友应该是初爻和三爻，三者性质相同，都是阳爻，并且三者合在一起才是乾。如果二爻自己运动了，而初爻和三爻不运动，那么就不是乾的整体运动，就没有乾的地位了。“河”显然是天地之间的河界，也就是上下卦之间的河界。

三爻处于过渡极端的边缘，所以地位并不稳定。爻辞是说宇宙间的事物没有只平而不陂的，没有只往而不返的，所以占到此爻，占问艰难的事则无灾患，艰难将去而平坦即将到来。不要忧患被人掠夺，将有口福可享受。因为三爻再前进就要到四爻的位置上了，所以此爻辞显然有鼓励前进的意味。平是坤，陂是乾。乾要回复到上卦的位置，坤总是要回复到下卦的位置。显然这里的往复不需要用“息”来解释。

六四，爻辞说，这个游荡的人本来是富人，现在不富有了，其原因是他不自戒备，财物都被他的邻人掠夺走了。四爻刚刚越过界限，到了不属于自己的地方，所以叫做翩翩。邻居是九三，九三是阳，这一爻很快就要侵犯六四了。

帝乙，殷帝名乙，纣的父亲。六五爻辞是说帝乙把他的女儿嫁给了周文王，做周国的王妃，因而得福，是大吉的事情。六五和九二相应，可以解释“归妹”。此爻辞警戒处于高位者，如果不当位，需要以谦卑的态度对待应该处于高位而实际处于低位者。

上六，此爻辞可能是古代故事，说的是某国国君下令用兵出征，已攻破城墙，城墙的砖填塞了城下的沟，继续进攻就可以攻进去，但从邑里传来了命令，要停止前进。上爻没有前进的地方了，要回到原来的位置，从原来的位置发出了指令。下卦本来为坤的位置，这是“邑”，从这里发出了指令，需要上爻回到下卦的位置。

胡瑗对泰卦的解释是有一个中心思想的，就是君子应该积极上进，君主应该礼贤下士，这样就是吉祥的。君主在安泰的情况下应该居安思危，获得臣子的信任，这样政令才能通行。否则不管是用“师”，还是刑罚都不会奏效。胡瑗的解读也是符合泰卦卦辞的含义的，不过更属于引申的意义。虽然胡瑗也关注到卦象问题，但并没有着力寻找卦辞和卦象之间的逻辑联系。

从泰卦来看，卦辞本身是有独立意义的。卦辞来自生活经验，来自历史故事，即便独立出来也是有一定的哲理内涵的。抛开卦象，这些卦辞依然具有对人的启迪意义。这些卦辞如果不和卦象结合在一起，在应用的时候需要进行抽象，然后将抽象理论和具体实践情景相结合，中间缺少技术性的环节。当卦辞和卦象结合以后，就有了将抽象和具体进行结合的技术手段。这恰好是《周易》的优势所在。

泰卦反映的内容包括农业生产、见义勇为、战争和政治更迭。从爻辞提到帝乙来看，泰卦爻辞更有可能诞生于周朝。但这并不影响把泰卦的思想当成中国哲学原生体系的一个组成部分来叙述。泰卦中有天地人，其中天、地更多的是形式性的存在，实际的是人。天的形式性使得泰卦中的天没有明确人格性或者物质性，甚至其中包含的义理也是模糊的。这使得天的思想可以通过其他文本来充实。

泰卦中的乾，可以用来说明《尚书》中的贤人的境遇。贤人在大地的境遇中，被要求积极进取，被要求具有担当的精神，努力提高他人的道德水平。贤人被要求不断进取，为了进取的目标，要克制自己的慈悲心。

泰卦中的坤，则对应身居高位，但却处于危险境地的统治者。如果不积极修德，不能重用贤人、关注民生，就会重新回到较低的地位。这就要求统治者有自谦和无我的美德。

天和地不同，一个为阳爻的集合，一个为阴爻的集合，善恶对立，圣贤和小人的对立都可以结合天地来加以讨论。

乾与坤之间是不断循环的。这种循环的意义何在？显然经过这样的循环，地到了天的位置上，天到了地的位置上，地提升了自身，天经历了忧患，重新丰富了自身。经过天地的循环，人类被提升到更高的文明境界。

《易传》以德位关系讨论《易经》，这一思路是有意义的。爻存在位的问题，阴阳爻占据的爻位不同，所要求的德行并不相同。每一个卦还有上卦和下卦之分，上下卦相对于爻位来说，是更为宏观的位，是带有整体性特征的位。六十四卦的每一个卦还有一个不容忽视的要素，就是上下卦之间的河界。河界区分了形而上和形而下，处于河界两侧的三爻和四爻处于极不稳定的状态。

泰卦的上述思想要素可以从其他文本中寻找具体的论述。中国哲学的原生系统，当以《易经》为基础进行阐发。

第二节　《尚书》的守“位”形而上学

《尚书》是中国现存最古老的按照历史顺序记言的书。“尚”，有上古之意；有帝王之意，上所为，下所书；也有尊重的意味。“书”有记录和结集的意思。先秦只称其为《书》，汉代将其列为儒家“五经”之一，称《书经》《尚书》较为普遍。

《尚书》的内容分为《虞夏书》《商书》《周书》三大部分。《尚书》的体裁有“典”“谟”“诰”“誓”“命”。大部分是号令，就是向大众宣布的话，小部分是君臣相告的话，也有记事的。号令多称为“誓”或“诰”，平时的号令叫“诰”，有关军事的叫“誓”。君告臣的话多称为“命”。“命”，册命或君命。臣告君的话，偶然有称为“谟”的。

现在所见的《十三经注疏》本《尚书》，是由《今文尚书》和伪《古文尚书》拼凑而成的。《虞夏书》一般被认为是周初史官追记的虞夏传说，《商书》有一部分可能是商代官方文件，《周书》基本上是由周代史官记录整理的。《尚书》在《左传》《国语》《墨子》等书中已被广泛引用。《史记·孔子世家》认为《尚书》是经孔子删定的。《今文尚书》由原秦代博士官伏生凭口授而传，用隶书写定，定为官书，先为28篇，后为29篇。《古文尚书》用先秦古文籀书写成，汉武帝时由鲁恭王从孔子故宅壁中发现，共45篇。西晋永嘉之乱后亡佚。东晋豫章太守梅赜自称得到一部《古文尚书》，内有孔安国《序》及其传文。唐代孔颖达《尚书正义》即以梅本《古文尚书》为定本，使其大为流行。后人认为其为伪托之书。

关于《尚书》的哲学性质和哲学地位，缺乏明确的界定。本书把《尚书》定位为守“位”的形而上学。中国哲学缺乏西方那种运动的概念，但是有自觉的位置意识。位置本身也是运动的一个组成部分。从大化流行的角度来看，运动就是从一个位置到另外一个位置，占据一个位置是相对静止。《易经》中六个爻位构成了天地循环的道路。运动过程就构成了一种道路。从大化流行的角度来看，个体的生命过程也可以说是一个位置，占有这个位置就是“命”。中国哲学没有保持质的量的限度这样的概念，在黑格尔哲学中这样的概念就是度。中国哲学对本质和度的领悟是通过“命”这一概念完成的。守“位”意味着守“命”。在《易经》的每个卦中，有六个爻位，相当于存在六界，但是阴阳可以在六个爻位上运动，每一个位的度的规定的丧失，并不影响阴阳爻自身的性质和运动，这使得爻持续运动形成道路成为可能。所以“命”概念在逻辑地位上应当低于“道”概念。

1. 哲学

如果一定要从文字上阐发中国哲学的内涵的话，《尚书》对“哲”的说明是值得关注的。《尚书》用“知人”来规定“哲”。“知人则哲，能官人。安民则惠，黎民怀之。”（《尚书·皋陶谟》）①“能官人”限定了“知人”是指向“官人”的。“知人”回答的是“官人”的依据、缘由的问题。

“知人则哲”落脚在修德，而指向“位”，需要结合德位关系来理解。影响“官人”的因素很多，可以概括为两种力量：一种是“位”的力量，只要一个人拥有“位”，即便这个人本身素质不高，但依然可以“官人”；一种是人格性的力量，包括个人的美德和知识等形成的力量。“知人”更偏向于后一种，即人格性的力量。两种力量的关系可以概括为“德”和“位”，“德”指向“位”。

“德”和“刑”是“知人”的两面，让人变善和遏制人变恶是一个事体的两面。从“位”的角度来看“哲”，“哲”也可以和“刑”联系在一起。这就引出了“德”和“刑”的关系。“刑”是“德”的辅助，“哲人惟刑”（《尚书·吕刑》）。这里“哲人”

① 本书所引用的《尚书》原文来自《今古文尚书全译》，江灏、钱宗武译注，贵州人民出版社，2009年。

中的“哲”，通“折”，有治理的含义。从以上可以看出，《尚书》中的“哲”带有强者的价值取向，一方面，要求人发扬积极的美德，靠美德来感化人；另一方面，要做到这一点同时就必须具有化解恶的能力。当化解恶的能力借助“位”来发挥作用的时候，就是刑罚。相反，那些具有较高的美德的人制定出来的已经被证明是成功的“成宪”会起到保护美德的作用。

中国哲学是积极进取的，“知人”并不满足于“人”本身，而是指向“官人”，实现“知人”的路靠修德。而修德则离不开学习。“官人”的力量除了美德以外，智慧是另外一个关键要素。《尚书》中已经有了智慧型的哲人形象，如伊尹。“知之曰明哲，明哲实作则。”（《尚书·说命上》）哲人是典宪的制作者，这些典宪为人民所准守和效法。这里所讲的“知之曰明哲”已经凸显了智慧的含义。“之”不一定要注译为某一认知的对象，可以理解为只是把“知”和“明哲”联系在一起，“明哲”就是“知”。这样就突出了一个知识论的要求。“知”就是要能够决疑，并指导人生的方向，能够指点人生道路。

《尚书》不反对多闻，尤其是从古训中获得知识、经验，获得启迪和自我的觉悟至关重要。“事不师古，以克永世，匪说攸闻。”（《尚书·说命下》）学习古训的一个重要的好处是让人保持谦卑。“惟学逊志，务时敏，厥修乃来。允怀于兹，道积于厥躬。惟斅学半，念终始典于学，厥德修罔觉。”（《尚书·说命下》）

《尚书·洪范》提出了决疑的方案，对待大疑，要靠心。在解决选择的疑难的时候，自己、卿士、庶人、龟、筮中最重要的是什么呢？重要性的顺序是什么呢？先是依靠龟（内），然后是筮（外），接着是汝（自己）、卿士、庶人。这里主要讲述的是龟、筮和人的关系，是自己和他人的关系。在自己和他人的关系中有了一定的远近的关系。在对认识分析的展开中包含了两个大的关系，即天人和人人关系。在这个大框架中分析认识现象。中国的认识论追求共识，注重对不同的认识因素在决断过程中的地位的分析和各要素的参考作用。最好的原则是“大同”，一致同意，达成共识。这里的“大同”概念是一个认识论的概念。

《尚书·洪范》讲五事。“五事：一曰貌，二曰言，三曰视，四曰听，五曰思。貌曰恭，言曰从，视曰明，听曰聪，思曰睿。恭作肃，从作乂，明作晰，聪作谋，睿作圣。”（《尚书·洪范》）容貌要表现出内心的恭，并能够让他人产生恭敬之心，从而达到整肃的效果；言论要顺从内心，并有力量，能够让别人遵从，从而达到治理的效果；问题要看清楚，内心要保持智慧的状态，把内心的智慧表现在外，让人感觉得到就是明；内心的智慧表现在听上面，就是聪；能够让人感觉有谋略就是晰；理性和情感在智慧本性的基础上得到有机的统一，就是睿，做到了这一点就是圣了。

2.“位”的哲理

生命个体的进步过程表现为不断取得更高的位置的过程，但对个体而言，位置总是具有暂时性的。

保持对“位”的危机感是个体跃升到更高的位置的条件。“无安厥位，惟危。”(《尚书·太甲下》）对位置缺乏危机意识，往往会失去位置。《尚书》强调保持天子之位是艰难的，需要保持对天的敬意，保持诚心。“惟天无亲，克敬惟亲。民罔常怀，怀于有仁。鬼神无常享，享于克诚。天位艰哉！”(《尚书·太甲下》)

与对“位”的危机感相伴随的是保“位”意识。伊尹强调：“天难谌，命靡常。常厥德，保厥位。”(《尚书·咸有一德》）天命难以把握，天命不是固定不变的，对于人，尤其是统治者而言，需要专心于修德。

保“位”意识并不是对“位”的执着，其积极内容是敬畏和谦卑的意识。“位不期骄，禄不期侈。”(《尚书·周官》)“位”不是永恒的，“位”和个体之间的关系是带有偶然性的关系。把人和天之间必然地联系在一起的要素是德。“惟德动天，无远弗届。满招损，谦受益，时乃天道。”(《尚书·大禹谟》）周平王要求晋文侯“有绩予一人永绥在位”(《尚书·文侯之命》)。周平王这一讲法虽然有些偏离了德位的精神，但也反映了《尚书》的哲学理念。其实一个人无法永绥在位。不管是生命的自然规律，还是德行和才智等因素，还是历史变迁都会使得不同的人在位。

有德的人应该主动让“位”，而不是贪恋某种位置。“舜让于德。”(《尚书·舜典》)让位的根据在德，与其说是让位不如说是让德。

“位”的本质是“德”，德赋予了“位”以价值内涵。官位其实是人代天工，从形而下来看是人世间的位置，但是这个位置同时也是形而上的位置。“天工”表达的是独特的对形而上的思考。官位是社会关系的产物，应该是“人工”,“天工”说反映了古人对不以人的意志为转移的社会关系运动的朦胧的认识。“无旷庶官，天工，人其代之。”(《尚书·皋陶谟》）不能发挥官位的积极的功能，等于是不履行天命。

畅通的道路总是涉及有序运动，当运动秩序出现了问题的时候，就意味着“无道”。位置与占据位置的主体之间是一种特殊的主客体的关系，在某种意义上说“位”才是主体，而占据位置的主体是客体。谦卑表达的是对把人自身当成客体的哲学思考。

道路的关键是方向，方向性的错误是最本质性的“无道”。在中国古代哲人的心目中，由低向高、由恶向善就是人生道路的方向。就社会的道路来说，君子在位，小人在野是有道的表现，相反“君子在野，小人在位”(《尚书·大禹谟》）则意味着天下“无道”。

3. 天命：关于人的初级形而上学

《尚书》涉及天命论思想。关于天，人们常常把它分为人格之天、自然之天和义理之天。要看到，中国哲学中的“天”是虚的，人是什么样子的，天基本上就是什么样子的。与天最密切的存在物是人。天是关于人的形而上说明。不过，这种形而上说明是很初级的。

人有认知能力的，天则有完全的聪明。“惟天聪明，惟圣时宪，惟臣钦若，惟民从乂。”(《尚书·说命中》)人有喜怒哀乐，天也是会发怒的。《尚书·洪范》说:“帝乃震怒，不畀洪范九畴，彝伦攸斁。”

人有善恶观念，天则有至善，能够准确地区分善恶，奖励善行，惩罚恶行。“皇天无亲，惟德是辅。”(《尚书·蔡仲之命》)人行善就会大治，行恶就会乱。天通过奖励和惩罚保持了公正，是公正的最终裁决者。《尚书》的天命观包含了公正的内涵，或者说公正才是天命观要诉说的内容。“永畏惟罚，非天不中，惟人在命。天罚不极，庶民罔有令政在于天下。”(《尚书·吕刑》)“天作孽，犹可违；自作孽，不可逭。”(《尚书·太甲中》)

周平王说:“丕显文、武，克慎明德，昭升于上，敷闻在下，惟时上帝集厥命于文王。”(《尚书·文侯之命》)周平王赞美文王和武王能够让德行显露出来，德辉升到天上，传播在下。这里的“明德”，可以结合《大学》中的“明明德”来理解。“明”既是动词，也是名词。“德”本身就是“明”的，“明”不过是借助“明”自身让自己“明”起来。周平王这个说法中的“德”构成了形而上的道路开展的必然环节。

在周平王的这个说法中，“命”是和“位”联系在一起的。“明德”是“集厥命”的根据。作为位置的“命”内涵丰富，并不单单指命运，还包括使命的意义。是否可以继续有“命”，关联着保民，这使得与“位”关联的“命”，意味着使命。《尚书》没有明确的“权利”“责任”“义务”的概念，“命”体现了朦胧的权利和责任等意识。有位意味着使命，意味着责任，承担这些责任需要人格性的条件，其中包含了一种义务。当不能承担责任、履行义务的时候，“命”也就随之而消失了。

《尚书》不支持宿命意义的“命”观念。纣王认为他自己生在天子之家，后来当了天子就是有命。祖伊说:“乃罪多，参在上，乃能责命于天？”(《尚书·西伯戡黎》)

中国先民的平等观的生发是与天命思想关联在一起的。天命平等是作为政治平等被提出来的。一般认为《尚书·康诰》提出了敬德保民的思想。周公摄政第四年的三月，计划在洛水附近建造一个新城市。周公对文王的儿子康叔，也就是周公的弟弟讲了一段非常有思想的话。大意就是文王是因为明德慎罚才得到天命的。在讲了很多具体的道德告诫以后，周公说:“惟命不于常，汝念哉!”(《尚书·康诰》)这很好地概括了中国古人平等思想的奥秘。周公“以德配天”与殷商将天帝观念直接和政治更迭联系起来不同，强调了德性在天命之前的平等性。周本来是殷商的一个部落，但是因为修德，而得到天命。天命被理解为不是固定和周联系起来的，而是和有德的个体或者群体联系起来的，这样就保持了一种政治的平等。周公“以德配天”是中国古人平等观发展的重要环节，其中还诞生了世代平等的观念，以及德福平衡的观念。关于这一点将在后文有所论述。

4. 一德和多德

《尚书》提到了很多种德行，也强调一德。一德说侧重于形而上，多德说是形而下的。“一德”，即专一于德，也可以说是庸德。至于这个德是什么，也可以说是不可说的。德的形而上的性质不应当从内容上来把握，凡是有内容的德都是形而下的，而应从功能上把握。那种能够“克享天心，受天明命”（《尚书·咸有一德》）的德就是形而上的德。形而下的德都可以是形而上的，关键就在于能否打通通往形而上的意义世界的门，是否具备走上意义道路的功能。如果一定要明确地说出德的形而上的内容是什么，那么这个内容就是：凡是能够得天命的德就是庸德。“天监厥德，用集大命，抚绥万方。”（《尚书·太甲上》）那种能够感动天的行为就是德。“惟德动天，无远弗届。”（《尚书·大禹谟》）那种能够让天降下百祥的行为就是德。“惟上帝不常，作善降之百祥，作不善降之百殃。尔惟德罔小，万邦惟庆；尔惟不德罔大，坠厥宗。”（《尚书·伊训》）“一德”能够得到天佑，民也归于“一德”。“一德”要表达的意思不必通过确定“一德”指称的对象来寻找，而应该从“一德”关联着什么来寻找。比如可以说能够得到“天佑”的是“一德”，能够让民归附的是“一德”。句子中的概念通过互相关联，通过相互限定把彼此的内涵呈现出来。“德惟治，否德乱。与治同道，罔不兴；与乱同事，罔不亡。”（《尚书·太甲下》）在这个句子中，不必追问德参指的对象或者探究“德”这一概念的内容，只要从治乱上把握德就可以了。能够导致大治的那种东西就叫做德，导致乱的东西就是德的对立面。从这一意义上说，《尚书》形而上意义上的德是“空”的架构。德作为“空”的架构，可以从兴、亡这些实的东西来把握。大兴中有一种必然的支持力量，那就是德；衰亡中也有一种必然性的力量，那就是“否德”。德有不可说的一面，但可以从生命的不断开新来说，能够不断开新的生命就是有德的。“今嗣王新服厥命，惟新厥德。终始惟一，时乃日新。”（《尚书·咸有一德》）《易传》对日新之德多有发挥，这一发挥是有思想源头的。

《尚书》讲了很多德行，这些德行是可以言说、可以践履的，可以说是具体的德行，是形而下的德行。“德惟一，动罔不吉；德二三，动罔不凶。”（《尚书·咸有一德》）德要归于“一”，要专一，动则有罔；形而下的德虽然多样，但是只要归于形而上的功能，就不凶。

形而下的德可以从悖德的事情上来把握，比如昏迷不恭、侮慢自贤、民弃不保、慢神虐民是悖德的。不做悖德的事情就是有德了。

形而下的德有相对性，德的形而上属性就在于“中”。“中”是通过二种表达式表达出来的。第一种表达式是提出补充性的德行要求，从而使得某个单一的德行达致圆满。比如“九德”说其实是中道。“宽而栗，柔而立，愿而恭，乱而敬，扰而毅，直而温，简而廉，刚而塞，强而义。”（《尚书·皋陶谟》）“宽”的美德，如果没有威慑力很容易就会导致对恶的纵容，因而需要“栗”来加以补充才是完美的德行。“柔”的德行需要“立”来加以限定，柔而不立就无法构成完美的德行。人有追求，追求的对象自然就被放置在价值的高位，人自己就把自己贬低了，这就需要有“恭”的德行，才能保持主体自身处于受人尊敬的状态。德行修养如何有一个重要的指标，就是在任何环境下都不改德行，保持德行的稳定性，“乱而敬，扰而毅”较好地表达了这种情况。

第二种表达式就是对两种相对德性的否定，如“不刚不柔，厥德允修”（《尚书·毕命》）。通过对相对德性的否定来显示完整和恰到好处，是中国古代哲学的一种有特色的形而上表达式。

德的重点在于方向，“中”的要求也是方向的要求。“三德：一曰正直，二曰刚克，三曰柔克。平康正直，强弗友刚克，燮友柔克。沈潜刚克，高明柔克。”（《尚书·洪范》）“三德”，可以透露出“德”的意思。“德”就是对正面价值的追求和对偏离德行的行为的矫正而言的。中道就是恰到好处地实现了德行的价值，这是正直。“正”是“直”的延伸，都是“正”。刚柔是德行发挥道德功能的方式。

在《尚书》中，对“德”的思考是和对“位”的思考联系在一起的。位置总是要有个主体，主体自身的价值是核心。这个价值就是五福。“五福：一曰寿，二曰富，三曰康宁，四曰攸好德，五曰考终命。六极：一曰凶、短、折，二曰疾，三曰忧，四曰贫，五曰恶，六曰弱。”（《尚书·洪范》）如果把个体的一生看成是占有一个位置的话，生命的长短就是生命位置的长短。生命自身的康宁是位的核心价值之一。“位”虽有贫富之别，但都可以行善。

位置总是会有上下左右，上的终点是天。人既要追求同天，同时也要知谦卑，认清现实的位置。“汝惟不矜，天下莫与汝争能。汝惟不伐，天下莫与汝争功。”（《尚书·大禹谟》）每个个体都处在某个上下左右的位置之中，这是一个形而下的十字撑开。在这个十字撑开中，对于自身，以及每个方向的德行要求是不同的。“居上克明，为下克忠，与人不求备，检身若不及。”（《尚书·伊训》）就天子来说，对待下的德行就是要做好“六府三事”。“水火金木土谷惟修，正德利用厚生惟和。”（《尚书·大禹谟》）“府”是收藏财物的地方。水火金木土谷是六类与民众生活密切关系的要素。“三事”就是正德、利用、厚生。“三事”也是一个十字撑开，厚生是主体的价值规定，可以说是生命的十字交叉点；利用才能保证生命主体的位置得以延续，可以说是十字中的横；正德则把思考的重点集中在生命的内在根据，从而把个体的生命引入道路之中，可以说是十字中的竖。

修德可以说是一个意义不断拓展的过程，“有容，德乃大”（《尚书·君陈》）。这一意义拓展的过程，要从身边的人开始，以至于更广阔的空间。“惟孝友于兄弟，克施有政。”（《尚书·君陈》）

往古来今是借助时间对个体的定位，四方上下是借助空间对个体的定位。围绕着“位”发生的事物构成了个体的世界。“奉先思孝；接下思恭。”（《尚书·太甲中》）“孝”“恭”表现了人的时间性意识，人短暂一生的意义被置入深远的时间性之中，从而把自己一生的短暂的“位”的意义置入一种无时间性之中，最终实现了“永恒”。这样，个体生命就变成了接力跑中的一个环节，从而回答了个体活着的意义的问题。

泰卦第二爻为什么一定“要见义勇为”，带上上爻和下爻一同越过河界呢？原因就在于三个爻在一起才构成了乾。生命个体既要成为同伴的道德典范，同时也需要同伴的道德监督。“责人斯无难，惟受责俾如流，是惟艰哉！”（《尚书·秦誓》）德行的进步是一个过程，在这一过程中，从他人那里汲取道德营养是非常重要的。“仆臣正，厥后克正；仆臣谀，厥后自圣。后德惟臣，不德惟臣。”（《尚书·冏命》）

5. 道心

到哪里去寻找“一德”中的“一”呢？这个“一”就是“心”。“一哉！王心。”（《尚书·咸有一德》）这个“王心”是“道心”还是“人心”呢？显然是“道心”。“人心惟危，道心惟微，惟精惟一，允执厥中。无稽之言勿听，弗询之谋勿庸。”（《尚书·大禹谟》）“人心惟危，道心惟微，惟精惟一，允执厥中”这十六个字被称为心学的十六字心传。如果结合下文来看，“人心惟危”说的是人会讲一些没有根据的话，会提出一些缺乏可行性的谋略。这些语言和谋略无法指引人生的道路，反而会让人陷入险难。这就要求人根据自己的内心，对这些意见进行综合判断，能够正确判断是非的心是道心。

道心能够正确判断是非，用心学的话来说道心就是良知。如果设定人的道心能够指引人生道路的话，那么干扰道心的就是罔念。“惟圣罔念作狂，惟狂克念作圣。”（《尚书·多方》）克制罔念是走正确道路的必要条件。罔念作狂，心就被放逐了。“虽收放心，闲之惟艰。”（《尚书·毕命》）即便是克制了放逐的心，离落实到行为还有很大的距离。“非知之艰，行之惟艰。”（《尚书·说命中》）念涉及人生道路的方向，涉及作德还是作伪的问题。“作德，心逸日休；作伪，心劳日拙。”（《尚书·周官》）走在正确的人生道路上的一个心灵表征就是心灵安逸，就像无事一样；走在错误的道路上的心灵表征就是“心劳日拙”。《尚书》很关注“习”，强调“习与性成”（《尚书·太甲上》）。当作伪成真的时候，就是圣人也会“罔念作狂”。

6. 王道：一多之间

从大化流行角度来看，万物不是静止的，万物都是一个生命的过程，可以说万物即道路。万物即道路，显然，道路是多样的。多样的道路是否可以归结为几个关键的道路样态呢？答案是可以的。《尚书·洪范》把帝和五行联系在一起，帝的秩序就是五行的秩序，五行的秩序是形而下的，其中蕴含着形而上的道理。“五行：一曰水，二曰火，三曰木，四曰金，五曰土。”（《尚书·洪范》）五行的顺序在不同文本中并不相同，五行的概念内涵也不相同，要注意鉴别。如郭店楚墓竹简中的五行是仁、义、礼、智、圣。在这里，五行的关系既不是相生的顺序，也不是相克的顺序。后来形成的五行生克的关系为：金生水，水生木，木生火，火生土，土生金；金克木，木克土，土克水，水克火，火克金。这一五行范畴系统体现了中国哲学范畴的基本特征。范畴，即归类范物，具有价值规范、制度法则的意义，具有指导和规范思考的意义。五行范畴系统具有如下特征。

（1）经验的分类和综合、抽象有机统一，具有具体性。以应用为动力进行类比延伸（广延化）和延伸抽象化。

（2）反映自然宇宙中事物的机体性关联，范畴间具有一种机体性关联的结构。表现为一定的系统化和整体化倾向。

（3）具有落实性和应用性。每一范畴均通过个别体验者的体验而获得新的意义，或发展为相关的意义。整体的经验及实用需求，决定并丰富了范畴的意义及内涵。

（4）具有规范性与价值性。每一基本范畴均为一种具有规范性的价值，故能直接或间接地规范思考和行为，并因之发展了一套有关实用的解释学或指导个人的修养论。中国哲学的范畴不仅具备了范畴应具备的认识真实之意，而且也具备了规范行为、广泛应用等意义，更成为一切其他多元范畴系统之根本，进而把其他范畴看作其应用，以及在不同层次上具体的变化。

（5）一元和多元之间可以实现有机统一性。每一个行，具有无限的拓展空间，即为多，但均可归结为一行。

《尚书·洪范》讲“皇极”，说：“无偏无陂，遵王之义；无有作好，遵王之道；无有作恶，遵王之路；无偏无党，王道荡荡；无党无偏，王道平平；无反无侧，王道正直。”虽然《尚书·洪范》希望天子能够有“皇极”，这样天子就可以作民父母，但是如果剥离开形而下的层面，直接面对“皇极”，那么，每个生命个体都有自己的“皇极”。“皇”的原义是大和美。如何能够大和美呢？就像一个建筑一样，关键是建筑的顶端，有一个美好的极限，作为追求的最高点，作为标准和尺度供人追求。应该以什么为极呢？《尚书·洪范》提出了价值主张，内容就是五福。“极”和“皇”是价值性和意义性的概念。

第三节　《诗经》对欲求的哲思

《诗经》是中国最古老的诗歌总集。汉代将其列为儒家“五经”之一。按照现代的学科分类，《诗经》往往被认为是文学书籍，但就古代漫长的历史时期而言，《诗经》是儒家经典，是经学的重要文本。受学科分类所限，《诗经》的哲学地位不高，其哲学思想没有得到重视，也缺乏对其合理的理论阐发。这里仅以《国风》中的几篇为例阐发其哲学思想。

《诗经》的第一篇《关雎》就点出了欲求的主题。尽管其中欲求的对象是形而下的，但已经蕴含了“求之不得”的无奈感。当这种无奈感升发为对什么才是欲求就可得的追问的时候，个体就从形而下的困境中升华出来，跃迁到形而上之境。其还提到了两种求的方式：第一种是思求，即“寤寐思服”“寤寐求之”（《诗经·关雎》)[①]；第二种是用文化的手段，即“琴瑟友之”“钟鼓乐之”(《诗经·关雎》)。

到了《诗经·汉广》这种形而上之境就逐渐展现出来了。如果说游女、乔木还比较具体的话，到了汉广、江永则变得更富有变化性和宏大性。到《诗经·汉广》已经不是“求之不得”的问题了，“求之不得”毕竟还有求的希望，到了“不可求思”(《诗经·汉广》)的时候，这种希望随着对与对象的距离的认识而破灭了。认识到不可求，是一个重要的过渡，当心灵返还自身的时候，就发现了可求之求。

《诗经·樛木》描绘了另外一番景象，君子不但不去求别人，反而是别人求他。就像樛木一样树枝向下弯曲，野葛来缠住它，来萦绕着它。“乐只君子，福履绥之。”“乐只君子，福履将之。”“乐只君子，福履成之。”(《诗经·樛木》)快乐的君子自然有福报和幸福来到他身边。

答案已然揭晓，人之所以有很多的欲求，并且不得不忍受所求不得带来的痛苦，原因就在于未见君子。“未见君子”则“忧心忡忡”“忧心惙惙”“我心伤悲”，等到见了君子，则“我心则说”“我心则夷”(《诗经·草虫》)。人思念圣人与妻子思念丈夫相似，这个“君子”即是圣人，当有圣人来指点人生道路的时候，生命也就获得了安宁。君子也可以是自我的，当人的本性获得了觉醒以后，就把心灵活动的焦点聚焦在自我成为君子的目标上，心灵也就停止了对外在事物的追求。

第四节　《国语》的天命德福论

天人、德位、德福、治乱、兴衰、得失、吉凶、祸福可以说是中国早期哲学思考的关键词。这些要素在《国语》中得到了丰富和发展。《国语》以“国”分目，记“语”为主，故书名《国语》。《国语》共21卷，其中周语3卷、鲁语2卷、齐语1卷、晋语9卷、郑语1卷、楚语2卷、吴语1卷、越语2卷。《国语》中卷的排列顺序体现了周、鲁、齐、晋、郑、楚、吴、越8国的文化地位。《国语》分别记载了上自西周穆王征犬戎（约公元前967年，或前990年），下至战国初年赵、魏、韩3家灭智氏（公元前453，或前440年）年间的部分历史人物的言论和史事，经历时期大致比《春秋》《左传》稍长。关于《国语》的性质，《汉书·艺文志》载《国语》21篇，附于“春秋类”，属于经部。以后的正史艺文志或经籍志多是沿袭汉志的做法，有的甚至直接称之为“春秋外传国语”，具有准经典的地位。“语”在古人那里是为了明德、治国、启迪智慧的。所以其中包含了很多诤言谏语，而不是简单地记载历史事实。《国语》基本上也是采用了通过遣词用语来表现“褒贬善恶”的历史书写方法。《国语》通过对历史事件的取舍剪裁、语言措辞上的字斟句酌、史实的详略安排来体现对人事的褒贬。

---

① 本书引用《诗经》原文来自周振甫译注：《诗经译注》（修订本），中华书局，2010年。

1. 天命论

周敬王十年（公元前510年），刘文公与苌弘打算“城周”。“城周”一般译为为周王居处建筑城墙。“城周”有防范、隔离的意味。这两个人向晋国求助。晋国的魏献子答应联合诸侯帮忙。卫国有个叫彪傒的人来到周，听说了这件事，对单穆公说：苌弘和刘文公将不得好死了吧！这里对因果问题的思考是很有意思的。“城周”是因，“殁”是果。二者之间是如何有了因果关系的呢？

彪傒说：“天之所支，不可坏也。其所坏，亦不可支也。”（《国语·周语·刘文公与苌弘欲城周》）这样一来，这一因果关系就带有了一定的形而上学的色彩。“城周”并不是“殁”的第一因，第一因是“天”。从哲学的角度来阐释，“坏”“支”可以解释为动力因，这一动力因表现为成和坏两种动能。

“城周”之所以必然带来恶果，就是因为人的行为构成了“天地”这一第一因的阻碍，成为一种扭力。这两个人“欲支天之所坏，不亦难乎？”（《国语·周语·刘文公与苌弘欲城周》）[①]“而又将补之，殆不可矣。”（《国语·周语·刘文公与苌弘欲城周》）“水火之所犯，犹不可救，而况天乎？”（《国语·周语·刘文公与苌弘欲城周》）这里面表达了人要顺从天地的动能的思想。人的行为也可以成为结果的原因，只是不是第一因，而是第二因。

人可以选择顺天还是逆天，顺天则得福，逆天则有祸。从这一意义上说，人依然是结果的原因。这一理论模型构成了中国哲学特殊的因果主体观。彪傒认为苌弘很快就会遭殃，原因是“将天以道补者也”。“夫天道导可而省否，苌叔反是。”（《国语·周语·刘文公与苌弘欲城周》）从这一说明可以看出，彪傒心目中的天道是指天的两种相反的动能，就是“导可”“省否”，即支持对的，打击错的。人只能顺应“导可”“省否”，这才是真正的人道。否则就是要用人力来替换天道。彪傒认为苌弘犯了三个错误，“必有三殃：违天一也，反道二也，诳人三也”（《国语·周语·刘文公与苌弘欲城周》）。“违天”是违背天的第一因，“反道”是违背天道的正反动能，“诳人”是拉别人和自己做一样的事情。《国语》的这一篇对因果关系的思考还是有一定的复杂性的。因为这里面还涉及苌弘与周王朝的关系、天与周王朝的关系。

从后文来看，苌弘、刘文公“城周”之所以会有祸端也有内在的原因。“夫子而弃常法，以从其私欲，用巧变以崇天灾，勤百姓以为己名，其殃大矣。”（《国语·周语·刘文公与苌弘欲城周》）在周文化中，周王朝的安全靠礼仪来维护，“城周”是弃常法。周王朝遇到了危机，用“城周”来解决等于是“巧变”，“城周”会劳民伤财，但也会给苌弘等人带来“己名”，这等于是“从其私欲”。

“周”不可支是彪傒的基本看法。“周若无咎，苌叔必为戮。虽晋魏子亦将及焉。

---

① 本书所引用的《国语》原文来自〔吴〕韦昭注：《国语》，明洁辑评，金良年导读，梁谷整理，上海古籍出版社，2008年。

若得天福，其当身乎？若刘氏，则必子孙实有祸。夫子而弃常法，以从其私欲，用巧变以崇天灾，勤百姓以为己名，其殃大矣。”（《国语·周语·刘文公与苌弘欲城周》）显然，天是第一因，不可违，天有成坏的动能，这是天道，不可补；天可以降福或降祸。关键就在于这一段话丰富了因果观的内容。天本来降祸于周，结果苌弘自讨没趣。周没事了，但苌弘会遭到祸端，天降福了，苌弘也会有祸端。祖先没有祸端，却祸及子孙。这样一来就形成了一个因果模型，即因—果 A、因—果 B。果 A 应该有祸，结果却没有祸端，祸到了果 B 这里。因与果和果与果之间存在着承负和转移的关系。天道的机动性使得这种转移关系变得更加难以测度，这加大了人进行判断的难度。

尽管有这样的难度，但并不意味着人在这一因果模型面前是无能为力的。与周朝一贯的文化理念一致，这一文本中强调了四个要素：明、德、百姓和良材。彪傒认为，周不可支的原因在于：“自幽王而天夺之明，使迷乱弃德而即慆淫，以亡其百姓，其坏之也久矣。”（《国语·周语·刘文公与苌弘欲城周》）周朝有广博的山川和大地，产生了很多优秀的人才，但是到了周幽王，已经培养不出优秀的人才来了。概括起来就是“从善如登，从恶如崩”（《国语·周语·刘文公与苌弘欲城周》）。善恶不是孤立的，要和天命联系在一起理解。

上面所讲的还不是这篇短文的天命因果论的全部内容。《国语》中还有一个常用的理论模式，即历史因果论，用历史的结果来证明因果判断是正确的。后来魏献子被火烧死，苌弘被杀，到了周定王的时候，刘氏被灭族。这些结果与“城周”之间是否真的有因果联系，是可以讨论的。

《国语》这一篇的天命因果论不是孤立的思想。《吴语》和《越语》中的吴国外交官奚斯和吴王都把胜利和天命直接联系在一起。“天若不知有罪，则何以使下国胜。”（《国语·吴语·夫差胜于艾陵使奚斯释言于齐》）在伍子胥看来，不能将胜利这个结果直接和天命联系起来，而要结合人事来分析天道，并且要看到天道本身具有一定的辩证的运动规律，“天命有反”。伍子胥认为：“夫天之所弃，必骤近其小喜，而远其大忧。王若不得志于齐，而以觉寤王心，而吴国犹世。吾先君得之也，必有以取之；其亡之也，亦有以弃之。用能援持盈以没，而骤救倾以时。今王无以取之，而天禄亟至，是吴命之短也。”（《国语·吴语·申胥自杀》）

范蠡强调“赢缩转化”。“得时无怠，时不再来，天予不取，反为之灾。赢缩转化，后将悔之。”（《国语·越语下·越兴师伐吴而弗与战》）范蠡引入了天、地、人和阴阳来说明天命运行的“时”和“数”。“上帝不考，时反是守，强索者不祥。得时不成，反受其殃。失德灭名，流走死亡。有夺，有予，有不予，王无蚤图。”（《国语·越语下·范蠡劝勾践无蚤图吴》）只有天地和人事等方面都表现为天命已经失去的时候才是攻打敌人的有利时机。

经过范蠡的发展，天命关联的要素就有两个系列的范畴：一个系列是道德范畴，一个系列是天、地、人和阴阳等范畴。这说明天命论出现了一定的理论综合的趋向。

2. 德福平衡

《国语》提到很多德目，如义、祥、仁三个德性，被称为三德。也有讲“三德”包括礼、亲和善。有讲“六德”的，“六德”包括了信、仁、智、勇、衷、淑。有讲七德的，“七德”包括了尊贵、明贤、庸勋、长老、爱亲、礼新、亲旧。

福的内容也是很丰富的。在《国语》当中可以看到“德”对应的对象有人、财物、事等，人与人的关系被理解为是靠德来平衡的福。“众以美物归女，而何德以堪之。王犹不堪，况尔小丑乎？小丑备物，终必亡。”（《国语·周语上·密康公母论小丑备物终必亡》）在这里，能否享受福要看自己是否有德来平衡。就国与国的关系来说，他国的尊重和服从是福报。社会地位和职务是福的范畴，也要靠德来平衡。“吾闻之，不厚其栋，不能任重。重莫如国，栋莫如德。”（《国语·鲁语上·子叔声伯辞邑》）国家的繁荣昌盛是福。“故圣人之施舍也议之，其喜怒取与亦议之。是以不主宽惠，亦不主猛毅，主德义而已。”（《国语·周语中·王孙说请勿赐叔孙侨如》）对财富分配的基础是德。能否做好事情也与德有密切的关系。“夫敬，德之恪也。恪于德以临事，其何不济！”（《国语·晋语五·臼季举冀缺》）在《国语·晋语》明确提出德福平衡的表述之前，在《国语·周语》中就已经勾勒出了福的多个层面的内容。在中国文化传统中，个人健康、智慧、能力，家庭关系和社会地位，以及社会财富和社会名声等都属于福的范畴。这些福的获得需要德来支撑和平衡。

德和福的平衡是中国传统文化中的一个重要的精神追求。《国语·晋语》中范文子多次表达了德福平衡的思想。“吾闻之，唯厚德者能受多福，无德而服者众，必自伤也。”（《国语·晋语六·范文子论胜楚必有内忧》）在鄢陵战役中，晋国讨伐郑国，楚国发兵来救。栾武子统帅上军，范文子统帅下军。栾武子想出战，范文子不同意，于是说了上面这段话。在范文子看来，晋国的德行不足以支撑诸侯的归附。如果诸侯背叛了，晋国反倒可以获得一定的安宁。“夫德，福之基也，无德而福隆，犹无基而厚墉也，其坏也无日矣。”（《国语·晋语六·范文子论德为福之基》）德是福的基础，德能带来福，就像孟子认为的那样，有“天爵”，“人爵”就会随之而来。在范文子看来：“称晋之德，诸侯皆叛，国可以少安。”（《国语·晋语六·范文子论胜楚必有内忧》）“诸侯皆叛”是福，显然这个“福”从质量上来看，属于负价值。但这个负价值和晋国的德行是相配的，它反倒有利于晋国的德，这个德就是“国可以少安”。从德的角度来看，不胜才是福，胜利反倒有祸端。“战若不胜，则晋国之福也；战若胜，乱地之秩者也，其产将害大，盍姑无战乎？”（《国语·晋语六·范文子论胜楚必有内忧》）战争的胜利很容易使得统治者失去警觉，失去修德的动力，这就隐藏着祸端。

依据上述思想可以把中国传统文化中的德福平衡原理概括为如下几个方面的内

容。[1]其一，德福价值总量具有恒定性。这种恒定性可以表述为“一”，不管德福之间如何变化，但总是恒定和平衡的，总是保持在“一”的状态，这种恒定是如一的。就像“朝三暮四”的故事所讲的那样，在总数是“七”并保持恒定的情况下，“福”和“德”之间进行转换。当然，这里的总数“七”的恒定性并不意味着这个数字本身不能变化，始终如一的就是恒定。德福总量的变化是否与儒释道三家的人格或者生命等级相关，还需要一定的资料来加以论证。但依据这一原理的内在逻辑来说，这是题中应有之义。

其二，平衡可以有多种样态。总数确定下的平衡和不平衡状态的存在样式很复杂。福禄的过分获取为一种不平衡。假设福和德的总数是七，福达到七，德就变成零了。福如果超过了七，德就变成了负数。赵襄子命新稚穆子讨伐狄人并获得胜利，但是他却快乐不起来。他自己的解释是：“吾闻之：德不纯而福禄并至，谓之幸。夫幸非福，非德不当雍，雍不为幸，吾是以惧。”（《国语·晋语九·赵襄子使新稚穆子伐狄》）“幸”可以理解为德无法支撑的利益。如在总数是七的情况下，四个功德的量可以支撑三个福报的量，如果多得四个利益，那么就有一个利益属于“幸”的范围。“幸”可以理解为福被过度使用的情形，因而脱离了福的本质规定性，从而无幸福感可言。这涉及福在什么情况下能够带来幸福感和满足感的问题。有德支持的福，是真正的幸福和福报，因而有较高的安全感、荣耀感和幸福感。“幸”则伴随着不安，伴随着危机感和空虚。这一视角提供了一种对待繁荣的戒慎的心态。在《国语》中，伍子胥强调天命有反，人的获得有可能是失的前兆，是天欲取走人的利益的前兆。范蠡的赢缩转化也表达了类似的思想。

同样，当总数恒定的时候，如果功德的量大，那么福则转为负值，这是功德溢出和福报不足的情形。福太少也是一种不平衡。如功德为八、福报为负一的情形。苦行不为中国主流文化所认可。虽然弃绝福而专注于德很伟大，但在这种状态下由于抛弃了福，人就成了厌世的人。

其三，就社会整体和不同的人群而言，人群整体的德福总量恒定，而在不同的个体或者不同的群体之间保持德福的平衡。这种人与人之间的德福平衡性使得德福也存在“搭便车”行为。范文子认为晋国取得胜利获得较多的福，恰好是警示楚国修德。“吾庸知天之不授晋且以劝楚乎，吾与二三臣其戒之！”（《国语·晋语六·范文子论德为福之基》）晋国享有较多的福来源于楚国享有较少的福，楚国支出较多的德支撑了两国之间德福的整体平衡。依据这一原理，社会整体的和谐和繁荣需要不同个体和群体共同的努力，而这种努力不仅仅是创造福报的努力，还包括修德的努力。

其四，就代际关系而言，德福平衡也体现在代际传递之中。道家的“承负”一

① 部分内容加入了现代的阐释，但基本精神不与传统相悖。

类的观念的基础是德福平衡。代际的德福平衡提出了一个后代继承前代美德的问题，也提出了一个为后代积累美德的问题。世代繁荣被古人理解为是不断积德导致的。如祭公谋父认为周先王“时序其德”“弈世载德”（《国语·周语上·祭公谏穆王征犬戎》），所以周才能够从一个小的部落发展为一个王朝。“非德不及世。”（《国语·晋语一·史苏论献公伐骊戎胜而不吉》）没有德惠施于人，就传不到下一代，就不能历世久远。

其五，在《国语》等文本中德福平衡问题是在天人关系的框架下提出的，德福的平衡是天来调节的，也是人来调节的，体现了天人相因。人的得失既和德的状况相关，也和天命相关，而德是媒介。人的得失问题是福领域的事情，人自己可以修德，同时德也是天命调节得失的环节。“自幽王而天夺之明，使迷乱弃德而即慆淫，以亡其百姓，其坏之也久矣。”（《国语·周语下·刘文公与苌弘欲城周》）[①]这里把幽王的失败理解为上天剥夺了他的智慧，从而使其失去功德，进而无法很好地管理国家，从而给老百姓带来祸端。人力和天的自然力量的交互作用就是“相因”的观念。“天因人，圣人因天；人自生之，天地形之，圣人因而成之。”（《国语·越语下·范蠡进谏勾践持盈定倾节事》）因为存在着“相因”的机制，不管德福平衡的样态如何，人努力修德都具有积极的意义。诸种美德的意义就在于它能够增长功德进而带来福报的增长。

① 〔吴〕韦昭注：《国语》，明洁辑评，金良年导读，梁谷整理，上海古籍出版社，2008，第64页。

第三章 孔子哲学

孔子（公元前 551—前 479），名丘，字仲尼，鲁国人。本书叙述的孔子哲学不局限在《论语》，也会把孔子遗说考虑进去。这些孔子遗说，可以被命名为"'子曰'类文献"。"'子曰'类文献"呈现出来的孔子哲学是一个复杂的论题域，这里不去鉴别真伪，而是着力于呈现思想史中的孔子。

第一节 道的论题域

"'子曰'类文献"呈现出来的关于道的思想，包括如下几个层次的内容，对于这些内容是否存在内在的一贯性，还需要进一步的探究。

其 ，最高的层次是语言不可论说的形而上的道。对于这个道，语言只能在有限的范围内加以描述。这样的道是孔子向老子学习以后才领悟到的。道家文献中的"子曰"在谈及道的时候，更多的是聚焦在孔子向老子学道这一问题上。《庄子·知北游》说孔子问道于老子，老子让孔子斋戒，然后说道难言。《庄子·田子方》说孔子见老子，老子说他自己心游于物之初。孔子对颜回说，如果不是老子，那么至今他还不知道天地大全。《庄子·天运》则说孔子到了五十岁还没有闻道，见到老子之后才有所得。《文子·道原》提到孔子问道于老子。老子让孔子端正身体，集中注意力，这样道就来到了孔子这里，孔子的容貌就变成了道的化身，身心成为道的居所。

《孔子家语·观周》中说孔子问礼于老子之后，返回鲁国，从此以后孔子之道更加受到尊敬，远方很多人都来向孔子学习。这样的记载说明孔子从老子那里学到了道的真谛。孔子向老子学到了什么样的道？老子强调对于把握道而言，流于言辞是无济于事的。显然，老子向孔子传授的道是超越语言的。这或许可以解释孔子为什么会缺乏对道的具体的、细致的说明。这一记载真假难辨，但对于道而言，其有不可言说的一面，或许对于儒道两家而言，都是认可这一点的。

孔子是否也曾经尝试对这种不可言说的道进行有限度的言说呢？在《孔子家语·大婚解》中讲到天道的问题，孔子以日月东西相从而不止息来说明天道。天道就是不闭而能久。天道无为但是能够成就万物，万物成了之后能够明之，这就是天道。《亢仓子·训道》用自然的妙来解释道。《易传》中的"子曰"在讲道的时候，则是区分了乾坤。天道阴阳、地道柔刚、人道仁义之说是否可以归于孔子名下，还有待讨论。这可以看成是对不可言说的道进行的言说。

其二，人普遍必然要走的道路。因为人不同，道也就可以分别来说，如说成父之道、先王之道、文武之道或者师之道、上之道等。《论语》就是这样论说的。前人已经走过的道路虽然可以给后人提供道路的范本，但是毕竟是他人走过的道路，并且还会存在道路的多样性问题，这些都足以让人感到混淆而无所适从。

避免无所适从的办法就是要从其中发现某种一以贯之的道。当孔子用人走出房屋一定要经过门来说明，人一定是走在某个道路上的时候，已经表明道和人之间具有一种普遍必然的关系。这种和人普遍必然地关联在一起的道是属于所有人的。人只有走在这样的道路上，才会成为典范，如成为君子。这就是君子之道。

每个人都在道中，都要"由"道，这就是人所共由之路。众多的道之间有差别，万物即道路，但是也有一个根本的道。《论语》强调的"道不同"，更多的是一种道德价值上的区分。《论语》突出强调了人有行道的能力，也要求人来弘扬道。尽管道就在人这里，但道路的开展却要依赖人自身的努力，只有坚持的人才能达到道路的终点。

道路既在他人那里，也在自己这里。但道路并不是在人这里天然呈现出来的，这就需要从能够呈现道的人那里获得对道路的指引。这样向有道的人学习，并矫正自己的人生方向就是非常必要的了。

道在自己这里，自我的觉醒也会帮助自己获得人生明晰的方向感。这就要求要努力闻道、学道、谋道、忧道、志道。从这些诉求来看，孔子并不是默认了道是不需要寻求的，即便是道就在人这里，但是依然需要去发现，需要通过精神的努力去实现它。

《论语》讲道，主要是区分"有道"和"无道"，主要围绕道的"行""废"来讨论。至于"道"本身是什么，则很难给出具体的答案。行道当然已经预设了对道的发现，但发现道的方法在《论语》中始终是朦胧的。道家文献中记载的"子曰"则明确了孔子是从老子那里领悟了道的真谛。

其三，社会历史之道。孔子感叹道之不行，包括对个人不觉悟的忧心，当这种不觉悟不是一个人的时候，就转变为对天下无道的忧心。尽管有这种忧心，但是孔子坚信社会历史的道是曾经实现过的。文王和武王不仅在个人上是道的典范，在社会历史的道方面也是成功的典范。社会也可以是道的主体，即邦之道；天下也可以是道的主体，这样就有了天下之道。

《礼记·礼运》中讲道的内容比较具体，天下为公，就是大道运行良好的表现。这是对行道的具体的说明。但这个说明是否就是《论语》道的"行""废"的具体所指，还是有疑问的。不过，以天下为公为内容的大道说具有历史的视野。

《孔子家语·王言解》中记载，孔子讲德是用来尊道的，道是用来明德的。就像对待良马，要符合马的道，才能使其跑得远。孔子明确了"明王之道"的内容就是：上敬老，下就会孝；上尊齿，下就会悌；上乐施，下就会宽；上亲贤，下就会择友；上好德，下不隐；上恶贪，下耻争；上廉让，下耻节。孔子这里讲的道既包括王自己要走什么路的问题，而且还包括引导别人走什么路的问题。王走自己本来要走的人伦之道，被领导的人也要走他自己本来要走的人伦之道，这样才能走得远。这并不是要求在下者走在上者之道，而是彼此都走自己当走的人伦之道。

《中庸》强调修道以仁，这里面蕴含了一种思想倾向，这一倾向不同于那种专注于内修进而希望能够自然而然地起到助人功能的思想倾向。《中庸》对道的论说显示了在修道路径上有不同的选择，这种不同或者是存在于儒道之间，或者是存在于儒家内部。

《礼记·表记》中的记载则是另外一种思路，即用“义”来规定“道”，道的概念的逻辑地位被排在了仁之后。仁右，道左，道被理解为尊，从而和霸道联系在一起。孟子是用人路来规定义的，不过他讲的路是从羞恶之心开端的。这样对道的论说显然从仁过渡到了义，修道不仅仅要亲仁，而且要尊。《亢仓子·训道》用人道的至德来解释孝。

道家文献中有的记载说老子对孔子的仁义思想进行过批评，劝诫孔子放弃这些思想，并且把仁义这些思想看成是孔子在没有领悟大道之前的思想。从逻辑上说，一个领悟大道并专注于内修的人，依然可以坚持仁义的思想，并把仁义的思想归属于大道之下，使得仁义成为帮助人走上大道之旅的不可或缺的美德。当对大道的领悟这一前提随着历史的发展逐步晦暗不明的时候，单单局限在个人对他人的道德影响的层面来把握儒家的精神，自然会出现很多流弊，也会招致其他学派的批判，这在《庄子》中就有很明显的表现。

其四，德是人的内在的道。德预设了人有某种内在的、积极的东西，这种东西让人不断进步，这种进步会影响到其他的人。《论语》中把德看成是天生给人的东西。在《孔子家语·好生》中，孔子说舜的德就像天地一样，静而虚。当人遵循德的指引的时候，人就是在逐步取得与天地相当的形而上学的地位。当人胸怀大道的时候，德就弘扬了出来，从而产生像风一样的使人趋向于善的力量。正如牟宗三所想的那样，德化无形，德的影响力是很难用语言言说的。

但是也要看到，这一思想还有另外一个层面，如果一个具有德化能力的人，还能在具体的行为方面做出典范，自然就更有利于他人学习。《孝经》侧重于从具体的行为方面来论述德教的问题。一个人如果能够对亲人爱敬，德教就会加于百姓，就会形于四海。

第二节　在乐、好和知中展开的道路

人是否走在正确的人生道路上，有一些外在的标志可以作为衡量的尺度。其中第一位的标志是快乐。“子曰：‘知之者不如好之者，好之者不如乐之者。’”（《论语·雍也》)“知之”对应的是知性能力的问题；“好之”对应的是欲求能力的问题；“乐之”对应的是审美能力的问题。

1. 乐之

孔子说自己乐以忘忧，以至于不知道要老了。明晰的人生道路展现在眼前，人生根本的忧患就没有了，自然无忧。走在明晰的人生道路上的人，是一个仁者。因为人生道路的明晰，人具有了勇于奉献的品质，并对那些还未找到人生明晰道路的人有深深的爱，这解释了仁者为什么会无忧。人生道路的明晰也带来了无疚感，内省保证了君子不会偏离已经展开的人生道路。

当一个人找到明确的人生方向，并全力向着这个方向奋斗的时候，那些与这个方向无关或者关系不那么密切的事物自然就不是特别重要的了。宋代儒者喜欢找颜回之乐，的确，颜回是坚定地走在自己选择的确定性道路上的榜样。颜回住在陋巷，缺衣少饭，但不改其乐。在孔子心目中，富贵就属于与人生大道关系不是特别密切的，起码不是最需要关切的事物。最需要关切的应该是道。如果说人还要忧心什么东西的话，那么，这个东西就是道，而不是贫穷。君子应该忧心的是道，而不是贫穷。找到人生道路比什么都重要。道路带来了幸福感，持续的快乐幸福则是道路越来越清晰最重要的标志。

以上是《论语》这个文本关于“乐”的主要内容。《列子》则把“乐”的问题提出来加以讨论。《列子·仲尼篇》记载孔子闲居，子贡进来侍奉，看到孔子有忧色，出来告诉颜回。颜回则抚琴而歌。孔子把两个人都叫了进来，问颜回为什么这么快乐。孔子认为，不让事物的变化扰乱心智会给人带来快乐，人们常常把这种快乐叫做乐天知命。但是这样的快乐还没有摆脱形而下的属性。孔子认为，这样的乐不是古人的乐。真正的快乐是无乐，无乐才是真乐。这样的快乐超越了忧乐，无所不乐、无所不忧才是真乐。《列子·天瑞篇》提到自宽之乐，那种认为活得长久就是快乐的看法不过是自宽之乐。《列子》中记载的内容把孔子的快乐思想提到了形而上学的层面。

存在一些似是而非的道路，自宽之乐、乐天知命之乐就是如此。看起来人生已经有了定盘针，有了明晰的方向，人生不再因为一些偶然性的因素而摇摆，但是真正的道路并没有在人面前展开。这样的快乐自然就有了自欺的一面。

2. 好之

从经验上说，人要追求什么，就会向着那个目标努力，这样就在欲求和欲求的目标之间展开了人生的道路。这就能说明儒家哲学为什么那么关心志向的问题了。“志”字包含两个基本的要素：一个是目标，一个是心灵的欲求。有明晰的人生方向的人，就意味着有一个内在的一贯之道，并且欲求总是趋向于目标。在康德哲学那里，这个道路被表达为纯粹的实践理性。高级的欲求作为原因，规定自己的结果，人自由地完成了自己的道路，这个道路是没有内容的。在孔子那里，这个道路就是“志于仁”(《论语·里仁》)，“志于道”(《论语·述而》)。对于这个“志”，需要的是坚持，也就是“笃志”(《论语·子张》)。任何志向的动摇都会使得人生偏离大道。这就要求“不可夺志”(《论语·子罕》)，“不降其志”(《论语·微子》)。

康德体会到的人生的真正方向是一个纯形式的，目标是一个无限的空无，因而任何以具体的有形象的事物为目标的人生行为都意味着人生道路的偏离。当欲求指向富贵等这些看起来能够带来幸福快乐的要素的时候，人的行为就属于一般实践理性的行为。“好”会扰乱人生的方向和道路，暂时性的利益会妨碍人生长远的道路的展开。孔子对于财富和名望的欲求保持了高度的警觉。“富而可求也，虽执鞭之士，吾亦为之。如不可求，从吾所好。”(《论语·述而》)

达到“乐”之前“好”什么很重要。成为君子首先要好君子，追求成为君子。对君子的欲求是一种具有普遍必然性的高级欲求，想求就可以求到。“欲仁而得仁，又焉贪？”(《论语·尧曰》)“欲”和“仁”之间具有一种普遍必然的实践性的关系，“欲”本身就能得到“仁”。“从心所欲，不逾矩”(《论语·为政》)是孔子七十岁才达到的境界。“子曰：‘仁远乎哉？我欲仁，斯仁至矣！’”(《论语·述而》)“欲”就是对“仁”的欲，“仁”就成为欲求能力的道德动机。

《论语》中的“欲”字有的没有多少独立的范畴意义，只是具有“打算”“想”“不想”等动词性意义，如“予欲无言”(《论语·阳货》)。但其他很多地方的“欲”则包含了独立的范畴意义。从《论语》中“欲”的使用情况来看，大致包括两个层面的“欲”，一个“欲”是对“仁”的欲。对于这种欲而言，“欲”就会达到“仁”，从“欲”到“仁”是一个即时的过程，孔子没有明确的因果性、对象性概念，所以“仁”也就没有被表述为一种理论上的“悬设”，而是一个实践的、必然的、动态的结果。对孔子而言，这一结果仅仅局限于精神内部。另一个“欲”涉及的就是现实的实践对象的“欲”。

3. 知之

志向涉及人生道路的起点和终点，在人生道路上难免会有疑惑和动摇。在这种情况下，知性就显得非常重要了。一般人们常常把《论语》中讲的“知之为知之，不知为不知”理解为实事求是的态度。心学偏向于把孔子的“知”理解为“良知”，这种理解方式是可行的。知性能力具有一定的反思性，对于自己的意念的活动有一种明觉，知道自己的想法，并且知道自己的哪些想法更趋向于真理。那些对谬误的认识通过知性的活动被认知为谬误，那些对真理性的认识通过知性的活动被认知为是真理，这样人生就总是有一种可靠的知性来指引正确的方向。

孔子自己十五志于学，到三十而立，四十就不惑了，五十知天命，六十耳顺，七十从心所欲不逾越规矩。人生之路总是会遇到选择的疑难，每一个选择都意味着可能会走上不同的人生道路。爱一个人就希望他活得好，恨一个人就会诅咒对方。

这种对立的情境足以让人感到迷惑。智者则摆脱了这种迷惑，从而有了稳定的人生方向。

如果从人生道路是否已经在一个人那里展开的角度来评价一个人，那么是否拥有这种知性能力则是很重要的一个标志。“子曰：‘知及之，仁不能守之；虽得之，必失之。知及之，仁能守之，不庄以莅之，则民不敬。知及之，仁能守之，庄以莅之，动之不以礼，未善也。’”(《论语·卫灵公》)朱熹认为，“知及”“仁守”是明德的功夫，此心纯粹便不走失。接物应事的时候要保持庄严。知及、仁守、庄莅、动礼四步是一个由体到用，由内到外的过程。虚灵明觉洞见道，此道表现为心灵的仁爱，表现为身心的庄严相好，再表现为言行有序、举止合宜。

孔子说：“近而愈明者，学也。”[①]大学之道就是明明德。《中庸》把博学、审问、明辨和笃行都归结到“明”下面。这个“明”是本体自明，“学”就像泉水从山体内部涌出，外表的水草只是表明有学。“明明，智也。”“明明在下。”(《五行》)显然，在《五行》篇看来，智就是明觉。什么是“明”呢？其表现在见贤人上面。“见贤人，明也。”(《五行》)“未尝见贤人，谓之不明。”(《五行》)“见而知之，智也。”(《五行》)[②]“见”，即出现，或者看见。在自己的本性中出现或者看见贤人，并从而获得了对贤人的真实理解，就是智慧。

学有内求智慧的明觉，有学习以往文化理论的学，有看或者听他人的经验的学，有模仿他人的学。当然后三者是外在的学。当向外在对象学的时候，学有改造自己的意思。子路曾经说不需要学，因为树木自己就会直。孔子则认为尽管如此，但是如果把竹子修理成箭就会入木更深。向外在对象学就更能让自己成才和有用。

“学”是《论语》的一个基础性的范畴。《论语》中的识、志、学、知、思、闻等认识论范畴具有一定的层次性和整体的逻辑关系。“学”范畴除了与“知”“思”等范畴存在逻辑递进关系以外，还与道德论、人格论的主要范畴存在逻辑关联。《论语》中的“学”作为在认识论基本范畴和道德论基本范畴之间存在的紧密的递进关系，使得《论语》的伦理范畴具有自身的方法论和认识论内涵；《论语》中的“学”范畴与天命等范畴也具有内在关联；“学”作为认识论的尺度，还是是否具有君子、圣人人格的一个重要的标准，最终服务于理想人格的塑造，从而使《论语》表现出一定的文本逻辑的合理性。分析“学”在《论语》中的逻辑地位有助于全面阐发《论语》的内在逻辑和现代价值。

儒学之义很广，可以把仁作为儒学的标志，也可以把礼看成儒学的标志。但在所有的标志中，“学”是前提，无“学”何以称之为儒学呢？荀子劝学、讲学，孟子也讲学。孟子讲学是求放心，荀子讲学是学习礼。孔子讲学，兼容二者。《中庸》中

---

① 郭沂编撰：《子曰全集》，中华书局，2017年，第540页。

② 《五行》原文参见陈来：《竹简〈五行〉章句简注——竹简〈五行〉分经解论》，《孔子研究》2007年第3期。

的“学”并不适用于圣人，同样荀子那里的学也不适用于圣人。但《中庸》所说的学是自明诚的事情，学是人本来的明觉的一种表现，然后通过这种明觉回到本体的明。孟子讲的学继承了《中庸》，但是却把学置于可以成圣人的地位上。

综合起来看，学就是本性的明觉，这种明觉为本性所发动，最终回到生命本体的诚明，这是内求的学，也就是《中庸》和《孟子》的学。当一个人能够实现这一点的时候，也就成了老师，成了可以让他人学习的人。学也就包含了教育和向他人学习。后者是以前者为前提的，因为本性觉悟的不同，能够自我反省和向他人学习的能力也会不同。

崔述的《论语余说》反对宋儒对儒家的理解，强调学就是闻见，就是多闻，留意的是事，而不是理。崔述所说有一定的道理，《论语》无格物穷理，也无明心见性，无静坐。但也要看到《论语》的思想本是一个杂糅的体系，不是一个单一的思想线索，《中庸》《孟子》发展了其中的性心之意，荀子发展了闻见和读书之意。宋儒用《大学》《中庸》的概念反说《论语》也算是儒家为学之意的新发展，总体上构成了儒门为学的大义。

这个儒门为学的大义，从本性的觉悟开始，到身体感官认知，再到人伦的践履。不管是穷理，还是格物，抑或是正心，不过都是讲其中的某个层次罢了。概念虽有不同，但指向的对象不出这个范围。

儒门重视学，就出现了两个支点：一个是个人努力的成就，这与社会关系无关；一个是在既定的社会关系中修养德性和德行。这两个支点，可以概括为先天法和后天法。先天法就是说，每个人自己就具有一定的理性能力，这个能力和社会关系无关，人只要拥有这一能力，就能成为君子；后天法是说，人一出生就在社会关系中，既定的社会关系构成了个体成就的前提。二者结合起来，就是损益说。能够损益的是个人的理性能力，损益的对象是社会关系。①

第三节 仁学系统

一般情况下，人们常常以仁学来理解孔子的学说，这样的理解不能算错，但也要看到，仁只是孔子思想的一个组成部分。另外，孔子的仁关联着欲求，关联着道，是诸多思想的一个扭结。

1. 仁

孔子讲了很多次“仁”，而“仁”的内涵是很复杂的。“仁”字在先秦有很多种写法，有的上面有个人字，下面是心字；有的是单立人旁边有个二；有的心上面有个

---

① 关于学、思、知之间的关系，《〈论语〉哲学》（中国社会科学出版社 2013 年版）一书有较为详细的论述，可以参考。

果实一样的图画；有的心上面有个尸体的图画。这说明“仁”的含义是多样的。孔子在何种意义上理解“仁”，要结合孔子的论述来讨论。

孔子的“仁”有三个主要的倾向：其一，“仁”不是自然而然就能得到的，“仁”是人经过努力才能达到的境界。人要欲求仁，并且先难而后获。“仁者先难而后获，可谓仁矣。”(《论语·雍也》)仁的境界是道路畅通的境界，仁者“不可陷”“不可罔”(《论语·雍也》)。这是一种自由的境界。

其二，仁意味着已经坚定地走在正确的道路上，已经能够对各种道路的偏离进行校正，并保持一个善的方向。“唯仁者能好人，能恶人。”(《论语·里仁》)好恶本来会使得人偏离正道，但仁者则不会因为好恶而偏离正道，相反，恰当的好恶保证了中庸之道得以变成现实。中庸意味着总是走在正确的道路上，每一个情感反应、每一个判断、每一个行为都是恰到好处，都没有脱离人生至善的方向。这也能说明，为什么孔子会把“知”看成是“仁”的前提。“知”将对方向的把握，转换为一种境界，这种境界是对人的情感和善恶的判断，是人行为的恰到好处。

其三，仁意味着对他人人生道路的指引。只有仁者才能稳定地处于快乐的境界，这使得人不仅仅可以自己坚定地走在正路上，同时可以感染他人，引导他人也与自己一样选择正确的人生道路。“仁”作为“爱”可以是自爱，也可以是爱人。《荀子·子道》就记载了孔子不同的回答，其中包括“仁者使人爱己”“仁者爱人”“仁者自爱”(《荀子·子道》)等。自爱集中表现为自立，爱人集中表现为立人。但是，如果一个人不能使得别人爱自己，那么这种引导力就很难实现。因此，引导他人走在正确的道路上包括忠告，但更重要的是要依赖恒常的快乐的感染力。

2. 忠

忠恕之道则关联着人己关系。忠的第一个含义是忠告。“子曰：‘爱之，能勿劳乎？忠焉，能勿诲乎？’”(《论语·宪问》)“忠”是一个涉及学习和教育的范畴。从形式上看这句话，我们可以发现，“忠”所达到的劝导效果是超越了“诲”的，显然在孔子心目中“诲”所达到的育人效果还不够理想。在《论语》中，“启”“诲”“教”在用法上是有一些细微差别的，“教”主要针对的是“民”；“诲”主要针对的是“人”，即普遍的人或者不确定的个人；而“启”主要针对的是弟子。民、人、弟子之间有远近之别，有彼此熟悉程度的差别，有智慧开发程度的差别。“忠”在逻辑地位上高于“诲”，说明“忠”所完成的“教”，是较高程度地实现了人际和谐的。

忠的第二个含义是中心性智慧。“或曰：‘中心为忠，如心为恕。’”①“忠”或许本来就是“中心”二字合一而产生的，可以把“忠”的字意理解为“中心”。《论语》中对“忠”的一个认识是：“忠”的核心意义，或者原始意义是“中心”，并且“中心”是描绘人的精神生活的用语；同时假定孔子已经先在地假定了每一个生命具有

① 〔宋〕朱熹：《四书章句集注》，齐鲁书社，1992年，第35页。

一种足够的智慧，知道什么才是正面的价值。人都有中心性的智慧能够知善、知恶，知道怎样去做，保证自我和他人生命的正面价值的实现。

忠的第三个含义是“个体”对自我道德价值地位的肯定和认知，而不仅仅是对社会角色要求的道德品质的认知和践履。“忠”这个德性要求社会地位的变化不影响个人对完善自我的道德价值追求。

3. 恕

《论语·雍也》中提到“己欲立而立人，己欲达而达人”。如何理解这一道德金律中涉及的如何克服人己关系中为自己和为他人的矛盾？这一道德金律之所以成立就是因为自我的成长和正面价值的实现自动地就具有一种人伦的意义，自我作为社会的一个成员减轻了他人的责任和压力，同时作为一种无言之教和榜样的力量自然地具有引导他人实现正面价值的意义。对他人产生积极影响的重点在“己”，而不在“人”，但也要努力避免对别人产生消极影响和避免别人对自己产生消极影响。可以把“己”和“人”之间的“立”与“达”的关系理解为同时性关系，自己“立”了的同时也就立了别人，而不是有一个先后的顺序；无为或自然的关系，不是有意识地去“立”或者“达”，而是自然形成的艺术性的、美学的、内在性的秩序，自然就会有“立”和“达”的效果；不是无原则的“立”或者“达”，而是要“成人”，这样才是“立”和“达”。自己和别人要“立”和“达”的最根本目标就是“成人”，成为一个君子和圣人，成为顶天立地的人，人的成长是人的最根本的“欲”。“仁”的伦理关系的内涵包含着在现实的社会关系的基础上实现对全面人性的体认和尊重的意义。

孔子是这样讲“恕”的。“子贡问曰：‘有一言而可以终身行之者乎？’子曰：‘其恕乎！己所不欲，勿施于人。’”（《论语·卫灵公》）从这段话中，我们可以得到以下几个意思：其一，“恕”是人能够做到的，是“可以终身行之者”的，“恕”这样一个“言”可以作为人一生的“行”的指南。当孔子说“吾道一以贯之”的时候，曾子解释其为“忠恕”，可以看成是和这句话互相证明的。“一贯之道”包括“可以终身行之者”的意思。其二，“恕”就是“己所不欲，勿施于人”。

一个人参照别人的行为这一事实足以告诫我们，我们自己就是别人的一个可能的价值参照系、一个可能的导引者，我们不得不去考虑这种导引包含着的可能的价值意义和价值现实。倘若每个人都放弃了对正面价值的追求，那么社会整体的道德和价值水平自然会下降。所以自己一方面要有所约束，另一方面又要有所建设。不对别人施加负面的价值影响，而要给予积极的价值影响。孔子“恕”道的基本含义就是靠“己”的正面价值追求来达到对别人的积极影响。只有个体追求积极的价值的时候，起到价值示范性，从而符合他人的目的的时候，才会唤起别人的敬意，从而“施于人”，对别人产生积极的影响。“恕”道意味着人性价值的自觉可以产生影响他人的积极意义。

“己所不欲，勿施于人”和“己欲立而立人，己欲达而达人”具有同等的意义，自然也就不存在否定性的“银律”的问题，不存在不具有普遍性的矛盾问题。

第四节 礼的系统

孔子的礼学思想极其丰富，涉及的问题很多，在这里无法一一叙述。关键的问题是要给礼本身一个合理的定位。礼的重要性在于秩序。万物即道路，这意味着道路是多元的，多元的道路的前提是每个个体都走自己的正确的道路。在此基础上，道路要有所区分，并保持秩序，这在中国哲学中是以序位的方式表达出来的。走在不同的道路上的生命总是处在运动的某个位置上，位置与位置之间是动态的，需要保持一定的距离，需要有合适的运动，也需要有合适的交流和沟通。因此，对个体的生命道路的讨论离不开对道路系统的阐发。中国哲学对礼的理解就具有这样的哲学意义。

1. 礼

《礼记·礼运》从“大一”分天地、阴阳来说明礼。天地、阴阳、四时秩序本身就意味着一种道路的分殊，礼通过对这一秩序的取象，从而规定人类生活的秩序。《礼记·乐记》直接从天地之别来说明礼。在天成象，在地成形，礼本身被解读为乾坤、阴阳、四时秩序。这样的讲法比较具体，抽象的讲法就是把礼解读成理，宋明理学就是如此解读的。礼被看成是上下的纲纪、天地的经纬线，符合这个经纬线，人就得以生存和发展。天地本身被理解为是有秩序的。可以把这种秩序看成是一种道路的秩序。

礼与道路之间的关联，可以从孟子对礼的说明中得到证明。“礼，门也。”（《孟子·万章下》）敲门是一种礼仪行为，人通过这一行为获得了他人进门的许可，才能进入房间，这样道路就敞开了。礼被认为是天经、地义和民行的综合体。人的行为的综合构成了人生道路的总体。秩序要求个体的行为合宜，为了达成合宜就需要矫正那些偏离正常道路的行为。《礼记·礼运》认为礼的秩序就是用来治人情的。礼可以养情，让人的情感和心灵欲求保持在合理的秩序之内，而不至于偏离正道太远。

礼对人生道路的规范不是僵化的，而是动态的。“礼，时为大。”（《礼记·礼器》）道路的可持续是必要的，不然就构不成道路。“礼尚往来。往而不来，非礼也；来而不往，亦非礼也。”（《礼记·曲礼上》）往是一种道路，来也是一种道路，通过往来，人与人之间形成了一种交往关系，把彼此孤立的道路连接为一个有机的系统。礼勾勒的人道有其机械的一面，但同时也是鲜活的。父子、君臣、长幼各有其道，人的道路因为角色位置的不同而有所区分，但这种区分又是相对的，是相互沟通而非封闭、孤立的。荀子把礼看成是群类的纲纪。礼的纲纪中的每一个个体都把关怀指向了对方。“教民相爱，上下用情，礼之至也。”(《礼记·祭义》)礼规定了秩序，“夫礼者，自卑而尊人。虽负贩者，必有尊也，而况富贵乎？”(《礼记·曲礼上》)有了礼，父慈、子孝、兄良、弟悌、夫义、妇听、长惠、幼顺、君仁、臣忠就各自找到了自己合适的道路。

“礼”依托于身体，是身之干，是通过身体的姿态显示出来的。人是行道的主体。器是藏礼的。器具不过是行道所使用的工具。《礼记·冠义》是从人之所以为人来定义礼的，《礼记·曲礼上》则是从人与动物的区别来定义礼的。礼被理解为是成人之道的关键。

过去世代的礼通过文字记载或者通过情感反应、交往方式和行为习惯在后代的人身上得以延续并成为传统。延续下来的礼的系统中有先王之道，但是真正要面对的却是现实的人生道路。“制度在礼，文为在礼，行之，其在人乎？”(《礼记·仲尼燕居》)过去可行的，在当下未必可行。这就需要人在其中寻找恰当的道路。这样，对过去的经验进行损益就是非常必要的了。

礼给人提供了道路的指南，所以要“克己复礼”，要“非礼勿视，非礼勿听，非礼勿言，非礼勿动”(《论语·颜渊》)。这里的礼是否仅仅是一种外在的规定呢？是否仅仅按照外在的礼仪要求规范自己的视听言动呢？关键在于前面的“克”，一般将其解释为克服，“复”解释为“恢复”。按照这一解释路向，就是把“礼”理解为一个纯粹的外在约束，要求人自觉按照外在的约束来约束自己。问题是根据孔子的一般思路，一个人恰好不能根据外在的规定来安排自己的人生。“为仁由己”是要在超越“人”“己”的关系中建立自己的主体性，自然“礼”更强调的是主体自我的判断和内在的约束。“克”，“肩也”，“任也”，“克己复礼，以已身肩任礼也”①。主体的自我承担，要求按照自己理解的“礼”来行动。“礼”不是单纯的外在规定，按照前文的逻辑，也可以知道，“礼”一定包含着自己的理解和自己的判断。“动之不以礼，未善也。”(《论语·卫灵公》)

2. 孝

“孝”和“教”“学”的字意关联也能够说明“教”“学”“孝”的内在关系。甲骨文的“学”字，从爻，从臼（双手之形），从宝字盖（屋室的象形）。三形会意，表示在屋室中教人演算。金文的“学”字，在屋室下面增添了一个“子”。《说文解字》在教部解释“学”的时候认为“学”就是觉悟。《说文解字》把“教”解释为“上所施下所效”。甲骨文的“教”字的左侧是由“爻”和“子”构成的。金文“教”字左侧的“爻”变成了相互交错的状态。“老”和“子”的关系中的“教”“学”就是“孝”。“孝”即“教”，首先是父辈对子辈的教，其次是子辈对父辈的“教”。“孝”即学，效

① 程树德：《论语集释》（下），中华书局，2013年，第946页。

法、仿效、学习。“孝”是“学”的概念补充和拓展。“孝”作为“教”的内容，是在父子、君臣、天人等上下级关系中实现博爱、德义、敬让、礼乐、好恶等(《孝经·三才章》)。

孝要面对道路选择的难题。一方面，个体要从天地、父母、师长那里学习做人的经验，另一方面，个体又不能走与父母一样的道路。这里面涉及角色位置的问题，过早地模仿或者进入一个不应该占据的位置，就存在僭越，从而导致错位，道路的混乱也就随之而来了。另外，一个人随着年龄的变化自然进入某种社会或者人伦的位置具有复杂的含义，从自然规律来说这是一个自然的位置，从人伦和社会来说这是伦位或者势位。进入这样的位置并不意味着一个人真的走在了这个位置规定的道路上。人的行为和心理有可能滞后或者无法恰到好处地处在相应的位置上。这就提出了正名的要求。君君、臣臣、父父、子子这类的表达方式非常有助于说明人道的复杂性。人有心灵，心灵活动本身就是复杂的，也可以说每一种心灵活动都会取得道路的特性。一个人事实上已成为父母，但未必同时在爱或者认识上已经成为父母，做到了后者才能恰当地取得父母的位置。生命的自然历程、心灵、行为乃至社会关系之间并不一定总能协调一致。加上人同时拥有不同的角色，人道的整体性是由复杂多样的道路构成的。孔子在谈到谏争的时候，提出了一个处理难题的原则，即坚持自己的志向，同时也尊敬和理解父母的道路，并全力支持父母自己选定的人生道路。

父子关系要符合“道”的要求，“孝”就在意义层次上超越了具体的关系本身。“子曰：‘父在，观其志；父没，观其行；三年无改于父之道，可谓孝矣。’”(《论语·学而》)个体生命是有限的，通过种类的繁衍，个体成为家庭、家族、民族、人类道路上的一个环节。可以把家庭、家族和民族的道路看成是特殊性的道路，把人类道路看成是有一定的普遍性的道路。个体是会死亡的，通过种类的繁衍，人获得了某种“不死性”。一些个体的美德、功业和语言也会得到一定的传承，立德、立功和立言都会达到某种“不朽”，从而构成一种“道路”。对“传统”的传承是道路延续的要求。种类繁衍和种类发展可以说是“孝”的深层根据之一。对于不改“道”也需要进行探讨。后代对祖先的忠诚既可以表现为一种自觉的心理和行为，也可以表现为不自觉的心理和行为。遗传性的因素和家庭教育等因素都会使得后代重复祖先的某些偏向，这些偏向构成了家庭之道的区别，构成了家族之道和民族之道、人类之道的区别。这就提出了形而上的道的问题。

3. 伦常之道的十字撑开

优先考虑父子关系还是优先从夫妻关系入手，还是有很大的不同的。《论语》对夫妻关系论述很少。《孔子项讬相问书》中的小儿和孔子在夫妻关系和亲子关系哪个更重要的问题上发生了分歧。“夫子语小儿曰：‘汝知夫妇是亲，父母是亲？’小儿曰：‘父母是亲。’父子曰，‘夫妇是亲。生同床枕，死同棺椁，恩爱极重，岂不亲乎？’

小儿答曰：‘是何言与！是何言与！人之有母，如树有根；人之有妇，如车有轮。车破更造，必得其新；妇死更娶，必得贤家。一树死，百枝枯；一母死，众子孤。将妇比母，岂不逆乎！’”①这段话真实度不高，但《孔子家语》中有资料显示孔子重视夫妻关系。这里小儿的看法是具体层面的，根据从出生到死亡的过程，夫妻关系相比父子关系当然更缺乏稳定性和先天性。但如果从世代关系来看，关键环节却是夫妻关系，没有夫妻关系，父子关系也是不存在的。可以说父子关系和夫妻关系共同构成人伦之道的十字。这两种关系中的爱的特点不同，但都属于爱。

4. 师生和朋友之道

《论语》中有两个支点：一个支点是君子，与美德有关；一个支点是伦常，与伦理有关。在《论语》中，这两个支点之间不是截然分开的，君子的追求影响了对伦常的理解，使得《论语》中的伦常并不拘泥于习俗性的伦常，而有了新的内容，并赋予了习俗性的伦常以新的意义。

《论语》中的两个支点可以在《论语·学而》首章中得到确证。从伦常的角度看，这段话包含三种人伦关系：其一是学习和教育关系（师生关系的本质）；其二是朋友关系；其三是人己关系。《论语》首重学习和教育关系，朋友关系和人己关系都要建立在学习和教育关系的基础上。而且这些关系的逻辑起点是“己”之“学”和自修以成就“君子”。

《论语·学而》首章具有一定的指标性意义。其中有两个支点，一个支点是君子，另一个支点是师生、朋友和人己关系。对于这一思路的意义，曾子显然是很了解的。“曾子曰：‘吾日三省吾身——为人谋而不忠乎？与朋友交而不信乎？传不习乎？’”（《论语·学而》）曾子的表达不过是颠倒了顺序，先是自我的修身问题，然后是人己关系、朋友关系、师生教化关系。

当把启发、教育、学习的关系置于人伦关系的显要位置的时候，会带来人伦秩序的一种不同的面貌，从而把“五伦”转换成一种符合先天法则的关系，变成一种可以获得人生价值和意义方向的教化、学习关系。但教化和学习一定不会局限在“五伦”关系中，而是指向“众”，指向人己关系中的他人和人类本身。

朋友并不一定指代现实的朋友，当一个人进入觉悟之路的时候，同样进入这一道路的人彼此之间就是朋友。朋友有互相促进进步的意义。从促进自我完善的意义上说，敌人也可以是朋友，因为敌人显示了自己的不足，说明自己有让他人烦恼、厌恶的一面，而作为一个仁者来说，也要具有感化敌人的能力，敌人也是在仁爱的范围之内的。

对师生教化和学习关系的强调反映了孔子哲学发生的时代背景。通过学习和教化提升自我的人生，成为孔子师生群体的目标，彼此因为学习和教化成为一种

① 郭沂编撰：《子曰全集》，中华书局，2017年，第925页。

志向相近的朋友。尽管在孔子哲学中出现了新的人伦因素，但并不意味着孔子对传统社会结构缺乏理解，恰恰相反，孔子围绕夫妻父子关系的礼仪活动表达过丰富的思想。

5. 人己之道

孔子评价“楚人遗弓”的故事见于多个文献，如《吕氏春秋》《说苑》《公孙龙子》《孔丛子》《孔子家语》。这里先从《吕氏春秋》中的记载开始进行讨论。

《吕氏春秋·贵公》等文献记载了“楚人遗弓”的故事。孔子认为，不必强调“楚人”，而应突出“人”。老子则说去掉“人”字更好。《吕氏春秋》用这个故事来论证大公无私，如果从类的观念来看，楚国人是特殊的人群，去掉楚国，这个人就是一般的人了。这个故事里面是包含对一般和个别的区分的。

《论语》中有大量的论述人己关系的话。《论语·学而》中的“人不知，而不愠”并不是简单地排斥他人的判断对自己的影响，更是对人我关系构成的自我的超越。“己”是一个具有反思性的自我。“我”是由他人的影响和经验构建成的自我，这个自我总是希望得到他人的认可和赞美。而“己”则要超越这个受他人影响和制约的自我，要反思这个自我，保持一定的“旁观者”的姿态。如果由他人组建起来的自我是一个“剧中人”的话，那么“己”就是一个“剧作者”，这个“剧作者”并不受剧情以及由之而引起的情感和认知的影响。

《论语》当中的“己”并不单纯的是一个对象性的主体概念，而更多的是一个超越对象性关系的行为和认知的发动者和承担者性质的概念。《论语》中使用的“己”包括如下一些语言结构：不己知、己欲立、己欲达、己所不欲、莫己知、己任、不如己、求诸己、为仁由己、行己、恭己、修己、厉己、洁己、为己等。《论语》在使用这些语言结构的同时，也令其包含了不同的哲学意义。就现代汉语的语法来说，作为主体的“己”处于主语的位置，作为对象的“己”可以处于宾语的位置。“不己知”“莫己知”“修己”“厉己”“洁己”中的“知”“修”“厉”“洁”等是谓语，“己”是宾语。这样理解的“己”是一个对象性的概念。这个对象的主体包括他人和自我。自我修“己”，他人“知”己。“己”如果不包括自我，就不具有主体性，就需要探讨其背后的另一个“我”。在《论语》当中，孔子也可能表达这样的含义，如“求诸己”，但这里的“求”更多的是要求自己发挥主宰性作用的意思。在《论语》当中，“己”包含着一种巧妙的使用方式：凡是可能具有客体性含义的时候，反而前置；凡是可能具有主体性含义的时候，反而后置。例如，“莫己知”“不己知”中的“己”往往被归结为宾语；而“行己”中的“己”则可以理解为具有主语的意味，是“己行”。“己”努力让别人知，“知”总是涉及人与人之间的交流性的关系。在这一关系中包含着一定的在场性和相互性，通俗地说就是“我知道别人知道我”。“己知”既包含别人“知我”的含义，同时也包含有“我知道别人知我”的含义。即便是客体性的“己”也被赋予了一定的主体性意义。考虑到古汉语重视谓语，常常省略主语和宾语的语言习惯，从哲学阐释学的角度来看，也可以说，“已”既不是主语，也不是宾语。孔子在把“已”当作主语来使用的时候，既是现实的、在一定条件下的，处于相对的、片面的关系中的“已”作为行为和认识的发动者，也是超越这种相对关系、超越片面规定的全面的、完整的具有类本性的人作为行为和认识的发动者；而“已”在作为宾语使用的时候，既是一个被他人和自我认识和改变着的认识和行为的对象，同时也是一个自我主动的知晓和行动着的一个主语和主体。这样一来，“已”表达的主体性就涵盖了主客经验，并成了一种可以进行有效的整合的自我组织的主体性。

第五节　为 政 之 道

1. 独和兼不离于道

在孔子哲学中，君子对道的追求是高于政治追求的。“苌弘曰：‘尧舜文武之道或驰而坠，礼乐崩丧，亦正其统纪而已矣。’既而夫子闻之，曰：‘吾岂敢哉，亦好礼乐者也！’”[①]此处的孔子并不把“正统纪”当做自己的主观目的来追求，而是保持了一种类似于审美的态度，也就是“好”。此处之“好”活龙活现地表现出孔子不是抱着太强烈的干预世界的心态，不是抱着矫正世界缺陷的心态来对待世界的事物的，也没有那么强烈的功利思想。他对世界的缺陷的感觉不是紧张的，而是松缓的。另外，一个“好”字也隐约透露出孔子的一种对学术的态度，不是以一种狭隘的政治算计的心态来对待礼乐的问题，礼乐就是生活的目的，而不是被当做一种工具来看待。

楚王要聘请孔子，冉有等弟子觉得孔子的机会来了。但是孔子却告诉弟子许由是独善其身的人，太公是兼利天下的。但是兼利天下要有合适的条件，如果没有条件，兼利也是无法实现的。“乃歌曰：‘大道隐兮礼为基，贤人窜兮将待时，天下如一欲何之？’”（《孔丛子·记问》）为政在兼利的逻辑地位上，而兼利的重点在“兼”，在兼顾。而且后者是有“时”的限制的。“天下如一欲何之”当然有感伤的心情，然人的根本的欲求是仁，是成圣贤，仁者之心已经回归人性的深层，又怎会为政治境遇而忧愁？

不同的文本在处理修身和从政的关系的问题上其张力的强度是不同的。《孔丛子》有伤时的观念，在《列子》中，孔子则表现出一种无政一身轻的快乐解脱的心态。《列子》中记载孔子说：“夫乐而知者，非古人之所谓乐知也。无乐无知，是真乐真知；故无所不乐，无所不知，无所不忧，无所不为。《诗》《书》礼乐，何弃之有？革之何为？”（《列子·仲尼》）子贡听到孔子这样讲备受打击，而颜回则相反，弦歌诵书，终身不辍。颜回显然是一种好礼乐的态度。《孔丛子》记载赵简子要聘孔子，

---

① 王钧林、周海生译注：《孔丛子》，中华书局，2009 年，第 2 页。

结果在半路孔子放弃了。“伤予道穷，哀彼无辜，翱翔于卫，复我旧庐。从吾所好，其乐只且。”（《孔丛子·记问》）

《荀子·宥坐》中的孔子区分了为不为和遇不遇的差别，但是还有修身俟时的观念。从《论语》的思想逻辑来看，孔子总的思想倾向是追求成为圣贤君子，这是一以贯之的，修身并不是从政的工具，也不是为了从政而准备的条件。当然，在修身的情况下，如遇合适之时，当然可以兼利天下。累德、积义、怀美是独立的值得追求的价值，而非仅仅因为其可以见、可以为人知才有价值。但这一点并不全为弟子所理解，比如《荀子·宥坐》中记载孔子厄于陈、蔡之间，子路就提出了一个问题："今夫子累德、积义、怀美，行之日久矣，奚居之隐也？"（《荀子·宥坐》）或许正是因为弟子尚不能把握修身为己的独立价值，弟子才在君子道和世俗的张力中选取了孔子在不同层面的表现和言论加以记录，从而塑造了孔子和儒学的不同面貌。《论语·学而》首章就说“人不知，而不愠”，开宗明义就讲明了儒者所追求的最高价值是为己，是修身成为君子。

《论语》在为己的基础上、在处理退隐的问题上是灵活的。《论语》中有很多材料都涉及个人和政治现实间的伦理关系问题。不过《论语》讨论个人和政治现实之间的伦理关系是有伦理前提的，这个前提就是人首先应该追求道德的完善，力争成为“君子”。当身处政治环境中的人力争成为“君子”的时候，“君子”的伦理表现必然会发生改变，从而具有了政治伦理的特征。一个追求自我完善的“君子”，面对现实的政治生活，有如下几种伦理抉择：政治“有道”，那么就会积极参与政治生活，就会“出仕”；政治“有道”，也可以选择让贤；政治“无道”，可以选择积极进谏；政治“无道”，选择退隐。这四种伦理抉择都见于《论语》等典籍之中。

《论语》没有明确论述修身和从政的划界问题，但在其他文本中则有明确的划界。宣公十二年《左传》记载：晋灵公暴虐无道，执政大臣赵盾连续进谏，得罪晋灵公。晋灵公几次派人杀赵盾，但都未得逞。赵盾堂弟赵穿攻杀晋灵公。赵盾其时已经出奔，但尚未离开国境，听到晋灵公被弑，就回来了。晋国的史官董狐记载这件事情的时候，写为“赵盾弑其君”，表明赵盾对这一事件负有责任。孔子则说：“董狐，古之良史也，书法不隐。赵宣子，古之良大夫也，为法受恶。惜也，越竟乃免。”（《左传·宣公二年》）在这个历史事件中，涉及政治责任和政治义务的问题。明确责任是和明确惩罚与奖赏的主体密切联系在一起的。确定责任需要知道该惩罚谁或奖赏谁，知道行为的因果关系。董狐的理由是“正卿”，“亡不越竟”说明“正卿”的责任还没有消除，从“正卿”职务的“应当”来说，应当“讨贼”。从董狐的说法来看，他已经把责任的尺度建立在“正卿”职位上了，而应当“讨贼”的理由就是“亡不越竟”，如果“亡”越境了，“正卿”的责任和义务也就丧失了，相应的“讨贼”的“应当”也就不存在了。从董狐说的话来看，他对赵盾的义务进行了限定，既然“亡不越竟”，当然当“讨贼”。这一问题从深层次来看，涉及孔子有无政治以外的视野的问题，以及个人人格的完善和政治义务的关系问题。这个故事透露出来的信息，多少让人联想到孔子可能更为关心人的政治境遇，或许孔子心目中有对人的更为深入的关怀，这种关怀是超越于政治的。正因为对人有超越于政治的关怀，才使得孔子更能对人的政治境遇进行反思，并保持一定的人生敏感度。在《左传》中孔子还多次表达了类似的立场。比如楚国最高统治者认为自己的“德”与“不德”只是与“江、汉、雎、章”这些“楚之望”存在“祸福”关联。因为修身传统的存在使得在中国传统政治伦理中个人修身和修“官身”之间出现了张力，从而把政治义务或者政治责任限定在了政治角色范围内。当相应的政治角色丧失了以后，相应的政治权利和义务也就丧失了。“子曰：‘不在其位，不谋其政。’”(《论语·宪问》)“政”是与“位”联系在一起的，当“无位”的时候，人就丧失了相应的政治属性，自然也就没有了相应的政治责任，无须做出相应的政治言行。而人有一个永远无法摆脱的“位”，就是力求成为“君子”。当政治义务和对君子美德的追求发生冲突的时候，后者往往是最高的价值准则，政治伦理要服从于个人的自修价值。正是因为追求成为君子使得早期儒者获得了积极投入政治生活、力求赋予政治生活以丰富的伦理内涵的精神力量，同时也使得早期儒者可以毅然选择退隐，在退隐的生活中享有生活的乐趣。

2. 德刑皆为实现正道

“政”和“正”在古代包含用武力、强制的刑罚等手段进行征讨的意思，一般意义上的“政府”“统治”和这个意思相近。“政”的同源头字是“征”，包含强迫服从、强迫就范的意思。“为政”在必要的时候需要强力的手段，来实现政治目标，可以强制征伐平息诸乱，但根本上应该实现“无讼”。这个意义上的“政”是官僚制的职能运作。在甲骨文中，“政”就是武力征伐，通过武力迫使别人改正错误。“政”还包括使用刑罚来使人遵守秩序。当然在行使这些控制手段的时候，需要有一个组织，政府及其干部就是行使这种控制手段的组织成员。“道之以政，齐之以刑，民免而无耻；道之以德，齐之以礼，有耻且格。”(《论语·为政》)为政有两个路径，即德礼的路径和政刑的路径。

这里的“政”显然有征伐的含义。靠惩罚和刑罚、制度来管理，人变成了制度体系中的角色，人依据角色履行相关的权利和义务。作为个人的自我就抽身出去了，形成一种制度理性和组织代理人的情形。只要履行好制度规定的一切就算有道德了。“齐”意味着“找齐”。靠刑罚来找齐和平衡的缺点是找齐后彼此之间就没有关系了。至于认真负责、开拓性的工作、制度规定以外的事情，则无法完成。一手交钱，一手交货，交易完成后彼此就没有关系了。不管是金钱的找齐、制度规则的找齐，还是奖惩的找齐，最后都是人心的冷漠，只能是一种权利优于善的思路。“免”，即“避免”和“勉强”。犯法就惩罚，人们会勉强遵守，而且会想尽一切办法避免惩罚，钻法律的漏洞。惩罚的有效性无非是被管理者担心利益会受到损害，担心荣誉会受到损害。它只有在人有名利心的时候才会奏效，只有在被领导者和相关的组织存在紧密的利益和荣誉关联的时候才会奏效。如果已经离心离德了，惩罚并不能保证制度有效执行。“政”和“刑”导入了单向的、强制性的关系和自我逃避的关系。

“德”和“礼”导入了双向的、自我的、软性的关系。“政”和“刑”很容易使得自我和自我的社会关系之间发生对立，从而“无耻”；“德”和“礼”容易使得自我和自我的社会关系形成一体的互换的关系，从而“有耻”。耻和光荣感的发生有两个基本的条件：其一是个人和他人、社会的一体感，他人的荣耀会激发自己心灵的光荣感，同样他人的耻辱会让自己也感到耻辱；其二是内心对自我的完美判断和自己现实的特殊表现的落差。在德礼的模式下，人力求按照完美的自我的要求表现自我，自我的个别表现被完美的自我所“格”。在德礼的模式下，他人的善能够激起自己的向善之心，他人的恶让自己感到耻辱，从而实现了他人对自己的行为的“格”，同时自己也能够通过改过迁善从而“格”其他人。

自在的生命无自刑，也当免于外在的刑罚。如何能无自刑？唯有修德。修德生智慧，智慧能察刑罚所在，而生内在的戒法和自律，即有格。耻，止。生命自我的戒法限制了自己的言行，而有所止，而生耻。这是生命自身的理，也是自身的礼法。

第六节 六 仪

中国哲学关注人的成就，也就是人能够成为什么样的人的问题，不单纯地有一种知识论的兴趣，而有成就自身的兴趣。这一兴趣表现出来就是中国哲学提出了一系列人格成就的概念。在孔子这里，有乡原、庸人、士人、贤人、小人、君子、圣人等。《孔子家语》中有《五仪解》，在该篇中孔子启发鲁哀公行五仪之教，但并没有对其提出过高的要求，而鲁哀公表示自己缺乏信心和能力。这样的语境和《论语》不同，《论语》中的“君子”是通过学习完成君子的成就，是修身的视角，而《孔子家语》是“治道”的视角。尽管视角不同，但综合起来看，孔子哲学开辟了人的一个新的生命空间，这个生命空间就是成为君子和圣人。该如何用合适的语言概括君子的这些概念呢？可以用“理想人格”一词，但这一词语在西方有特定的含义。《孔子家语》把庸人、士人、君子、贤人、圣人称为“五仪”。可以把“六仪”理解为人生的六道。

“仪”是什么意思呢？从字面来看，“义”（“義”）由“我”和“羊”构成，其哲学意味在于自我求善。而单立人则说明自我求善有成就，人挺立了。人之挺“立”本身就具有形而上学的意义，不需要另外用别的范畴来讨论形而上学或者存在论。“存在”的一个意义就是“直立”“站立起来”。如果从大化流行的角度理解存在，从场有哲学的立场理解存在，存在就是从“无”中站立（有）起来。出现而立就成为存在者，但在这个存在者那里，存在作为自有、常住者留于其中。从存在的角度来看，存在者的出现是存在自身自由地扩展成为的一种边界。就像大地上出现了一棵树，树木是大地上出现的一个直立的存在。但它和大地保持着密切的关系，大地决定了树木成长的限度，这个限度的最高界限就是完成。这是一个自立并自身亮相的过程。在儒学当中，“立”是“人”的立。孔子说自己“三十而立”（《论语·为政》），“本立而道生”（《论语·学而》）。孔子的价值就在于使人“立”，也就是“立之斯立”（《论语·子张》）。孔子可以“既竭吾才，如有所立卓尔”（《论语·子罕》）。人的挺立就是成为在整体中起作用者。人整体地起作用时就是君子、圣人。

1. 乡原

从形而上的本体来看，人就是一种姿态，是一个影像，是一种仪态。第一种仪态是原人。乡原的负面道德作用是混淆善和恶。乡原最容易淆乱道德。孔子并未详细解释“乡原”的特征。依据孟子的解释，大致可以概括为如下几个方面。

其一，乡原常常指责狂者志向、口气大，言行不能相顾。

其二，乡原主张与世俗为善。乡原主张应该为这个社会做事，只要大家认为好就行了。

其三，乡原，就是媚于世，而对世俗的善缺乏批判反思意识，对世俗的善恶缺乏辩证态度的人。如果说入圣是一个过程的话，乡原只是处于“过门”的状态。

2. 庸人

人的第二种仪态就是庸人。关于庸人，《荀子·哀公》《孔子家语·五仪解》《大戴礼记·哀公问五义》有几处提及，表述略有差异。庸人的特征大致包括如下几个方面的内容。

其一，说出来的话不能鼓舞人上进，并且不和法度。

其二，心灵不能主宰感官，心随着感官走，对人的生死大事不关心，对生命的问题采取回避的态度，对解决生死问题的方法不探究。

其三，不尊重贤人，不把贤人当作自己人生意义的向导，不认为自己不进步是值得忧愁的事情，不努力向贤人看齐。

其四，眼界狭小，在行动的时候不知道为什么要这么做，而不做事的时候显得惶惶然，不知道心灵的归属在哪里。

其五，在选择过程中，不知道对自己人生最有价值的事物是什么。

其六，完全沉浸在对外物的追求之中。综合起来看，庸人是完全陷入世俗中的人，还没有从世俗中抽离出来。乡原和庸人总的特点是超越性不够，安于世俗，到君子则有了较大的超越性。

3. 小人

《论语》多次论及“小人”，而在《孔子家语·大戴礼记》中庸人和君子相对，显然有明显的不同。《荀子》等文本中提到的“五仪”不包括“小人”，不过《荀子》中的“子曰”在其他地方提到过“小人”。

其一，小人不仁，小人恶。“未有小人而仁者也。”《论语·宪问》小人是没有仁德的。《论语》说小人不仁，但没有说小人为恶。而在其他“‘子曰’类文献”中，直接把小人定位为恶。仁与不仁，更着眼于以人能够达成的生命高度来评论人，有相对性和动态感，而善恶有静态感，且有明显的二元对立的意味，对善恶之对立范畴的使用，多为孔子以后的事情。“孔子曰：‘小人何以寿为。一日之不能善矣，久恶，恶之甚也。’”（《中论·修本》）不过从《论语》用“美”和“恶”来说小人来看，用善恶来说也是可以的，不过思维方法略有不同。

孔子在诛少正卯的故事中就把少正卯说成是小人，这个小人是用“恶”来定义的。孔子称少正卯是“小人之桀雄”（《荀子·宥坐》）。“一曰心达而险，二曰行辟而坚，三曰言伪而辩，四曰记丑而博，五曰顺非而泽。”（《荀子·宥坐》）这里提到的“恶”的总特征是：心、行、言、记。本身偏离了善的轨道，但却有一定的影响力和感染力。显然这样的“恶”是一种有力量的恶。不过这里孔子反对的是“小人成群”，担忧的是“聚徒成群，言谈足以饰邪营众，强足以反是独立”。君子有的时候会表现得不够“成熟”，因为他们太过认真率性，直面是非。而小人往往不问是非，只问利益，因而可以做到心灵“开阔”，为了利益暂时包容别人，但这一切都是暂时的。小人的“心达”不是真诚的，而是虚假的，其中可能包含着害人之心，所以是“险”。就世俗生活的智慧而言，小人往往比君子“聪明”，他们懂得所谓的“人心”，懂得所谓的“人情世故”，懂得“潜规则”，而且对于这一套坚信不疑。小人往往更善言辞，但是真话较少。小人往往看起来更多闻，但是却缺乏思想深度。小人往往也很有吸引力，有很多人喜欢和追随，但却是负面价值的代表。

其二，小人是否定力量的代表，是消极力量的代表，使得世界陷入否定，拖后腿，不让世界进步。小人的情感是消极的、否定的，“小人长戚戚”（《论语·述而》）。另外，小人常常对积极的、正面的、超越的、高贵的事物进行否定，“小人不知天命而不畏也，狎大人，侮圣人之言”（《论语·季氏》）。概括起来就是，“小人下达”（《论语·宪问》）。小人在人际交往方面往往给人以不好的影响，导致他人产生负面力量。“君子成人之美，不成人之恶。小人反是。”（《论语·颜渊》）小人不是没有内在积极的德性，只不过这种德性不能够坚持，容易受到外在的负面力量的影响，而失去自身的功能和作用。“子曰：唯君子能好其正，小人毒其正。”（《礼记·缁衣》）

其三，小人自大，“小人骄而不泰”（《论语·子路》）。“小人不可大受而可小知也。”（《论语·卫灵公》）

其四，在人际关系方面，小人没有自己的个性，总是依靠别人，“小人求诸人”（《论语·卫灵公》）。“小人比而不周。”（《论语·为政》）小人在人际交往方面“比”，人与人之间有较强的隔阂感。“小人同而不和。”（《论语·子路》）求同，就是类型化地对待他人和对待自己。很多个体都是以类型化的方式与他人发生关联的。不仅个体把他人看作类型化的，而且他人也以相似的方式对待自己。“比”的结果往往是求全责备，“及其使人也，求备焉”（《论语·子路》）。

其五，“小人喻于利”（《论语·里仁》），是利益的化身。“小人穷斯滥矣。”（《论语·卫灵公》）“小人怀土”“小人怀惠”。（《论语·里仁》）“言必信，行必果，硁硁然小人哉！”（《论语·子路》）小人的行为总是追求有一个可见的结果，总是想到有用和没用；小人的语言总是希望有回应，得到赞扬。“小人有勇而无义为盗。”（《论语·阳货》）

其六，小人的道德观和君子不同。“子夏曰：‘小人之过也必文。’”（《论语·子张》）小人即便有善的话，也是表面的。小人有些外表的表现和君子差别不大，但是却缺乏道德内涵。“情疏而貌亲，在小人则穿窬之盗也。”（《礼记·表记》）“故君子之接如水；小人之接如醴。君子淡以成；小人甘以坏。”（《礼记·表记》）小人从外表上看和人也很亲近，但实际上却缺乏内在的感情。“孔子曰：‘惟君子然后能贵其言、贵其色，小人能乎哉？’”（《中论·贵言》）正因为如此，所以小人的外在表现是非常不可靠的。“孔子曰：‘小人毁訾以为辩，绞急以为智，不逊以为勇。’”（《中论·覈辩》）“孔子曰：‘志之，吾语女：奋于言者华，奋于行者伐，色知而有能者，小人也。’”（《荀子·子道》）小人从外表上看也是有才华、有能力、有智慧的。小人在语言和行为方面都比较用心，比较用力，但是语言华而不实。

其七，小人需要通过外力约束才能拥有道德。“小人不耻不仁，不畏不义，不见利不劝，不威不惩。小惩而大诫，此小人之福也。”（《易·系辞下》）无论外在环境不好还是好，都会使得他们丧失自己的道德准则。“子云：小人贫斯约，富斯骄，约斯盗，骄斯乱。”（《礼记·坊记》）正因为小人的心思都集中在外部世界，所以难以有持续的快乐。“小人者，其未得也则忧不得，既已得之又恐失之，是以有终身之忧，无一日之乐也。”（《荀子·子道》）

4. 士人

孔子讲的“士”，是指追求道的人，是有美德的人，是在社会生活中言行得宜的人。

其一，不同于一般的“从政者”，现实的从政者被定位为“斗筲之人”，是气量短小、见识浅薄的人。“曰：‘今之从政者何如？’子曰：‘噫！斗筲之人，何足算也？’”（《论语·子路》）《韩诗外传·卷二》提到了“执尊贵者，有家富厚者，有资勇悍者，有心智慧者，有貌美好者”　这些失去了美好品质的士人。士人的美好品质应该是“爱民行义理”“振穷救不足”“卫上攻战”“端计数”“统朝涖民”。士人应该关心公共利益。

其二，士人是能够坚守自己美好品质的人。士人追求道，有一定的美善的品质，在知识、言行方面得宜，有一定的能力并且非常诚信。“所谓士者，虽不能尽道术，必有率也；虽不能遍美善，必有处也。是故知不务多，务审其所知；言不务多，务审其所谓；行不务多，务审其所由。故知既已知之矣，言既已谓之矣，行既已由之矣，则若性命肌肤之不可易也。故富贵不足以益也，卑贱不足以损也，如此则可谓士矣。”

(《荀子·哀公》)士人所坚守的价值与君子无异，也就是“尽道术”“遍美善”。但士人是在政治中实现这一价值的，这必然要降低要求，要符合政治现实并考虑实现的可能性。这就是“必有处也”。知、言、行都要有较强的针对性，士人能够理性地审视自己的所知，能够理性地审视自己说话的内容和对象，能够准确地把握行动的理由。当“已知、已谓、已由”之后就要把这些当成生命一样来守护。显然这里士人所坚守的道不是一般的道，而是政治之道，是符合政治现实之道。

其三，士人的标志是自己的志向不同于小人，士人的标志在于其理想志向。士人的志向不在于“酒肉”和“食荤”这些功利性的目的，士人应该有更为单纯的理想。士人有公共关怀，自然也要有才华。“士不信悫而有多知能，譬之其豺狼也，不可以身尔也。”(《荀子·哀公》)孔子以“信悫”和“知能”对举，强调“信悫”的重要性。有“知能”而无“信悫”就像豺狼一样，让人无法接近，接近则有祸端。“信悫”和“知能”的关系就像“弓调”和“求劲”的关系，就像“马服”和“求良”的关系。《论语》更为强调士人对道、仁的价值追求，而对于物质利益则保持一定的警醒。“子曰：‘士志于道，而耻恶衣恶食者，未足与议也。’”(《论语·里仁》)这里把道和衣食相对应，来说明士人的价值追求。“子曰：‘志士仁人，无求生以害仁，有杀身以成仁。’”(《论语·卫灵公》)这里强调当身、生和仁发生冲突的时候，士人以仁义价值为指归。“子曰：‘士而怀居，不足以为士矣。’”(《论语·宪问》)“士”这个概念更强调对世界的使命感和责任感。

其四，士人除了有公共关怀以外，还要以是否对社会有实际的积极影响力为尺度。“行已有耻，使于四方，不辱君命，可谓士矣。”(《论语·子路》)士人要达。“夫达也者，质直而好义，察言而观色，虑以下人。在邦必达，在家必达。”(《论语·颜渊》)《荀子》中的“子曰”有几处提到“士”。“子路入。子曰：‘由，知者若何？仁者若何？’子路对曰：‘知者使人知己，仁者使人爱己。’子曰：‘可谓士矣。’”(《荀子·子道篇》)士人显然具有适合从政的品质，能够让别人付出爱，让别人去了解和认可自己，形成政治认同。

其五，士人并不一定一样，可以依据自己的才华服务社会。《韩诗外传·卷九》中孔子把士人分为三类：辩士、勇士和圣士。勇士主要靠武力来帮助国家；辩士靠语言辩论来化解国家与国家之间的矛盾；君主无为，奉行中道，符合礼仪，制定符合道义的制度，用道德教化大臣、百姓以及处理国与国的关系，注重协调人与自然的关系，选用贤能的人任官做事，这是圣士。

士人和贤人有相似之处。“所谓贤人者，行中规绳而不伤于本，言足法于天下而不伤于身，富有天下而无怨财，布施天下而不病贫，如此则可谓贤人矣。”哀公曰：“善！敢问何如斯可谓大圣矣？”(《荀子·哀公》)在这里对贤人的定位的特点是：能够很好地调和社会规范与个人的关系。从规矩来讲，贤人的行为符合社会规范并保持了个人的个性；从言行来讲，贤人的言行能够做天下人的典范，但是不会伤害自己；从财富来讲，贤人依靠自我的努力获得财富，因而是无怨财。

孔子还提到“进贤为贤，排贤为不肖”（《刘子·荐贤》）。“知贤，智也；推贤，仁也；引贤，义也。”（《韩诗外传·卷七》）这两个文本内容基本一致，不过《韩诗外传·卷七》的内容更丰富一些。贤人本身就全面地体现了政治伦理。

5. 君子

《孔子家语·大婚解》中记载孔子说：“君子者也，人之成名也。百姓与名，谓之君子，则是成其亲，为君而为其子也。”①这里强调了君子要成其亲，通过自身的修养，提升自己的地位。孔子还说：“所谓君子者，言必忠信而心不怨，仁义在身而色无伐，思虑通明而辞不专。笃行信道，自强不息。油然若将可越，而终不可及者，此则君子也。”②

关于君子人格的超越性，《论语》中有明确的句子表达了这一思想。“君子上达，小人下达。”（《论语·宪问》）

习俗是由公众意见统治的世界。实现超越的前提是对公众意见的合理鉴别。“子曰：‘君子病无能焉，不病人之不己知也。’”（《论语·卫灵公》）

习俗的世界是一个关心衣食住行这些利益的世界。小人陷入对物质利益的操劳之中，君子为了道德目标而要割舍富贵。“子曰：‘君子喻于义，小人喻于利。’”（《论语·里仁》）“子曰：‘君子谋道不谋食。耕也，馁在其中矣；学也，禄在其中矣。君子忧道不忧贫。’”（《论语·卫灵公》）

君子在社群领域与小人的表现不同。“君子周急不继富。”（《论语·雍也》）“继富”的人重视现实的等级关系，包括财富、地位、名声的等级等，对于高等级的人会给予尊重，对于低等级的人则会轻视。“君子周急”不是单纯地表示关注穷人，而是不受等级的限制。君子对社会关系保持一定的超越态度。

社会关系中除了有由等级关系构成的界限和限制以外，还存在另外的限制即小团体主义。“子曰：‘君子周而不比，小人比而不周。’”（《论语·为政》）君子不是与一般人保持距离，而是不会以自我的爱好为根据区分人，从而不能和一般人保持合理的关系。“子曰：‘君子和而不同，小人同而不和。’”（《论语·子路》）君子拒绝小团体主义，对人保持一种最大的包容性和宽容性。“子曰：‘君子矜而不争，群而不党。’”（《论语·卫灵公》）

在对待他人方面，君子也表现出了某种超越性。“子曰：‘君子成人之美，不成人之恶。小人反是。’”（《论语·颜渊》）

君子的情感表现比较中和。“君子坦荡荡，小人长戚戚。”（《论语·述而》）“君子不忧不惧。”（《论语·颜渊》）

① 郭沂编撰：《子曰全集》，中华书局，2017年，第121页。

② 郭沂编撰：《子曰全集》，中华书局，2017年，第129～130页。

《荀子》有两种君子的提法。“子贡入，子曰：‘赐，知者若何？仁者若何？’子贡对曰：‘知者知人，仁者爱人。’子曰：‘可谓士君子矣。’”（《荀子·子道篇》）“士君子”爱他人，更能了解他人。

《荀子》还提到了“明君子”。“颜渊入。子曰：‘回，知者若何？仁者若何？’颜渊对曰：‘知者自知，仁者自爱。’子曰：‘可谓明君子矣。’”（《荀子·子道篇》）

“‘子曰’类文献”中有几处“水喻”。在这里，君子拥有水德，具体表现就是：无为而普遍地对众生有利益，这是德，这一说法很接近《道德经》的观念；从高处向低处流，其中有一定的理则，这是义；取之不尽，总能源源不断地流出来，这是道；反应敏锐，流向任何目标，这是勇；水能够浮起不同重量的事物并能衡量物体的重量，这是法；装满容器后很平，这是正；很清，这是察；可以洗净东西这是善化；一定向东流，这是志。

6. 圣人

关于圣人，《论语》提到博施于民而能济众，提到畏圣人之言。《荀子·哀公》和《孔子家语·五仪解》强调圣人的“知”要通于大道，德合天地。

孔子认为人能成为君子。“子曰：‘圣人，吾不得而见之矣；得见君子者，斯可矣。’”（《论语·述而》）孔子还很谦虚地表示自己不是圣人，“若圣与仁，则吾岂敢？抑为之不厌，诲人不倦，则可谓云尔已矣”（《论语·述而》）。

第四章　老子的形而上学

老子在现实中为何人，大约有三种观点。第一种观点认为，老聃，姓李，名耳，字伯阳。楚苦县厉乡曲仁里人。孔子曾问礼于老子。第二种观点认为，老莱子，楚人，与孔子同时。第三种观点认为，太史儋，与秦献公同时。

《老子》有不同版本。其中，1993 年在湖北荆门郭店楚墓出土的郭店简本，墓主为战国中期人。关令尹本，即老子本传所记，老子为关令尹所著书上下篇五千余言，这是传世通行本最早的祖本。还有 20 世纪 70 年代汉墓发现的马王堆帛书本。王弼注本，即现通行本。

用什么样的哲学概念来说明道家哲学，一直存在不同的看法。在诸多的选项当中，形而上学依然是一个较好的选择。关键就是要对道家的形而上学进行一个合理的阐释，使其奠定在坚实的基础上。这一阐释的前提是把握道家内修实践。在内修实践基础上的“道的通见”是道家形而上学的前提。而对道家内修实践基础的把握则有助于勾勒出道家的内在系统。可以把这一内在系统解析成形上认识论、形上道德论、形上实践论、形上成人论、形上本体论等层次。从表达方式的分析入手，是一种较好的从形而下到形而上的阐释路径。《道德经》的形而上学逻辑包含哪些内容呢？其一，不可名和可名的辩证逻辑；其二，本然陈述；其三，双遣的逻辑；其四，“相关律”；其五，追求“非”的逻辑；其六，静默的逻辑。开展道家形而上学的奠基性工作对中国哲学的建构具有重要的意义。

探讨道家形而上学问题，以《道德经》为范本是合适的。《道德经》有不同的版本，这里以通行本为例探讨道家形而上学问题。①讲清楚《道德经》的形而上学对于讲清楚中国形而上学具有重要的意义和价值。但现有成果对道家形而上学的把握依然存在较大的分歧，道家形而上学的建设需要开展奠基性的工作。

第一节　道家逻辑的前提

从什么样的角度来把握《道德经》比较合适呢？葛瑞汉把《道德经》看成是长篇的哲学诗或组诗，并可能是失败者所作。史华兹概括了把握《道德经》的主要角度：“自古及今不断有人断言，它只不过是一部谨慎的现世人生哲学手册，一部讨论政治战略的兵书，一部秘传的讨论军事策略的兵书，一本空想主义的宣传资料，或

① 本书所引用的《道德经》原文为王弼本，参见《道德经集释》（上册），中国书店，2015 年。

者一部对宇宙持有‘科学的自然主义’态度的文本。”[①]的确，《道德经》中有认识论的问题、道德伦理的问题、社会政治和治理的问题、人生的问题，但这些问题都是按照道的经验来回答的，是用道的逻辑来统摄的，这是把握《道德经》思想关键中的关键。

每一种哲学关心的问题都是一个问题域，会有一些细枝末节的问题。人们可以关心这些细枝末节的问题，但是需要抓住核心问题才能领会经典对细枝末节的问题解决的思维方法。否则，就会偏离经典自身思想的演进轨道。把握问题的关键就是要认识问题提出的实践基础和经验基础。道家的哲学是奠基在道家的实践中的。《道德经》中提到了物质生产、阶级斗争、科学实验、道德践履等实践性问题，但核心是道的实践。“《庄子》是中国哲学经典，《庄子·内篇》更是经典中的经典。《庄子·内篇》所体现的哲学是一种什么样的哲学呢？总体上看，这是基于修道实践基础上形成的一个观念系统。我把这个观念系统叫做‘道的通见’。那么这个‘道的通见’系统有什么存在的价值呢？其一，可以起到对修道者进行一定的理论指导的作用；其二，可以起到‘道的通见’内部的沟通、协调作用；其三，可以起到和常识经验开展对话的作用，起到道的教化作用。《庄子·内篇》哲学可以说是一种解释学，是对修道实践的解释，对道的通见和常识经验的关系的解释，是道之通见的内部互相解释。”[②]这一结论对《道德经》也是适用的。罗浩关于早期道家的一个假设是有一定的参考价值的。“即便缺少‘老庄’道家哲学学派存在的证据，一个独特的群体存在着，他们可以无可非议地被称为道家，因为他们进行并向其他人推荐否定式行气入定修炼以期达到对道的神秘认识，并将其融入他们的日常生活。这些人还创造并传承了一批教义文献，那是在回应不断变化的环境的长时间中逐渐形成的。这个独特谱系的成员可以在其中发现他们自己。比如，这个时期道家思想家们将他们在各个国家的朝廷上所遇到的其他思想谱系的观点与方法加以运用，逐渐发展出了自己的政治向度。”[③]史华兹虽坚持神秘主义的阐释路径，但也不否定《道德经》中具有政治等内容。

“道的通见”一语是从史华兹的《古代中国的思想世界》一书中借用过来的，这一用语可以用来描述老庄等共享的生活经验和哲学经验及其世界。“《老子》中的格言、名言可能有多种来源，其中某些观念中也许通行于著作已经佚失的同时代人中间。不过，我还是坚持认为，其文本作为一个整体仍然体现了一种强有力的和有创造性的和谐一致的通见。”[④]“我们应当从他与《老子》所共享的神秘通见入手来论述历史人物庄子。庄子试图描述那不可描述之物的持久努力，在许多方面都丰富和

① 〔美〕本杰明·史华兹：《古代中国的思想世界》，程钢译，江苏人民出版社，2004 年，第 201 页。
② 周海春：《道之通见：〈庄子·内篇〉哲学注》，长江出版社，2011 年，第 192 页。
③ 〔美〕罗浩：《原道：〈内业〉与道家神秘主义的基础》，严明、刑文、何金俐等译，学苑出版社，2009 年，第 153～154 页。
④ 〔美〕本杰明·史华兹：《古代中国的思想世界》，程钢译，江苏人民出版社，2004 年，第 223 页。

强化了我们在《老子》中已经发现的内容。”[1]“神秘通见”和“常识世界”均是一个体系，是由各自特殊的实践活动、人生体验、生活方式、概念系统、价值系统、技术系统和人格特征构成的整体。在同一个“通见”中的人们，均有其不言自明的“共识”。“神秘”和“通见”本来是一个悖论，是“通见”就不“神秘”，“神秘”就不是“通见”。这两个概念具有相对性。“神秘”是说这个“通见”的系统对另一个“常识”来讲是不可理喻或者难以理解的；“通见”“共识”是说对于享有这一生活世界及经验的人们来说，这一世界并不神秘，或者说就是某种“常识”。任何一个“神秘通见”的系统都必然牵涉到对另一见解系统的限定、总结与归纳，才得以成立。从这一意义上说，“神秘通见”具有对“常识世界”的反思、批判、超越的性质。但这种超越始终是奠基在“常识世界”的基础上的。如何理解二者的关系是人生，也是哲学的一个永恒的话题。

在《庄子·逍遥游》中有一个肩吾、接舆和连叔的故事。其中接舆讲的内容对于肩吾来说是神秘的，是一些大而无当、不近人情的话。但对于连叔来说，则不是神秘的，连叔视肩吾为智慧上的聋盲者。显然，连叔占据着一种解释者的地位，可以解释不同的经验系统，可以了解神秘经验，也可以了解常识经验。《道德经》和《庄子》在某种意义上就处于连叔这一解释者的地位上，具有解释学的特征，这一解释活动介于神秘和世俗经验之间。

为什么要用“道的通见”取代“神秘通见”呢？这是因为神秘主义在西方有其特定的指代对象，有特定的内涵，用这一术语讲述道家思想需要一定的界定和澄清。“道的通见”包含了不同于日常经验的内容，但把这一内容理解为“神秘”就会夸大“道的通见”中不可理解的内容，从而缺乏理解的宽容和包容性的前提。“道的通见”包含对感官和理性认知的限定，强调另一套认知系统，这一系统常常被冠以“体验”，从而和理性“知识”对立起来，“神秘”两个字不利于表达另一套认知系统自己的逻辑，以及相应的理性追求。“神秘”两个字容易遮蔽终极性知识，而且这种知识是可以为人直接把握的直接性知识，对于拥有“通见”的“善为道者”来说，这种知识并不“神秘”。“神秘”两个字容易和非正常联系在一起，从而把某种知识当成是非正常的人的知识，以致固化了“正常”和“非正常”的关系。“神秘”两个字容易夸大终极知识的不可表达的一面，事实上，《道德经》力求完成一种较为清晰的表达。关于道的知识被“善为道者”理解为一种更具有基础性和公共性的知识，这种知识是“善为道者”的共同的知识，并且可以成为是否成为“善为道者”的评价依据。“神秘”有与“科学”对应的含义，从而把“神秘”等同于“非科学”。关于《道德经》的神秘主义和科学的关系，史华兹说：“因而，老子的神秘主义就与通过祈使句式所表现出来的命令有着紧密的联系，‘遵守柔弱’（译者按，致柔）这一命令清楚地表

① 〔美〕本杰明·史华兹：《古代中国的思想世界》，程钢译，江苏人民出版社，2004年，第224页。

明，对于自然所作的‘辩证法’讨论，反映的并不是对于科学研究的关怀，而是为了某种持久不变的兴趣——使得人类在客居万物王国期间能够恢复其‘自然’生活方式。”[①]史华兹力求把握《道德经》神秘主义的特性，是关于实在的通见而不是关于技术的描述才反映了道家神秘主义的本质[②]。史华兹的这一认识和罗浩的认识是有差异的。罗浩肯定了入静的实践对于道家神秘主义的意义。罗浩认为《道德经》包含了自我修炼的内容，包含了神秘功法的文字，但增加了政治和社会的内容，“培养神秘的意识状态是《内业》优先考虑的问题，它们在统治上的运用是《老子》优先考虑的问题”[③]。“如果这些郭店本中与通行本对应的内容，被解释为不是从完整的《老子》中摘录的，而是被看做‘《老子》的原型’，那么，它们代表了《内业》纯粹的内修实践与通行本《老子》政治化程度更深的内修之间的中间状态。”[④]

用“道的通见”取代“神秘通见”包含了打通“神秘”与“逻辑”之间关系的努力。葛瑞汉说：“《老子》不啻是一部与逻辑站在对立面的某种智力杰作。”[⑤]这一看法堵塞了把握《道德经》的形而上学逻辑的道路。《道德经》在中国哲学，尤其是在中国形而上学中的地位，受到了较为广泛的肯定，被当成了中国哲学史上第一个接触到本体论问题的哲学经典。[⑥]当然，形而上学的讲法有一定的时代特征，用形而上学、本体论、认识论的方法和语汇来阐发《道德经》与中国现代哲学重视本体论等问题是相适应的。神秘主义与逻辑不是截然对立的。罗素认为形而上学是通过两种非常不同的人类冲动的联合与冲突而发展起来的。“在这两种冲突中，一种使人朝向神秘主义，另一种使人朝向科学。”[⑦]罗素认为：“巴门尼德自己就是一种异常有趣的神秘主义的源头，这种神秘主义渗透在柏拉图的思想中；它可被称为‘逻辑的’，因为它体现在诸多逻辑理论中。就西方而言，这种形式的神秘主义好像始自巴门尼德；它支配着从他那个时代到黑格尔及其现代门徒时代的所有最伟大的神秘主义形而上学家的推理。”[⑧]罗素认为，当人的不同于出现在感官面前的实在的信念成为一种不可抗拒的情绪的时候，这种情绪就成为大多数神秘主义和形而上学的来源。当这种情绪起支配作用的时候，人们就觉得不再需要逻辑了；当“来自情感的确定性变弱时，一个具有推理习惯的人将为在自己身上所发现的信念寻找有利的逻辑根据”[⑨]。正是

① 〔美〕本杰明·史华兹：《古代中国的思想世界》，程钢译，江苏人民出版社，2004 年，第 213 页。

② 〔美〕本杰明·史华兹：《古代中国的思想世界》，程钢译，江苏人民出版社，2004 年，第 208 页。

③ 〔美〕罗浩：《原道：〈内业〉与道家神秘主义的基础》，严明、刑文、何金俐等译，学苑出版社，2009 年，第 170 页。

④ 〔美〕罗浩：《原道：〈内业〉与道家神秘主义的基础》，严明、刑文、何金俐等译，学苑出版社，2009 年，第 171 页。

⑤ 〔英〕葛瑞汉：《论道者：中国古代哲学论辩》，张海晏译，中国社会科学出版社，2003 年，第 253～254 页。

⑥ 宋志明：《中国哲学的本体论思路》，《船山学刊》2004 年第 1 期。

⑦ 〔英〕伯兰特·罗素：《神秘主义与逻辑及其他论文》，贾可春译，商务印书馆，2017 年，第 3 页。

⑧ 〔英〕伯兰特·罗素：《神秘主义与逻辑及其他论文》，贾可春译，商务印书馆，2017 年，第 9 页。

⑨ 〔英〕伯兰特·罗素：《神秘主义与逻辑及其他论文》，贾可春译，商务印书馆，2017 年，第 20 页。

在这一方面，那些原本信奉神秘主义的伟大哲学家们追寻了逻辑。通行本《道德经》具有一定的逻辑性，它兼容了神秘主义和形而上学。方东美说："道家论道，益驰骋玄想。就本体论言之，道之本身，超乎其它一切之上，乃是神而又神之神秘。"①道家就语言表达的层面来说并不神秘，从某种意义上说，其形而上是在对形而下的事物的叙述中表达出来的。

第二节　道家形而上学的六个向度

道家形而上学需要开展奠基性的工作，原因之一在于目前依然在本体论、生成论、存有论、宇宙论、形而上学、现象学等概念上徘徊，难以取得相对一致并且有建设性价值的意见。

《道德经》有形而上学吗？有本体论吗？叫本体论更好，还是叫做形而上学更好？或者应该叫做现象学呢?这涉及中西方哲学的差异问题。《道德经》中如果有形而上学或者本体论，或者现象学，那么是什么样的形而上学、本体论、现象学呢？这里不讨论否认《道德经》存在形而上学的观点，重点在假定存在形而上思维的情况下，讨论这一形而上思维合适的哲学定位问题。

安乐哲、郝大维依然使用了道家宇宙论这一说法，不过他们强调要对宇宙论概念进行鉴别和界定。在他们看来，道家宇宙论不应该从"始基"的意义上来理解，而应该从关联性以及过程性的意义上来理解。如果说宇宙论的含义是从"始基"的意义上来理解的，那么道家可以说是"非宇宙论"。"作这一'宇宙论'与'非宇宙论'世界观区分的实质之一就在于：没有某种涵廓性的'始基'或'本源'来解释这个世界的创造过程。而且，'宇宙'这一概念的'非始基'性在哲学意义上使用，事实上意味着，在这种情况下，尽管某些事物的'本质'或许的确指涉'类'，但是这种'本质的类'也只不过是类比相似现象而得出的结论，也就是说，差异性是优先于各种可识别的相似性的。"②

本体论的立场认为"道"是本体论范畴。道既是世界万物的逻辑起点，又是世界万物的终极根据。从这个意义上说，道便成为本体论范畴。③方东美用"超越型态之形而上学"来形容中国本体论。④他还强调中国形而上学的机体主义，强调这种超越形态之形而上学是即事即理的，是即理想即现实的。他说："对儒家言，超化之，成为道德宇宙；对道家言，超化之，成为艺术天地；对佛家言，超

① 方东美：《中国哲学精神及其发展》（上），孙智燊译，中华书局，2012年，第26页。

② 〔美〕安乐哲、郝大维：《道不远人：比较哲学视域中的〈老子〉》，何金俐译，学苑出版社，2004年，第18页。

③ 宋志明先生认为："在老子哲学中，道既是一个宇宙论范畴，也是一个本体论范畴。"参见宋志明：《中国哲学的本体论思路》，《船山学刊》2004年第1期。

④ 方东美：《中国哲学精神及其发展》（上），孙智燊译，中华书局，2012年，第21页。

化之，成为宗教境界。”①

本体论之说也受到多方质疑，如郑开认为中国哲学研究领域广泛存在“本体论误置”问题。“道”“德”不能直接被理解为“实体”，也不能被理解为与“实体”对应的名相（概念）。他强调“道”落于语言和理性之外，而“是”这一本体是逻辑认识的对象，呈现于语言之中。“实际上，中国哲学并没有严格意义上古希腊形而上学（metaphysics）或本体论（ontology）的思想传统，具体地说就是那种依于逻辑和语言（逻辑中心主义）通过分析‘是’而探究‘存在’（being）的哲学传统；另一方面，无可否认的是，尽管早期中国语言中缺乏类似西方的‘是’（系词），这却并不意味着古之先哲没有叩问形而上学（包括那种 metaphysics）所探讨的基础问题。”②

倪梁康认为，在中国哲学本体论是主干，“本体”类似于“自然”或“自在”、“本来”或“根本”。倪梁康承认“道”“理”“心”“性”“气”是本体论范畴。“概而言之，在东西方哲学思考中，现象学是关于感性可见之物的学说、关于观念的被给予之物的学说、关于存在的无蔽的学说、关于在智的直觉中被把握的本体的学说；本体论是关于根本自在之物、倚于自身之物的学说，是关于万物存在的学说和关于历史存在的学说；形而上学则是对不显现的东西、在现象背后可能存在的东西的讨论和思考。”③倪梁康认为道家的有无之别顶多算发生学或发生形而上学，不是感性和理性相对应的“结构形而上学”，因而不用“形而上学”也罢。“事实上，在道家思想中，现象学的元素要远甚于形而上学的成分，如庄子的‘六合之外，圣人存而不论’就是一个明显的例子。”④

可以把形而上学问题看成是一个问题域，这个问题域包括了宇宙论、生成论、本体论、现象学提出的一些问题。形而上学的问题域总的界限划分就是形而上和形而下。对形而下和形而上领域的不同划分以及对形而上和形而下的关系的不同理解都会形成不同的形而上学理论。

一般认为，道家形而上学有如下本质特征：本体与现象的统一，因为本体和现象统一，这种形而上学虽然讲本体但有具体性；宇宙论与本体论的统一，因此这种形而上学具有机体主义的特征，具有生成论的内容；从本体论与伦理学的统一来把握，这种形而上学具有一定的本体与至善合一的特征，具有一定的形而上学的伦理学的性质；本体论和认识论的统一，这种形而上学具有一定的心境性，具有境界性；本体论和人合一，和生活合一，功夫论是其重要的内容，具有实践性特征。《道德经》是通过讲形而下来谈论形而上的，形而上和形而下密不可分。

依据对这些特征的把握，道家形而上学具有六大核心问题。就《道德经》而言，

---

① 方东美：《中国哲学精神及其发展》（上），孙智燊译，中华书局，2012 年，第 34 页。

② 郑开：《中国哲学语境中的本体论与形而上学》，《哲学研究》2018 年第 1 期。

③ 倪梁康：《东西方哲学思维中的现象学、本体论与形而上学》，《哲学研究》2016 年第 8 期。

④ 倪梁康：《东西方哲学思维中的现象学、本体论与形而上学》，《哲学研究》2016 年第 8 期。

形而上和形而下的分别最为关键的就是：有形象的万物和无形象的道的分别，有名的语言和无名的语言的分别，为学和为道的分别，相对性的善恶区分与至善的分别，众人和百姓与善为道者的分别，修道实践和形而下实践的分别。这几个分别对应形而上学的几个问题：本体论或者生成论问题、语言逻辑问题、认识论问题、道德价值问题、人格问题、实践问题。

其一，是宇宙论或者本体论的问题，即形而上学的宇宙学问题。其核心是道和器或者道和万物的关系问题。这一问题即为在有形有象的世界之外是否还有一个无形无象的世界的问题。

其二，是形而上道德学问题。道家所说的道德本身就为形上之物。这部分即“我可以希望什么”的问题。

其三，是形而上认识论问题，对应感性和理性能否把握形而上本体的问题，即“我能够知道什么”的问题。

其四，是形而上实践论，对应道家的修真方法论问题。这部分对应“我应该做什么”的问题。

其五，是形而上人论问题。道家形而上学的奠基不能忽略其圣人观、真人观。如何理解人，涉及深刻的形而上学问题。《道德经》中出现的人，可以从如下几个方面去把握。一个是“我”和“吾”。类似的用法在《道德经》中也是存在的。《道德经》中使用“我”的时候，更提出了自己作为一个得道者和不得道者之间的对比和区分。“知我者希，则我者贵。”（《道德经》第七十章）这里突出了“我”作为一个得道者不被人了解的体验，也表达了“我”作为得道者对于不得道者的价值。《道德经》第六十七章讲“我有三宝”强调了得道者与众不同的价值观。这一体验的最典型的表现在《道德经》第二十章中：“我独异于人，而贵食母。”其中把“我”和“俗人”“众人”进行了一番对比。《道德经》第十七章突出了“我”和“百姓”的对比，“百姓皆谓我自然”。“吾”和“我”有一定的对应关系。“人之所教，我亦教之。强梁者不得其死，吾将以为教父。”（《道德经》第四十二章）《道德经》使用“吾”的时候更多的是表达道的体验。最典型的是《道德经》第四章说：“吾不知谁之子，象帝之先。”《吕祖秘注道德经心传》解释说：“婴儿一现，我不知是谁之子，在杳冥之中，我不知有我，安知辨别其子；帝，我也，要返于一来之际，复我本来面目，归于无始之先，合道以为我，合我以为道，才叫作道冲而用之。”[①]《道德经》中已经有了“吾”和“我”的区分，到《庄子》，这两个字成为一个哲学范畴，最集中的体现就是“吾丧我”之说。“吾所以有大患者，为吾有身，及吾无身，吾有何患？”（《道德经》第十三章）这里，“吾”和“身”对应，而《庄子》中的“我”就包含了身体在内。《论语》和《道德经》中的“吾”和“我”的语言用法中包含了不同的自我体验，但这种体验

① 〔春秋〕老子：《吕祖秘注道德经心传》，〔唐〕吕岩释义，韩起编校，广西师范大学出版社，2014 年，第 11 页。

还很难说已经上升到一种对自觉的哲学概念的分别。“尽管有这些差别，但是这些差别只是倾向性的，而不是规定性的，更不是概念性的，我们决不能因为吾、我之间用法上的这些差别而认为它们已经有了概念性的分别。”[①]《庄子·齐物论》中的“吾丧我”则可以说是对“吾”和“我”有了明确的概念性的分别。正因为如此，这一分别受到了学术界的重视。“我”和“吾”的分别就人的自我而言，具有一定的形而上和形而下的分别性。

另外，圣人、善为道者、大丈夫等表达了关于人的形而上和形而下的分别的观念。《道德经》第十五章集中描绘了“善为士者”，或者“善为道者”。第三十八章讲“大丈夫处其厚”。第八十一章说：“圣人不积。”第七十九章说：“是以圣人执左契，而不责于人。”第七十七章说：“是以圣人为而不恃，功成而不处。”第七十二章说：“是以圣人自知不自见，自爱不自贵。”第七十一章说：“圣人不病，以其病病，是以不病。”第四十七章说：“是以圣人不行而知，不见而名，不为而成。”第二章说：“是以圣人处无为之事，行不言之教。”圣人具有形而上性，其中包括了有为和无为的分别、有言之教和不言之教的分别、居功和不居功的分别、虚心和不虚心的分别、外其身和不外其身的分别、救人有无弃人的分别、是否去奢去泰的分别、是否不为大而能成其大的分别。正因为圣人也是人，所以人自身才成为一个形而上学的问题，而不是一个神秘主义的问题。

海德格尔认为：“形而上学的奠基疑难在对人的亲在的发问中，即在对人的最内在的根据、对作为在本质上存在着的有限性的存在之领悟所进行的发问中找到了其根源。”[②]不管《道德经》讲的“常道”是一般的言说方式，还是恒常之道，关键都在于把握一种无限性和有限性。这里虽然没有使用无限性和有限性这样的字眼，但却表达了有限性感受，有限性感受本身就是真实的哲学意识。生命的有限性感受可以成就文学、史学和哲学的形态，是原初的哲学感受。有限性概念是生命有限性感受的理性形式。这里如果解释成言说方式，有限性感受则从言说开始，也离不开言说。当人意识到一切言说都是有限的时候，意味着人通过语言进入了形而上学的无限性，意味着无限性自身在人的语言活动中的展开。人自身的有限性感受本身带来了“疏离”，即对形而下世界的疏离。人是有限的，即便是面对这些形而下的事物，人也是渺小的。“不可掌握”带来了“不掌握”，即“离开”世界，从而为进入形而上的全体准备了条件。“哲学运思乃是发生着的亲在之明确的超越活动。”[③]形而上学不应该仅仅是一种体系和学说，而是人的生存本身就有的属性。人的有限性的体验不只是通过“有罪”“死亡”等来显现，语言、知识、道德等都有可能无限展开为有限的形式和环节。

---

① 陈静：《“吾丧我”：〈庄子·齐物论〉解读》，《哲学研究》2001年第5期。
② 〔德〕海德格尔：《康德与形而上学疑难》，王庆节译，上海译文出版社，2011年，第220页。
③ 〔德〕海德格尔：《康德与形而上学疑难》，王庆节译，上海译文出版社，2011年，第233页。

其六，是形上表达学。如何才能很好地为道家形而上学建立牢固的基础呢？首先需要解决的是语言逻辑问题。这是道家形而上学奠基的前提。因为讨论道家的形而上学问题，依据的是文本，尤其是人在面对文本。从解释学的立场来看，这是一个解释的过程。人自身的追求与实践制约着对文本的理解，而文本引导着实践。在文本和实践的双向互动的过程中，从文本语言及其逻辑入手具有一定的反思性和包容性。《道德经》的真理性问题要在实践中去确证，解决语言逻辑问题就为开放性的实践提供了一个多维的空间和前提，同时也为理论阐释开辟了更为广阔的前景。

第三节 道家的形而上学逻辑

张东荪在《不同的逻辑与文化并论中国理学》中提到了四种逻辑：形式逻辑、数理逻辑、形而上学的逻辑和社会政治思想的逻辑。“逻辑甲是表现言语内固有的结构中的理性，逻辑乙是表现数理中所潜伏的普遍原则；逻辑丙是表现对于绝对本体着想时所用的方法；逻辑丁是表现实际社会问题政治运动中所自然演成的思想态度。”①张东荪认为：“逻辑甲便是藏在言语的思想里头的。逻辑乙是藏在数理的思想里头的。逻辑丙与丁是藏在形而上学的想法与社会运动的想法里头的。事实上是先有这些思想而后有逻辑。”②他认为形式逻辑包含主谓式、种类包含、云谓法则。在张东荪看来，中国语言虽然并不符合形式逻辑的系统，但其具有形而上学的逻辑和社会政治思想的逻辑。

形而上学的逻辑是一种超越逻辑。“逻辑丙就是形而上学的逻辑。其特性在于满足我们的神秘经验。”③在张东荪看来，形而上学的逻辑是来说明“绝对”的。在他看来，并不是由形而上学的逻辑推出来“绝对”的，而是先有对于“绝对”的经验，然后才造出了形而上学的逻辑。“这种状态最主要的特性是所谓‘永恒’（eternity）的亲证，即直见永恒。有人名此种境界为时间之消失。其实就是不流转。例如对于流水只见水而不见其流。这种神秘经验必是确有其事，决非纯由于推想。形而上学上所谓绝对就是指这个境界。因为绝对不仅逻辑上推得的，并且是经验上亲自证实的。据我所见，似乎经验的亲证反而在先。有了这个亲证，然后乃编出一套逻辑来，再从推理方面加以说明。所以我主张逻辑丙是一种特别的逻辑；他是由于神秘经验而逼迫出来的；只能用于绝对，以说明绝对，而不能用于他处。”④形而上学的逻辑是用动的逻辑表示不动。形而上学都是从整体出发的，逻辑丙是由整体

① 张东荪：《知识与文化》，岳麓书社，2011年，第244页。
② 张东荪：《知识与文化》，岳麓书社，2011年，第244页。
③ 张东荪：《知识与文化》，岳麓书社，2011年，第237页。
④ 张东荪：《知识与文化》，岳麓书社，2011年，第239页。

观念而演成的，为整体观念所支配的。“故形而上学的逻辑在以动而表明不动。不动乃是所求。”①

四个逻辑之间当然不是完全没有关系的，彼此之间有密切关系。比如形而上学的逻辑也会用到语言里面的形式逻辑一类的逻辑。“当一个人默思本体的时候，就会自然而然用那种双遣双拨的方法，但如果要把这个意见清清楚楚告诉他人恐怕又必须用逻辑甲的规则。”②形而上学的体验要表达出来，自然也会有语言的形式方面的逻辑。逻辑学有不同的层次，最高层次是哲学的逻辑学。哲学的逻辑学并不是逻辑学本身，而是说任何一种哲学都隐含着一种思想的宏观逻辑，甚至不同文化背景下的哲学也会隐含着宏观逻辑的差异。海德格尔认为，“主词-谓词关系的特性就是同一性之特性”③。在海德格尔看来，这种统一必须先行。中国哲学有着特殊的把握这种同一性的方式。如道就具有最高的统一性，因为道生一。只有探究中国古代思想的特殊的哲学逻辑，才能更好地论证中国古代思想的哲学性问题。

《道德经》的形而上学逻辑包含哪些内容呢？其一，不可名和可名的辩证逻辑。道是绝对，是全体，自然超越名言之外。这是其不可名的一面。如果道可名、可道，那么就不具有超越性。但是如果道不可体验，那么讲道也就不具有合理性，就要强调其可名、可道的一面。只不过可名和可道有其所指，不可名和不可道也有其所指。正因为这一逻辑对于讲道很重要，因而成为道的第一个形而上学的逻辑准则。“道可道，非常道；名可名，非常名。”（《道德经》一章）“道，由也。道，言也。道，本人所共由，然非常说所能尽也。名，称也。道以名显，故可指名，然非常称所可泥也。”④关于“可道”和“可名”、“常名”和“常道”到底说的是什么这一问题，需要从文本自身去寻找答案。这是文本解释学所需要坚持的一个原则。从文本来看，《道德经》中已经有所交代。认识道的这一逻辑是很重要的，否则就会以“常名”“常道”为认识的工具去把握道，去言说道，自然无法契合《道德经》的思想进程。

《道德经》在何种意义上是哲学？在形而上学意义上是哲学，在分析哲学的意义上是哲学。感觉到名言以外的东西，又尝试说出名言以外的东西，是哲学的一个特质。如果仅仅感觉到名言以内的东西，就是在经验和科学的范围内；如果感觉到了形而上的东西，但是却不尝试说出来，也不构成哲学。对不可说的东西有体验，这种东西对体验者来说，则构成了知识。但这种东西因为不可说，对于没有体验的人来说，就不构成知识。但哲学家也可以把自己的体验说出来，因而形而上学的知识也可以在一定限度内成为公共的知识。

---

① 张东荪：《知识与文化》，岳麓书社，2011年，第240页。

② 张东荪：《知识与文化》，岳麓书社，2011年，第242～243页。

③〔德〕海德格尔：《从莱布尼茨出发的逻辑学的形而上学始基》，赵卫国译，西北大学出版社，2015年，第143页。

④〔春秋〕老子：《吕祖秘注道德经心传》，〔唐〕吕岩释义，韩起编校，广西师范大学出版社，2014年，第170页。

形而上学意义上的“道”和“名”既然“可道”和“可名”，那么就可以陈述，变成陈述性的知识。当然，这种陈述性的知识亲知都和形而上学的知识不同。“说 S 亲知 O 与说 O 被表象给 S 本质上是一回事。”①形而上的“道”和“名”对于那些道的信仰者来说，是亲知。换句话说，将道和名表现给了那些“善为道者”。一些“善为道者”有分享的动机，有宏大的乐趣，于是就把这个亲知变成了可描述的知识。“我们拥有关于一个对象的描述的知识，当我们知道它是这个（the）拥有我们所亲知的某个或某些属性的对象时；换句话说，当我们知道所说的属性只属于一个对象时，我们就被说成拥有关于那一个对象的描述的知识，不管我们是否亲知这个对象。”②关于道的形而上的亲知变成可表述的知识以后，也可以被没有这种亲知的人所理解。哲学阐释的工作就是要使得这种理解变得更容易。关于形而上的描述知识不同于形而下的描述知识。这种知识可以被称为本然陈述。金岳霖认为本然陈述的对象不在名言范围之内，其所使用的工具也不是概念词、主宾词。

关于“非常道”和“非常名”，主要有两种解释倾向，一种是把二者理解成是形而上的，这样就有一个划界：形而上的“常道”和“常名”不可名，不可道；而形而下的“非常道”和“非常名”则是可名的，也是可道的。这一解释是可以的，符合哲学阐释的规矩。这个规矩就是：哲学为可思的东西划界限，从而也为不可思的东西划界限。“哲学通过清楚地表现可说的东西而意谓（味）着不可说的东西。”③形而上学离不开形而下学，形而下学也离不开形而上学。另外一种解释倾向是：“非常道”和“非常名”不过是对常规的语言表达方式的否定。“道”和“名”也是可以言说的，不过言说的方式不同于言说形而下事物的方式。第二种解释也包含着划界。不过，后者有一个形而上学言说的空间。这个依凭于言说的“道”和“名”属于形而上学领域的事情。对于那个真正不可说的“道”，人必须对之保持沉默。

金岳霖先生说得好：“治哲学总会到一说不得的阶段。说不得的东西就是普通所谓名言所不能达的东西。有些哲学家说，说不得的东西根本不成其为东西。如果我们一定要谈到这样的东西，我们不过是说些废话而已。这种主张也对。说不得的东西当然说不得。若勉强而说之，所说的话也与普通的话两样。所说的东西既不是经验中的特殊也不是思议中的普遍。但是，这不是哲学主张。因为治哲学者的要求就是因为感觉这些名言之所不能达的东西，而要说些命题所不能表示的思想。假若他不是这样，他或者不治哲学，或者虽治哲学而根本没有哲学问题。”④哲学的本性恰好就是要说说不得的东西。这样的言说才是哲学的言说，非此种言说即非形而上学之言说。金岳霖认为，“能”虽说不得，但我们仍可以感觉到它。说不得的东西不意

① 〔英〕伯兰特·罗素：《神秘主义与逻辑及其他论文》，贾可春译，商务印书馆，2017 年，第 202～203 页。

② 〔英〕伯兰特·罗素：《神秘主义与逻辑及其他论文》，贾可春译，商务印书馆，2017 年，第 224 页。

③ 〔德〕维特根斯坦：《维特根斯坦全集》（第 1 卷），陈启伟译，河北教育出版社，2003 年，第 211 页。

④ 金岳霖：《金岳霖学术论文选》，金岳霖学术基金会学术委员会编，中国社会科学出版社，1990 年，第 339～340 页。

味着是不可体验或者不可在实践上达成的东西。可以在实践上达成却因为说不得而不得不说，恰好就是道家哲学的特性。金岳霖说："可是，治哲学的人对于说不得的东西仍有意见，所以仍得说话。"①此只是说对了一半，对说不得的东西如果妄加猜测，自然容易形成意见，但那还不算智慧的洞见，虽然可以有哲学之名。道家哲学不属于对此种意见或者概念的臆度，毋宁说此种言说是一种描述。

其二，本然陈述。《道德经》以语言和命名的问题开头，以语言问题结尾，可谓首尾呼应。不管如何解释这里的"非常道"，这里都进行了区分，即可以言说的和不可以言说的。不可以言说的其实也是可以言说的，不过是另一种"道"和"名"。

另一种"道"和"名"其实也是有层次的，一个层次也是有概念的、有名词的，不过使用的是特定的名词。比如"道"字就是这样的名词。"吾不知其名，字之曰道，强为之名曰大，大曰逝，逝曰远，远曰反。"(《道德经》二十五章）这种特定的名词到底有怎样的哲学内涵呢？一种解读是从名指称实的角度来评论《道德经》中的"道"这一概念的。"这不是一个找不找得到确切的词汇的问题，而是他愿不愿意赋予一个词单一的确定意义的问题，也就是愿不愿意承认'词'（名）经过解释、规定，可以获得其固有的概念内涵，因而可以成为这一内涵（意义）在实体上的等价物和全权代表的问题。"②主要的问题是"道"这个"名"是名词的名，还是名字的名。这个"名"虽然有指代的作用，但不意味着这个"名"对应着一个"道"的实体。就对象摹写层面而言，"道"不应该被看成是参指的语言。严格语言学意义上的"参指"的意思是"指称"或"代表"，那么一个概念所代表的就是一类特殊事物。参指就是力图说出某事物是什么或不是什么。在参指的语言中，概念优于意象，无法精确地说出某物是什么或不是什么，这被认为是这种语言的不足之处。参指的语言通过命名来呈现想知道的对象，一般应用抽象名词把已知的事物表达出来。

"道"是一个名字，这个名字关联着"大""逝""远""反"，说明这个名字表达的意象是流动的，而且有一种循环流动意象的特征。金岳霖在《论道》中就强调他说的"能"就是为了表达能的活动性。"它可以间接地表示 x 是活的、动的，不是死的、静的。"③金岳霖认为"道是式-能"。④"这里的'能'字是命名的名字，好像张飞、关羽一样，不是形容事物的名词，如红、绿、四方等等。名字叫'能'的那 x 不是普通所谓东西，也不是普通所谓事体。"⑤名字的名不是可以按照名而得实的名。

---

① 金岳霖：《金岳霖学术论文选》，金岳霖学术基金会学术委员会编，中国社会科学出版社，1990 年，第 342 页。

② 邓晓芒：《论中国哲学中的反语言学倾向》，《中州学刊》1992 年第 2 期。

③ 金岳霖：《金岳霖全集》（第二卷），人民出版社，2013 年，第 25 页。

④ 金岳霖：《金岳霖全集》（第二卷），人民出版社，2013 年，第 23 页。

⑤ 金岳霖：《金岳霖全集》（第二卷），人民出版社，2013 年，第 24 页。

金岳霖也强调他用“能”来命名的那个“ x 不能以言语直接地传达”①。x 虽不能以语言直接地传达，但是一个人可以在自己的经验中抓得住它。“‘有能’——是表示经验的话。在经验中抓住了它，在所谓‘形而上学’底范围之内，它也就逃不出去。”②“一”也是一个名字。“视之不见名曰夷，听之不闻名曰希，搏之不得名曰微。此三者，不可致诘，故混而为一。”（《道德经》十四章）视、听、搏是感官的作用，这种作用有其不同的分工，“道”不是单一的感官作用可以把握的。道自身就有圆融性，将视、听、搏混而为一。“有”和“无”也是名字。“无名，天地之始；有名，万物之母。”（《道德经》一章）“有”是“天地之始”的名，“无”是“万物之母”的名。

这里的陈述可以说是本然陈述。就像金岳霖所认知的那样，本然陈述不是推论的方式，也不是任何结论的前提。本然陈述之所以是本然的，当然不完全在于是否可以推论，而在于是否是描述，陈述不过是描述。是对体验或者实践所得之生命形而上的境界的一种描绘。这种描绘当然也可以以推论来进行，但本质上不是由推论而来。“本然陈述所表示的对象不在名言世界范围之内，而本然陈述所用的工具也不是个体词或概念词。”③既然本然陈述所陈述的本来就非形而下的，即便使用个体词和概念词，其所指也非概念词之常规所指。所以，本然陈述之内涵只有同等实践经验和境界的人方可领悟。道家哲学由此来说只能是形而上学的智慧学。金岳霖认为本然陈述是积极的总结经验之成的话。“它是治哲学者最后所要得到的话，也是哲学思想结构中最初所要承认的话。”④

其三，双遣的逻辑。“道”这类“名”是有意义的吗？显然是有意义的。在中国文化传统中，对“道”字的追问唤起了很多人对生命的意义的思考。《道德经》的形而上学不应该被划到维特根斯坦批评的形而上学的范畴中去。维特根斯坦说：“有关哲学的东西所写的命题和问题大多并非谬误，而是无意义的。因此，我们根本不能回答这类问题，而只能明确指出其无意义性。哲学家的问题和命题大多是基于我们不了解我们的语言逻辑。”⑤维特根斯坦所说的形而上学命题的无意义性，包括命题没有任何意谓。“而且每当别人想说某种形而上学的东西时，就给他指出，他没有赋予其命题中的某些指号以任何意谓。”⑥《道德经》中讲“道”的地方不应以命题来看待。既然不是命题，就无意谓，但是却是一个有意义的名字。

把道分成可以言说的和不可以言说的，其实就是划定界限。因为要清楚地说可以说的东西，同时又要意谓不可以说的东西。那么，形而上学的逻辑就包括一个否

① 金岳霖：《金岳霖全集》（第二卷），人民出版社，2013 年，第 25 页。
② 金岳霖：《金岳霖全集》（第二卷），人民出版社，2013 年，第 25 页。
③ 金岳霖：《金岳霖学术论文选》，金岳霖学术基金会学术委员会编，中国社会科学出版社，1990 年，第 344 页。
④ 金岳霖：《金岳霖学术论文选》，金岳霖学术基金会学术委员会编，中国社会科学出版社，1990 年，第 345 页。
⑤〔德〕维特根斯坦：《维特根斯坦全集》（第 1 卷），陈启伟译，河北教育出版社，2003 年，第 204 页。
⑥〔德〕维特根斯坦：《维特根斯坦全集》（第 1 卷），陈启伟译，河北教育出版社，2003 年，第 263 页。

定、一个肯定。这就是“双遣”“双拨”的逻辑。“例如云‘非有’，这便等于说是无；但必定接着说‘非非有’，这便等于说又不是无。可以说‘有非实有，无非绝无’。又可以说是‘有而不有，无而不无’。这不外乎把原有的这个概念（即‘有’）超脱了。使其虽为‘有’而即无异于‘无’，但又非‘真无’。这种双遣法（或双拨法）实在只能限于用在形而上学方面。”①

双遣包含了两个方面，《道德经》强调“非”，从而为形而上和形而下划定了界限和做出了区分。这种界限表现在语言上就是可以言说的是形而下的世界，不可以言说的是形而上的世界，二者是不同的。“老子一派讲到‘无’字，但须知这是一个消极名词，等于‘非甲’‘非人’一样，不能指一件东西。所以《周易》也罢，《老子》也罢，都是注重于讲 Becoming 而不注重 Being。这固然是中国哲学的特性，却亦是由于中国言语构造上不注重‘主体’使然。亦可以说中国言语上不注重主体和中国哲学上不注重本体都是同表现中国人的思想上一种特性。”②在张东荪看来，哲学上的本体是由名学上的主体而来的。

“非”对于形而上学来说是非常重要的，如果没有“非”就会混淆形而上和形而下。这一逻辑规则的运用在《道德经》中比比皆是。“非”的对象恰好是形而下的世界的现象。

形而下的世界是一个有我的世界，这个“我”依凭于身体，从而成为一个个体的世界，个体对自我的执着表现为“我”和“私”。形而上的世界与形而下的世界不同就在于“无身”。哲学意义上的自我是从世界来看自我的，这样自我就成了一个形而上学的问题。主体本身就是形而下和形而上的界限。“哲学的自我并不是人，既不是人的身体，也不是心理学讨论的人的心灵，而是形而上学的主体，是世界的界限——而非世界的一部分。”③形而下的世界因为有身，如果不能保持一定的反省的精神就会自是、自见、自矜、自贵。形而上的世界不“自见”、不“自是”、不“自伐”、不“自矜”（《道德经》第二十二章），形而上的世界也“不自贵”（《道德经》七十二章），形而上的世界“无私”（《道德经》七章）。“我”并不是仅仅局限在肉体和心灵，“我”是“我的世界”，这个“我的世界”就是形而下的世界的本质和灵魂。所谓的形而上不过是对 “我的世界”的超越。

形而下的世界还有一个很大的特征是有为，生命看到自己努力的成就，因而忘记了自然而然的力量。勤奋和操劳是形而下的世界的一个重要特征，相反于形而上的世界的“无事”（《道德经》四十八章）、“不勤”（《道德经》五十二章）。形而上的世界与形而下的世界相比是“不行”“不为”（《道德经》四十七章）的世界，是“无为”（《道德经》二章）的世界。形而下世界的有为是对生命个体力量的肯定，所以是

① 张东荪：《知识与文化》，岳麓书社，2011 年，第 238 页。

② 张东荪：《知识与文化》，岳麓书社，2011 年，第 190 页。

③〔德〕维特根斯坦：《维特根斯坦全集》（第 1 卷），陈启伟译，河北教育出版社，2003 年，第 247 页。

一个“自生”的世界，形而上的世界则“不自生”（《道德经》第七章）。形而下世界的有为，自然追求行为的结果，把自己行为的结果看成是自己的功劳。形而上的世界则虽然有功绩，但是“不有”“弗居”“不去”（《道德经》二章），形而上的世界“不宰”（《道德经》十章）。

《道德经》的一个陈述方式就是“不”。“不”起到对形而上和形而下进行划界的功能。“不”的对象基本上都属于相对性的世界。如为、言、有、居、去、知、欲、争、可开、可解、可见、可闻、名、得、病、厌、自贵。

“非”其实也就成为一种肯定。“非”有双重的意义。一个意义是直接指出形而上的就是“非×”,如大方无隅、大器晚成、大音希声、大象无形。（《道德经》四十一章）“不行而知，不见而名，不为而成。”（《道德经》四十七章）

其四，“相关律”。如“大成若缺”“大辩若讷”（《道德经》四十五章）。张东荪认为文句上的主体是和哲学上的“本体”概念相关的。他认为中国哲学偏于“现象论”或叫做“泛象论”。[①]形而上学总是涉及超越，但每种形而上学实现超越的方式是不一样的。“这种逻辑所基的根本原理是‘自身超越’（self-transcendence）自是和‘函数’的观念不同，又和主体与属性的观念不同。因为属性是各个皆独立的，而在‘自身超越’的过程上每一个概念都必与其相反者相对消，致更超升入于较高者中。这就是所谓‘超腾’。”[②]这种超腾不是通过把握个体背后的本体完成的，而是通过对对立面的超越来完成的。所以其中包含着一种对立面的两元相关律。张东荪说如果说甲是乙，甲乙二者之所以能连缀在一起必定是因为有一个底层，由底层就生出了“本体”的观念。有无相生、难易相成、长短相较，这就是道家的名学。二者相生，即意味着二者之间有一个底层，或者有一种感应或者转换。“老子以这样的万物上普遍变化的原则提出以示人，在表面好像是说明天道的本质，其实乃只是发明一种公式，使人顺着这个公式去想，便可以应付政治社会上的一切变化而得获胜利。总之，这种公式是一种‘想法’（way of thinking）。可以左右我们的思想使其依照这个格式以进行。故不失为一种逻辑。”[③]

其五，追求“非”的逻辑。为什么要“非”呢？关键就在于形而上和形而下的差异性。这种差异性在中国哲学的语境中就表现为世俗之人与圣人的差异性。“我独异于人。”（《道德经》二十章）形而上和形而下的差异性要求一种在张力中追求形而上的功夫。这个功夫要求对形而下的事物保持一种拒绝的姿态，如“绝圣弃智”“绝仁弃义”（《道德经》十九章）。《道德经》也讲“止”的功夫。“知足不辱，知止不殆，可以长久。”（《道德经》第四十四章）但是仅仅拒绝形而下的事物是不够的，同时还要求积极追求形而上的事物。“无为”之“为”是形而上的“为”，要追求的正好是这

① 张东荪：《知识与文化》，岳麓书社，2011 年，第 190 页。
② 张东荪：《知识与文化》，岳麓书社，2011 年，第 72 页。
③ 张东荪：《知识与文化》，岳麓书社，2011 年，第 73 页。

个形而上的“为”。“欲不欲”“学不学”(《道德经》第六十四章)。如果说，道家也肯定欲求和学习的话，这个欲求的对象则是形而上的事物，学也是上达的。“为无为，事无事，味无味。”(《道德经》第六十三章)“无为”“无事”“无味”是形而上意义上的事情。

对《道德经》哲学的把握有两个倾向是要克服的：一个是理解成西方式的形而上学，一个是拘泥于用形而下的世界来理解。后者把《道德经》所讲的形而下的事物看得太实，从而忽视了很多现实的问题不过是讲道的一种方法。举例来说，《道德经》第八十章讲“小国寡民”，如果按照实际的社会理想来理解，显然是理想主义的、倒退的社会历史观。《道德经》第八十章从事实上解释，那就是让国家变小，人变少，不用人造工具，回到原始社会状态。如果是这样，那显然是一种倒退的社会历史观。如果从理想境界的角度进行解释，重点在甘食、美服、安居、乐俗，那么此章就是讲无为而治的境界。这里结合形而上的道境来理解，形而下的事物不过是为了说明形而上的世界的。这是《道德经》讲形而上学的方式。如果直接描绘形而上的世界，那就失去了哲学的特性。未描绘而又描绘，才更接近哲学的本性。如何理解“小国寡民”呢？有各种说法，如早期奴隶制，农民的平等的理想社会，以农村生活为模型的桃花源式的乌托邦，以古时一盘散沙、缺乏公共意识的社会事实为基础构建的理想国等。也有论者反对上述解读，当然，老子对“小国寡民”的描述会有某种社会现实的基础，但不一定是对某种历史上实有的社会状态或历史阶段的描述或概括；会有某种想象、期望的成分，但不一定是一种明确的社会理想的设计蓝图①。

该如何解读呢？这涉及该如何理解《道德经》的语言的问题。如果看到“国”和“民”就联想到民族和国家，那么就会把“国”和“民”看成一个政治概念。这样的理解把“小国寡民”看“实”了，看成是《道德经》中重要的概念和理论术语。在这一语境中，“小国寡民”就涉及国家政权、国家形式、国家制度问题，涉及对国家问题的看法，涉及对历史观以及国家的历史形态的看法。如果“国”“民”并不是对现实国家的参指，更多的是一种隐喻性的说法，或者是用一种文学笔法来表达某种思想，那么就要揭示其中的隐喻内涵。如果认为“小国寡民”只是《老子》中偶然提到的一种说法，那就可以忽略掉这个说法了。

对于“小国寡民”的说法，既不能看得太实，也不能看得太虚。“小国寡民”是用形而下的事物讲形而上，对于形而上的境界来说，“小国寡民”是虚说。就运用形而下事物来说是实说，其中虚说的成分更重一些。就其作为形而下的概念来说，“小国寡民”表达了对现实的不满和对社会的期望，其中不包含对社会历史进程的看法，不包含对国家形态的看法。不应只局限在这一层面上来理解“小国寡民”，不然其中

① 刘笑敢：《老子古今：五种对勘与析评引论》（上卷），中国社会科学出版社，2006年，第780页。

的形而上意蕴就被遮蔽了。当形而上意蕴被遮蔽后，其形而下意蕴也很难被揭示出来。这两种解释都有意义，但都还不够。从“道的通见”的角度来说，要结合形而上的道的意境来理解。形而下的事物不过是为了说明形而上的世界的，这是《道德经》讲形而上学的一种方式。如果直接描绘形而上的世界，那就失去了哲学的特性。介于描绘和未描绘之间才更接近哲学形而上学的本性。“小国寡民”描绘了形而上的世界，但却运用了形而下的事物，因而是陈述而又没有陈述。不仅其中对于形而上的世界是如此，对于形而下的世界也是如此。其中对形而下的世界有陈述、价值评判、历史展望，但又不那么“实”。也可以说“小国寡民”是一个介于形而下和形而上之间的陈述。

从其形而上的属性来说，“小国寡民”描绘和陈述的是无“国”无“民”。如从形而上和形而下之间来说，无“国”无“民”存在于有国有民之中，相比于无国无民来说，这个有国有民叫做“小”和“寡”。“国”“民”就是“万物”存在的形而下的样态，万物有自己的类，有自己的生活空间，有自己的领地，同类别的万物有“君”有“民”。具体到现实国家来说不论大小，如果从有“我”的角度来看，都可以称之为“大”。宇宙空间可以映衬出现实国家的“小”，如儒家讲“天下”，就映衬出了“国”的“小”。同样的道理，“吾”的世界的开启，形而上的道境映衬出“国”所具有的“小”的那一面属性。用一句话来概括，如果从较为普遍的角度来说明，“小国寡民”讲万物在道境中的自我呈现，这种呈现表现出的特征是小、寡。如果一定要从人类社会及其国家的角度来说明的话，“小国寡民”就是人类社会及其国家完成了道的觉悟，通过一种形而上学的视角来观察自身，从而明了“我”的世界相比于“无我”的广博宇宙来说，是小国寡民，从而时刻保持一种谦卑无我的形而上的存在姿态。

第五章　墨子的逻辑世界

墨子（约公元前 480—前 390），名翟，宋国人，后长期住在鲁国，创墨家学派。《墨子》是阐述墨家思想的著作，《汉书·艺文志》著录有 71 篇，现存 53 篇，一般被认为是由墨子的弟子及后学记录、整理、编纂而成。《墨子》分两大部分：一部分是记载墨子言行，阐述墨子思想的，主要反映了前期墨家的思想；另一部分包括《经上》《经下》《经说上》《经说下》《大取》《小取》等，一般被称作墨辩或墨经，着重阐述墨家的认识论和逻辑思想，还包含许多自然科学的内容，反映了后期墨家的思想。

墨子的哲学有两个大的特点：一个是讲究辩论和逻辑，一个是比较重视公共生活世界。在中国哲学的传统中，墨子的思想是比较特别的。墨子讲究先定下规矩，定下言论的尺度，然后再去讨论问题。这是一种先预设思想逻辑的哲学思考方式。这种思考方式与那种讲究个体随感而应的哲学是不同的。

第一节　外观法视野下的《墨子》哲学

中国哲学史书写范式的革新涉及多方面的问题，比如适当地让古汉语自身来说话，适当提高古汉语使用的频率就是一个比较重要的方面。这里比较强调的是对文本自身体系性的把握问题。这一革新还是比较适用于目前中国哲学史书写的现状和问题的。这里以《墨子》为例，对《墨子》的理解集中在前期墨家的部分，不包括可能为后期墨家的文本。

虽然，中国哲学界对中国哲学经典原著的内在逻辑的关注度日渐增长，但外观法依然是研究中国哲学史的基本方法。外观法就是把各种社会现象、社会问题、社会思想的发生归结为某种外在的原因，尤其是经济的原因。研究思想的继承和发展在一定意义上也属于外观法的内容，不过这里的“外观”是另外一种思想体系。内观法则是从文本内部来看文本的方法，即从文本思想本身去看文本的思想。当然，绝对纯而又纯的外观法和内观法是不存在的，内观中一定受外观的影响，外观也离不开内观。

外观法和内观法结合才是较为合理的方法。从外在的角度入手如果脱离了对内观法的有效运用，在解读经典的时候容易导致对经典自身逻辑的忽视，甚至使经典被肢解。另外，从外在环境入手解读思想家的思想容易陷入平均性的解读，容易忽略对思想家的个性的把握。而哲学很大的一个特点就是个性和创造性，经典之所以为经典往往是因为其思想高于甚至不同于社会流行的观念。甚至从另外一种思想看一种思想，包括考察思想传承都会有很大的问题。哲学经典的最大特点就是在思想传统中，在社会中，而又远远高于社会，超拔于某种传统之外，从而缔造新的传统。就像讲清楚某人的民族、国别、父母和师长有助于说明某人一样，但某人还有无法用其相关的外在事物说明的部分。

以《墨子》在“中国哲学史”中的书写范式为例，很明显能够看出外观法对思想线索和思想家思路的把握造成的伤害。因外观法会自行从外在整理出一条思路，把文本中的思想要素串联起来，这种串联看似合理、有层次，实则容易违背思想本身的逻辑进程，让读者如入云里雾里，不但不能带来智慧的启迪，反倒更加困惑不解。其中比较典型的是用十个项目进行平列的叙述来解读《墨子》。如认为：“国家昏乱，则语之‘尚贤’‘尚同’。国家贫，则语之‘节用’‘节葬’。国家熹音湛湎，则语之‘非乐’‘非命’。国家淫僻无礼，则语之‘尊天’‘事鬼’。国家务夺侵凌，则语之‘兼爱’‘非功’。”[①]十个项目来自《墨子》一书的主要章节，但把握《墨子》思想的逻辑进程不能直接诉诸章节的安排。十个项目都对应相应的现实问题。按照这种思路，外在问题的体系性压过了理论本身的体系性，并且会按照现实问题的线索梳理文本自身的线索。

采用外观的视角解读比较经典的是冯友兰先生的《中国哲学史新编》。冯友兰的《中国哲学史新编》分成“大转变时期独立手工业的兴起”“《墨子》其书和墨翟其人”“墨翟对于劳动和劳动成果的重视”“墨翟对于奴隶主贵族的生活方式的批判”“墨翟关于‘尚贤’、‘尚同’的思想”“功利主义的道德观和经验主义的真理论”“‘兼爱’、‘非攻’的阶级调和论”“主张‘天志’、‘明鬼’的宗教思想”等部分来论述《墨子》。“独立手工业”是解读“墨子”的外在起点，“利”被当成了中心思想，“在这十个项目背后，贯穿于十个项目之中，还有一个中心思想，就是‘利’的观念”[②]。这个解读还是比较系统的，手工业者本身就是劳动者，重视劳动者和劳动成果是很自然的。劳动者不希望劳动成果为奴隶主占有，主张“节用”也很自然。手工制作本身需要一定的技能和程序，重视方法论和逻辑也是可以理解的。手工业者本身也属于“贤”能的人，“尚贤”也可以从这个角度得到解释。在一个和平的环境中，在一个较为公平交换的环境中，是有利于手工业的发展的，是有利于技术革新的，“这就是所谓‘兼爱’，这是墨家的一个中心的理论”[③]。

宋志明老师的《中国古代哲学发微》比较重视寻找《墨子》的内在理路。墨家的哲学思想体系，可以被称为“人天学”，由人学、人际学、天学、知识学等部分构成。[④]人天学的说法比较好，不过“天学”应当成为论述《墨子》的出发点。

---

① 支伟成：《墨子综释》，知识产权出版社，2013 年，第 11 页。
② 冯友兰：《中国哲学史新编》（上），人民出版社，1998 年，第 151 页。
③ 冯友兰：《中国哲学史新编》（上），人民出版社，1998 年，第 161 页。
④ 宋志明：《中国古代哲学发微》，中国人民大学出版社，2012 年，第 188～189 页。

外观法有其自身的优点，不过外观法应建立在内观法的基础上。内观法以考察文本的体系性为目标。内观法叙述文本的出发点是寻找文本的最高哲学范畴和最基础哲学范畴，关注范畴或者观念在整个观念或者思想系统中的层次性和相对地位，关注对文本自身思维进程和思维方法的把握。内观法对文本的书写，其核心线索一定是文本自身的思维进程。

把握一种哲学思想的关键是把握思想方法或者叫做思想的进路，一种哲学和另一种哲学的不同关键就是这个进路或者方法的不同。什么叫“哲学”，人们可以有多样的答案，人们可以从哲学表达出来的思想的角度来看哲学，来学哲学，但是如果只是从思想观点来看，那么人们很容易就陷入矛盾的境地。其中一种情况是陷入对某种思想观点的执着，因为并不知道这种观点是按照什么思路得来的，自然也就无法超出这个观点来看这个观点，结果是自己成了某种哲学的奴仆，无法领会哲学的精髓，更无法看到这种哲学观点不过是按照一条道路走看到的风景罢了，从别的道路走会看到不同的风景。另一种情况是由于陷入矛盾，无法把不同的哲学放在自己的心灵中，只好陷入比较和高下争论之中，因为始终不能取其一，最终放弃哲学思考。以上两种情况都是因为不知道一种哲学和另一种哲学的观点的不同是表面的，思想方法和所走的道路的不同才是根本的。掌握了一种哲学走的道路，就会知道最终一种哲学会走到哪里，而不必把这种哲学的全部细节都掌握。这是做哲学这门学科的主人的必要条件。掌握了一个哲学走的道路，我们就可以当那个哲学家，可以按照他思考的方式去思考，才可以发展这种哲学，才可以去评价、去批评，否则就是隔靴搔痒。

内观法为体系法，其实质即展示哲学个性的个性法。关于这一点前文已经略有陈述。中国古代哲学范畴相对较少，单纯从概念范畴和基本命题来看，很多哲学家的思想何等相似！经常可以看到现行对中国哲学史的书写有很多无奈之举，其中比较典型的现象是以后人的理解代替文本自身的概念范畴。比如《易经》有不同于《易传》的理论层面，却常常看到以《易传》的解读代替对《易经》自身独特性探讨的书写模式。比如有的《中国哲学史》教科书谈到《易经》哲学的时候，以对立统一、运动发展等词语概括之。这不能算错，但这些用语也可以套用到老子哲学上面，无法体现《易经》变化、运动哲学的精神和精髓。《易经》运动哲学的精髓在于以具体的符号和卦辞诠释了运动发展的多种状态和阶段。这些状态和阶段起码有六十四个细节，甚至有三百八十四个细节。不仅仅如此，《易经》还给出了如何把个体定位到这些运动阶段上的方法论系统，从而帮助个人了解自身的发展运动状态。这种特性岂一个对立统一、一个否定之否定可以涵盖？

除了用社会环境解释哲学家会抹杀哲学家的个性以外，用相关的哲学思想来阐释同样会导致这一结果。中国古代哲学家的个性需要把握体系，需要把握独特的思考线索才能理解概念范畴的独特内涵，以及概念范畴地位的不同，从而对哲学家进行区分。只有讲出了哲学家独特的思考线索和切入的角度才算比较接近一种哲学思想了。如果仅仅局限在对外在环境的探索，局限在对几个核心观点的阐发，则无法建立起哲学家思想的整体面貌，于哲学思维的训练无益。

内观法是继承和创新法。前文已述，寻找体系性有助于中国哲学史在不断书写的过程中有一个稳定的内核。中国哲学的发展应当是内核的发展，而不仅仅是外围的发展。内核的发展就是要抓住中国哲学经典最核心的问题、最重要的范畴，表现独特的视角，跟随文本的思维线索，探讨观念和范畴的系统。比如《道德经》和《庄子》，"闻道"和"修道"自是其基本问题，是其基本的实践基础，不能离开这个基础去创新。离开了这个基础的创新不具有累积性，不具有奠基性。而在奠基性上的不足是笔者思及中国哲学发展的时候所最为忧虑的事情。而围绕着"道"开展的政治实践讨论显然具有外围性。

加上中国古汉语相对简洁，精到的语言包含丰富的思想。中国古汉语表达的哲学是用分析的方法来解读，而不是用概括的方法来解读。中国古汉语中的每一个字、每一个句子都包含非常丰富的哲学内涵，如果只是进行整合的概括，就会把古代哲学简单化。思想之叙述必然不会每处都点及思想之系统，这样后人之书写和阅读就需要进行补充的工作。就像《孟子》谈及君子、大丈夫和圣人时都有所侧重。君子侧重天人关系，大丈夫侧重和社会流行价值尺度的关系，圣人侧重人伦。然而结合孟子的思想体系来看，均可以从心性、人伦、知天等角度阐发君子、大丈夫等范畴。

这个显然是"补充"、是"发挥"、是"创新"，但却是较为合理的创新，这种创新反倒有助于思想内核的巩固。这样一来，中国哲学不断书写的历史就不是一部中国精神不断被肢解的历史，不再是越来越没有共识和公约数的历史，不再是一部自说自话的历史，"自说自话"均为天下同心、天下同理的一个环节，以致"天下大同""和而不同"。

第二节　内观法视野下的《墨子》哲学

从体系性来考察，重要的就是把握最高范畴。《墨子》的最高范畴无疑是"天"和"天志"。《墨子》一书中多处表达了这一思想。"然则奚以为治法而可？故曰：莫若法天。"（《墨子·法仪》）天规定了人事，是人事的根据。"既以天为法，动作有为，必度于天，天之所欲则为之，天所不欲则止。"（《墨子·法仪》）①在墨子看来，天下动乱的根源就在于天下人尤其是上层不明大。这个"大"就是天意。"子墨子言曰：天下之所以乱者，其说将何哉？则是天下士君子，皆明于小而不明于大。何以知其

① 本书引用的《墨子》原文来自谭家健、孙中原译注：《墨子今注今译》，商务印书馆，2009年。

明于小不明于大也？以其不明于天之意也。”（《墨子·天志下》）在墨子看来，天为贵，“天为贵、天为知而已矣。然则义果自天出矣”（《墨子·天志中》）。

为什么“天”才是最高范畴？墨子强调天的普遍性和公正性、明觉性。“天之行广而无私，其施厚而不德，其明久而不衰，故圣王法之。”（《墨子·法仪》）在这段话中，天具有三个属性：其一是“行广”，即天有普遍性；其二是无私、施厚而不德，这是道德性；其三是认知性，也就是“明久而不衰”。在其他地方，《墨子》进一步强调了这几点。关于明，《墨子》说：“夫天，不可为林谷幽门无人，明必见之。”（《墨子·天志上》）天之明，表现在天有赏善罚恶的功能。“天子有善，天能赏之；天子有过，天能罚之。”（《墨子·天志下》）天有普遍性，天下万物都不能逃出于天之外。“今人皆处天下而事天，得罪于天，将无所以避逃之者矣。”（《墨子·天志下》）

墨子的表述已经非常明白了。今日书写中国哲学史，今人书写中国哲学史中的墨子哲学，首要的任务就是把“天”当成最高范畴，当成叙述的出发点，否则就成了墨子批评的对象，就成了“不知大”，就成了“不知贵当所贵”之人。把握《墨子》的体系性，从心态来说，即是尊重古人的智慧的心态。当然，这不否定今人有今人的立场，今人有今人的需求，今人可以从自己的立场和需求按照自己的意愿去书写古代的经典。但今人书写的基础是古代经典自身的逻辑结构，今人书写的最低限度是古人的致思过程。这样，中国哲学史才有一个稳定的内核，这个内核会随着不同时代、不同学人的努力阐发而逐渐明朗。这样中国哲学史就在现代解读中得到奠基，否则中国哲学史就会随着多样的阐发、花样的书写而支离破碎。对体系性的把握当是奠基主义的基本要求，也是创新的要求。

墨子是先秦时期比较注重按照逻辑假设和概念推理的方式来表达自己的思想的一个人。对天的内涵，墨子并没有一开始就揭示出来，而是在逻辑论证的末尾才表达出来。“故子墨子置立天之，以为仪法，若轮人之有规，匠人之有矩也。今轮人以规，匠人以矩，以此知方圆之别矣。”（《墨子·天志下》） “天”和“天之意”具有“仪法”的逻辑地位，是用来衡量事物的方圆的度量标尺。也就是墨子所说的“方法”和“圆法”。“是故子墨子之有天志，辟人无以异乎轮人之有规，匠人之有矩也。今夫轮人操其规，将以量度天下之圆与不圆也，曰：‘中吾规者，谓之圆；不中吾规者，谓之不圆。’是以圆与不圆，皆可得而知也。此其故何？则圆法明也。匠人亦操其矩，将以量度天下之方与不方也，曰：‘中吾规者，谓之方，不中吾规者，谓之不方。’是以方与不方，皆可得而知之。此其故何？则方法明也。”（《墨子·天志中》）墨子之“天”不同于儒家之“天”，《墨子》中的“天”除了具有常规意义上的道德和认识含义以外，还被当成规矩、准则、标尺。“故子墨子之有天之意也，上将以度天下之王公大人为刑政也，下将以量天下之万民为文学、出言谈也。观其行，顺天之意，谓之善意行；反天之意，谓之不善意行。观其言谈，顺天之意，谓之善言谈；反天之意，谓之不善言谈；观其刑政，顺天之意，谓之善刑政；反天之意，谓之不善刑政；故置此以为法，立此以为仪，将以量度天下之王公大人、卿、大夫之仁与不仁，譬之犹分墨白也。是故子墨子曰：今天下之王公大人、士君子，中实将欲遵道利民，本察仁义之本，天之意不可不顺也。顺天之意者，义之法也。”（《墨子·天志中》）

那么，这个标尺要衡量什么呢？具体内容包括三个方面：其一，就是什么是善和恶的行为，什么人是仁的，什么人是不仁的。其二，就是衡量政治问题。其三，就是语言思想问题。这三个方面也可以看成是两个方面，就是语言和理论层面以及政治层面。这两个层面是具体的层面。行为的层面可以看成是更高的理论层面。这样墨子的理论体系就有两个层次：一个层次是基本的理论框架，一个层次是理论框架在理论斗争和政治实践中的应用。

《墨子》前半部分思想自成体系，其主要的范畴是：天、天志、天意、正、兼、义正、力正、天德、贼、利、三表等。这些范畴具有体系性。

“天”是最高范畴，墨子论天的新意是对“天志”和“天意”范畴的使用。另外，通过“仪法”确立了“天”是最高标尺也是墨子比较独到的地方。“仪法”是逻辑的保护，诉诸的是理性的力量，然而人恰好还是个非理性的生命，需要有感性的威慑。“明鬼”赋予天以具体的操作善恶的能力。“今若使天下之人，偕若信鬼神之能赏贤而罚暴也，则夫天下岂乱哉？”（《墨子·明鬼下》）“非命”则进行理论独特性的保护，因“执有命者以杂于民间者众”（《墨子·非命上》）。

“正”和“兼”回答了其他范畴和“天”的逻辑关联。在墨子的思想体系中，存在一定的循环论证，在其思想体系中“天”之后的逻辑范畴是“义”和“正”。“义”和“正”强调“自上正下”。“是故子墨子言曰：戒之慎之，必为天之所欲，而去天之所恶。曰：天之所欲者何也？所恶者何也？天欲义而恶其不义者也。何以知其然也？曰：义者正也。何以知义之为正也？天下有义则治，无义则乱，我以此知义之为正也。然而正者，无自下正上者，必自上正下。”（《墨子·天志下》）

能够做到用天来正就是义，就是“义正”，这就是“兼”。“义正”对应“力正”，“兼”对应“别”。“顺天下之意者兼也，反天之意者别也。兼之为道也义正，别之为道也力正。曰：义正者何若？”（《墨子·天志下》）显然“兼”和“正”的逻辑链接的意义高于实际内涵的揭示。这样的范畴在目前流行的中国哲学史书写习惯中往往是不受重视的。而把握体系性则不可忽略逻辑过渡性的范畴。

“兼爱”作为较低逻辑层次的范畴回答了天意的内容。“义正”和“力正”的区别是“兼”和“别”的区别。“义正”的内容就是“兼爱”。“大不攻小也，强不侮弱也，众不贼寡也，诈不欺愚也，贵不傲贱也，富不骄贫也，壮不夺老也。是以天下之庶国，莫以水火毒药兵刃以相害也。”（《墨子·天志下》）

“力正”的内容就是非兼爱。“力正者何若？曰：大则攻小也，强则侮弱也，众则贼寡也，诈则欺愚也，贵则傲贱也，富则骄贫也，壮则夺老也。是以天下之庶国，方以水火毒药兵刃以相贼害也。若事上不利天，中不利鬼，下不利人。三不利而无所利，是谓'之贼'。故凡从事此者，寇乱也，盗贼也，不仁不义，不忠不惠，不慈不孝，是故聚敛天下之恶名而加之。是其故何也？则反天之意也。"（《墨子·天志下》）

"义正"和"兼"的内涵是"兼爱"。"今天下之士君子之欲为义者，则不可不顺于天之意矣。曰：顺天之意何若？曰：兼爱天下之人。何以知兼爱天下之人也？以兼而食之也。"（《墨子·天志下》）兼爱也就是"天意"。"既以天为法，动作有为，必度于天，天之所欲则为之，天所不欲则止。然而天何欲何恶者也？天必欲人之相爱相利，而不欲人之相恶相贼也。"（《墨子·法仪》）"义正"和"力正"二者的区别是"天德"和"贼"的区别。

从墨子的思想的体系性来看，天有贯通性，从上贯下，"兼爱"虽然重要，然其重要性是通过"天"来保障的。把"兼爱"孤立起来代表墨子的思想是很难显示墨子哲学的特征的。

"天德"和"三表法"是逻辑的落脚点和回答"政"和"文学"问题的逻辑起点。"天德"是墨子思想体系的落脚点之一。"若事上利天，中利鬼，下利人。三利而无所不利，是谓'天德'。故凡从事此者，圣知也，仁义也，忠惠也，慈孝也，是故聚敛天下之善名而加之。是其故何也？则顺天之意也。"（《墨子·天志下》）"三表法"是重要的落脚点。二者之间有一定的相通之处。"天德"涉及天、鬼、人，这三者实际上是墨子思想体系从上到下的三个逻辑环节。因为"天"和"鬼"缺乏实际内涵，其实际内涵的"兼爱"属"人"的层次，三利而无不利其实就是归结为利人。"利人"要兼大小、强弱、众寡、诈愚、贵贱、富贫、壮老。但从思想言论的角度来看，则需要兼"古者圣王之事""百姓耳目之实""国家百姓人民之利"。"三表法"也是兼爱的一种表现。"天德"和"三表法"相结合，论证了"为刑政""出言谈"和"为文学"的问题。

论述政治的问题，涵盖了"尚贤""非攻"等义，论述出言谈的问题则涵盖"非儒"等义。在这两个领域，上述理论原则均是适用的。如"且夫义者，政也"（《墨子·天志上》）。墨子以"义政"期许清明的政治，其原则是天意、兼爱和天德。"顺天意者，义政也；反天意者，力政也。然义政将奈何哉？子墨子言曰：处大国不攻小国，处大家不篡小家，强者不劫弱，贵者不傲贱，多诈者不欺愚。此必上利于天，中利于鬼，下利于人。三利无所不利，故举天下美名加之，谓之圣王。力政者则与此异，言非此，行反此，犹倖驰也。处大国攻小国，处大家篡小家，强者劫弱，贵者傲贱，多诈欺愚。此上不利于天，中不利于鬼，下不利于人。三不利无所利，故举天下恶名加之，谓之暴王。"（《墨子·天志上》）这样一来，政治的义就符合这个逻辑过程和逻辑结果，而做到"兼爱"。（《墨子·天志上》）语言的义就符合"三表法"，其基本内容就是"兼爱"。

第三节 公共生活的哲学逻辑

墨子哲学的逻辑特质和公共生活特质是密切结合在一起的。这在下面尚贤的论述中表现得最为明显。“而今天下之士君子，居处言语皆尚贤；逮至其临众发政而治民，莫知尚贤而使能。我以此知天下之士君子，明于小而不明于大也。何以知其然乎？今王公大人有一牛羊之财不能杀，必索良宰；有一衣裳之财不能制，必索良工。当王公大人之于此也，虽有骨肉之亲、无故富贵、面目美好者，实知其不能也，不使之也。是何故？恐其败财也。当王公大人之于此也，则不失尚贤而使能。王公大人有一罢马不能治，必索良医；有一危弓不能张，必索良工。当王公大人之于此也，虽有骨肉之亲、无故富贵、面目美好者，实知其不能也，必不使。是何故？恐其败财也。当王公大人之于此也，则不失尚贤而使能。逮至其国家则不然，王公大人骨肉之亲、无故富贵、面目美好者则举之。则王公大人之亲其国家也，不若亲其一危弓、罢马、衣裳、牛羊之财与？我以此知天下之士君子，皆明于小而不明于大也。此譬犹喑者而使为行人，聋者而使为乐师。是故古之圣王之治天下也，其所富，其所贵，未必王公大人骨肉之亲、无故富贵、面目美好者也。”（《墨子·尚贤下》）墨子在这里提出了一个问题：个人行为的逻辑和公共生活的逻辑不同，个人的行为和公共行为表现出一定的矛盾性。这一问题如果用马克思的思想来回答，自然是分工导致了个人成为孤立的个人，而社会生活则变成了一种抽象的生活。另外，这种情况也和社会经济生活与政治生活的矛盾有关，这种矛盾使人表现出“私人”和“公民”的二元性。墨子把这一问题归结为“明于小而不明于大”。墨子用诉诸逻辑的方式来进行论证。但是墨子直接把小范围的生活逻辑当成了更大范围的生活逻辑。这说明墨子的逻辑世界存在很多的盲点。王公大人害怕败财，所以会用贤，这是在家庭的小范围内的行为逻辑。公共生活则不同，公共生活存在着利益权衡和博弈的问题。王公大人在公共生活中重用没有才华的亲人，损害了公共的利益，但是这并不意味着一定会损害其私人利益。尚贤属于公共生活中的善，但是王公大人为了私人的利益可以把公共生活变成一种形式的东西，其内容则是私人的利益。这样公共生活的善就变成了一种伪装，变成了一种政治拜物教，变成了维护私人利益的工具和手段。从价值取向上，墨子希望明于大，就是在论证公共生活的善。

墨子论证公共生活的善的方式依然是利用天这一范畴。“天下既已治，天子又总天下之义，以尚同于天。”（《墨子·尚同下》）墨子虽然利用逻辑的力量来论证公共生活的善，但是其对逻辑的运用却是不彻底的。墨子在厘清逻辑关系以外，还用设定的先验原则来进行论证，从而表现出独断论的哲学色彩。“然则奚以为治法而可？故曰：莫若法天。天之行广而无私，其施厚而不德，其明久而不衰，故圣王法之。既以天为法，动作有为，必度于天，天之所欲则为之，天所不欲则止。然而天何欲何恶者也？天必欲人之相爱相利，而不欲人之相恶相贼也。奚以知天之欲人之相爱相利，而不欲人之相恶相贼也？以其兼而爱之，兼而利之也。奚以知天兼而爱之，兼而利之也？以其兼而有之，兼而食之也。”（《墨子·法仪》）墨子虽然也想要论证天是兼爱的，但是这种论证是缺乏力量的。墨子用天滋养天下万物来论证天是兼爱兼利的。这一论证带有很强的主观设定的色彩，如果从另外的角度来看，也可以说天是弱肉强食、适者生存的。尽管有这样的缺陷，但就墨子来说，天的确是公共性的最高保障。这样一来，墨子就把公共生活尤其是公共政治生活中的普遍利益化身为天意，从而创造出一种具有中国样态的政治神学。

墨子追求“治天下之国，若治一家；使天下之民，若使一夫”（《墨子·尚同下》）。对“一”的追求是值得肯定的。如果从马克思的观点来看，这个“一”更应该是在社会意义上的“一”，即在社会关系中实现了个体的价值，个体就是类存在物，类存在物就体现在个体生活中。治国意义上的“一”依然属于政治层面。社会意义上的“一”的实现是一个历史过程，在这一过程中，国家意义上的“一”的地位会随着历史的发展而具有不同的意义。

如果从马克思的观点来看，社会意义上的“一”的实现需要在物质财富极大发展和社会交往普遍化的前提下，通过人重新掌握社会财富才能实现。在这一过程中，消灭分工、消灭谋生性的劳动是必不可少的条件。在消灭分工的前提下，社会各层面之间的矛盾关系得以化解，从而变成具有高度一致性的社会生活，这个时候人自身才能成为完全的社会性的存在物。所以，“一”的实现过程并不是自上而下的，而是从劳动和物质生活的生产过程的变革开始的。墨子讲天和兼爱，本来是为了统一天下的义，并借此规范政治生活的过程，但是却主张依赖达官来实现义的统一，这就带来了很大的困难。“然则欲同一天下之义，将奈何可？”（《墨子·尚同下》）墨子提出的这个问题是非常重要的，但是给出的答案却是有局限的。墨子的方案是让一家之主发布命令，对于对家庭有益和爱护家庭的人要公告出来，不爱护家庭的人也要公告出来，然后辅助一定的奖励和惩罚。这样就用了家庭主人的赏罚权力来保证统一性的实现，同时也用众人的舆论力量来保证统一性的义得以实现。这一方案在一定的条件下是有效的，但是其效果却依赖贤能。墨子主张选出贤能的人立为天子，然后依次立三公等。关键问题在于在公共生活中贤能的人并不一定总是会被选出，或者说尚贤不是必然的，这样就使得统一于“上之所是”的设定落空了。“上之所是，必皆是之；所非，必皆非之。上有过则规谏之，下有善则傍荐之。上同而不下比者，此上之所赏，而下之所誉也。意若闻善而不善，不以告其上；上之所是弗能是，上之所非弗能非；上有过弗规谏，下有善弗傍荐；下比不能上同者，此上之所罚，而百姓所毁也。上以此为赏罚，甚明察以审信。”（《墨子·尚同上》）“上之所是，必皆是之”的前提是尚贤。“下有善则傍荐之”则依赖于对公共生活的理性认知和相应的道德。公众意见本身也会使得善被掩埋。墨子给出的方案的确触及了公共生活的一些原则，但是却不是完备的原则。

墨子感到人们“皆知小物，而不知大物”(《墨子·鲁问》)。人们都知道偷一条狗是不仁，但是“窃一国一都，则以为义。譬犹小视白谓之白，大视白则谓之黑”(《墨子·鲁问》)。这足以说明公共生活中的逻辑和个人生活中的逻辑是不同的，人们对个人的善和公共生活的善往往有不同的理解。公共生活的善需要更高的智慧来发现，人需要有更高的德性素养才能在实际行为中实现公共生活的善。

墨子触及了一个很重要的逻辑问题，就是个体的逻辑和群体的逻辑之间不一致的问题。墨子往往力求用个体的逻辑来解决群体行为问题。墨子解决问题的办法是直接把个体的逻辑上升为群体的逻辑，然后指出群体逻辑的不合理之处，借以实现辩论的目的。公输盘为楚国制造好了云梯准备攻打宋国，墨子进行了劝导。墨子请求公输盘帮他去杀一个人，公输盘表示：“吾义固不杀人。”(《墨子·公输》)墨子说：“义不杀少而杀众，不可谓知类。”(《墨子·公输》)墨子揭示了一个问题，即一个有道德的个体，同样会在群体道德生活中陷入盲区，而无法获得对群体道德准则的正确认知。楚国虽土地多，人民少，但宋国无罪，楚国攻打宋国违背了“智”和“仁”的道德准则。公输盘不去谏争，或者没有谏争成功，这就违背了“忠”和“强”的道德准则。公输盘群体道德的盲点在于帮助别人杀人而不自知，而且没有制止或者尝试去制止群体的错误。

墨子喜欢使用类推的方法来达到劝导的目的。齐国要攻打鲁国，墨子以用刀砍人头的例子来说明，刀会得到锋利的名声，但用刀来试验砍人头的人会得到不好的名声。“刀受其利，试者受其不祥。”(《墨子·鲁问》)依照这样的逻辑，齐国攻打鲁国，齐王会“受其不祥”。

墨子力求使用天志来实现劝导的目的，但是什么样的行为是符合天志的呢？墨子遇到了现实的困难。鲁阳文君要攻打郑国，墨子用天拥有天下和国君拥有四境之内来相比，如果四境内大城攻打小城，那么国君就会重罚。同样鲁国要攻打郑国，也会有天诛。但是鲁阳文君却说他是帮助天诛杀郑国，因为郑国三世将他们的国君杀了，使得他们三年收成不足。墨子以父亲教育儿子为例子来说明，父亲惩罚儿子就够了，如果邻居的父亲也来惩罚儿子还说是执行其父亲的意志，就超过了惩罚的界限。这就是“天诛足矣”，否则就是“悖”。

墨子和鲁阳文君讨论了什么样的人才叫做忠臣的问题，用人和自己影子的关系来说明，如果臣子像影子一样，对君主没有什么好处。从这类例子来看，墨子的确具有很高的论辩才能。

墨子对群体道德中包含的虚伪性有深刻的洞见。鲁君①就面临着如何评价自己的

① 《墨子·鲁问》记载墨子与鲁君问答，有观点认为其中的鲁君是鲁穆公。

儿子的问题，一个好学，一个好财，哪个更适合当太子呢？墨子用钓鱼的例子来说明，钓鱼的人那么恭敬，并不是为了给鱼恩赐。行为和行为的结果是一个方面，目的和心灵的追求是另外一个方面。对于群体中的人的善要“合其志功而观焉”（《墨子·鲁问》）。

墨子提出了一个评价个人功绩的社会视野。如果天下人不知道怎么更好地种地，那么是亲自去种地功劳大，还是教人更好地种地功劳大呢？显然，教天下人更好地种地功劳更大。“教天下以义者，功亦多。”（《墨子·鲁问》）

墨子发展了知识分子的公共精神。公孟子心目中的君子是有人问就说话，没有人问就不说话，就像钟一样，敲就响，不敲就不响。君子就像美女一样，不用出门，就会有很多人追求。墨子则反对这样的看法，认为善和美女是不一样的，求善的人没那么多，因而需要“强说人”（《墨子·公孟》）。这就像两个占卜的人，一个到处走为人占卜，一个待在家里，公孟子认为后者赚到的钱多。“仁义钧，行说人者，其功善亦多。何故不行说人也。”（《墨子·公孟》）朋友劝说墨子，天下没有多少人做义事，就不要宣传义了。墨子回答说：这就像一个人有十个儿子，九个不做事，做事的这个就更应该努力做事了，不然大家就都饿死了。

墨子运用逻辑的方法进行论证，但也有漏洞。比如在论证“义”的时候以人们为了争道理而互相残杀的例子来说明，这并不具有普遍性。墨子哲学的公共取向在兼爱思想中得到了充分的体现。墨子发展了类和个别的逻辑。白马是马，乘白马，是乘马。个别可以归结为一般。但是个别依然是个别，不能把个别和一般混淆。一个人的妹妹是美人，但他爱妹妹不能说是爱美人。车是木头做的，但不能说乘车是乘木头。“‘爱人’，待周爱人而后谓‘爱人’；‘不爱人’，不待周不爱人：失周爱，因谓‘不爱人’矣。”（《墨子·小取》）墨子的这类论述的确在一定意义上使得一般个别逻辑的缺陷变得最小，但是依然无法从根本上克服一般个别逻辑的缺陷。不爱人可以是不爱个别的人，只要不爱个别的人就可以说不爱人了。但是爱人则要求爱所有的人才叫做爱人。这样，就把爱人规定为是普遍性的，而不爱人则可以是个别性或者特殊性的。

墨家所主张的伦列不同于儒家的伦列。儒家的伦列是从个体原则出发，讲的是个人与个人之间的关系，而墨家的伦列则是在公共性的前提下来看待个体与个体的关系。“爱人不外已，已在所爱之中。已在所爱，爱加于已。伦列之：[已，人也；]爱已，爱人也。”（《墨子·大取》）这里的自己，因为是“伦列”中的“已”，实际上就是把自己放在公共生活中来看待自己，这样的“已”用现代概念来说，就是“公民”意义上的“已”。“‘义可厚，厚之；义可薄，薄之’：之谓伦列。”（《墨子·大取》）墨子的“伦列”更具有公共生活的意味。墨子的公共性精神包含了历史性的思考在内。“凡学爱人：爱众世与爱寡世相若，兼爱之又相若。爱上世与爱后世，一若今之世人也。”（《墨子·大取》）上世、今世和后世本身就是世代更替的宏观划分。

墨子主张爱所有人，并不否认杀掉一个人，因为这里杀掉一个人是对天下有益的，这并不是“杀人”。这说明墨子的哲学不是建立在个体原则的基础上的。因为如果按照抽象的个体原则来建构自己的哲学，那么杀人在任何情况下都属于杀人。人的规定性在于其肉体的规定性、自然的规定性，与其善恶无关。孟子也有类似的逻辑，即杀盗不是杀人，杀一个暴君不是杀害君主。显然，类似的逻辑是从人的社会规定性来定义人的。对社会有害的人已经被排除在人的范畴之外了，因而对其进行一定的惩罚也就不违背兼爱的原则。这样一来，兼爱的“兼”并不具有人道意义上的普遍性。“爱人之亲，若爱其亲，其类在官亟。兼爱相若，一爱相若，一爱相若，其类在死蛇。”(《墨子·大取》）墨子的思想反映了个别和类的逻辑的缺陷，这个缺陷就是无法很好地处理个别和一般的关系。个体之间是有差别的，当然爱不会完全一样。另外，把自己当成公共生活中的个体来爱，意味着存在一定的个体生活和公共生活的分裂。更为重要的是，个体是类，可以以类的名义行动，但是无论如何以类的名义行动，个体的行动都属于个体的行为，并不能代替其他人的行动。就像一个人吃饱了，其他人并不会饱一样。马克思对个别和类的混淆有深刻的洞见。“私人利益把一个人触犯它的行为夸大为这个人的整个为人。”[①]自私自利的人把私人利益看成是自己和世界唯一的接触点。

墨子的兼爱思想触及了公共善的问题，其中依然是有排除性原则在内的。“狷，怍兼也。”(《墨子·经上》）那些只是关心自我修养的人，被墨家看成是对兼爱原则的伤害。从最高的人道的普遍性的角度来看，普遍性的人道之爱应该是包括了善和恶在内，包括了对所有的自然人的爱，甚至包括了对人以外的生命的爱在内的。“体，分于兼也。”(《墨子·经上》）体就像尺子的一端，这端只有在整体中才是一端。墨家的逻辑依然把兼看成是第一位的，其立足点在“兼”。体不是分于兼，而是兼建立在体的前提之上。墨子的哲学尽管有这样的不足，但就自觉地以公共生活的相关问题的探讨为哲学的主题来说，是有着重要的哲学价值的。

① 马克思、恩格斯：《马克思恩格斯全集》(第1卷)，中共中央马克思恩格斯列宁斯大林著作编译局编，人民出版社，1995年，第255页。

第六章　孟子的人路学

孟子（约公元前372—前289），姓孟，名轲。《史记·孟子荀卿列传》说孟子是邹人。按照传统的说法，孟子受业于子思或子思之门人，子思受业于曾子，由此构成了儒学发展的正统途径，但也有人对此提出过疑问，认为孟子的主要弟子有乐正子、公孙丑、万章、公都子、陈臻、充虞、咸丘蒙、陈代、彭更、屋庐子、桃应、徐辟、孟仲子。关于《孟子》的作者，历史上有“孟子与弟子合著说”“孟子自著说”“弟子追述说”等说法。孟子的思想曾遭到荀子的批评，认为思孟学派虽然想效法先王，但不知先王之道的大“统”，志大才高，闻见博杂，并不精纯，五行说是自己臆造的。《孟子》在汉文帝时曾一度立于学宫，被官方认可，设立传记博士。汉代出现了注解《孟子》的专著，如赵岐的《孟子章句》。《史记·孟子荀卿列传》承认了孟子在儒学传承中的历史地位，慢慢形成了孔孟儒学解释模式。唐宋以来，《孟子》逐渐升格。《孟子》一书具有较高的哲学价值，宋明理学的很多哲学概念都与《孟子》有关。

第一节　双层两阶天命论

本书把《孟子》中的思想看成是一个天命论和心性论紧密结合的思想体系。天和人之间构成了一种天命论的关系。本书在叙述《孟子》的哲学系统的过程中不以心性论为起点，而以天命论为起点。这里把《孟子》的天命论定位为双层两阶天命论。双层天命论是说，天既是讲人，也是讲天，具有形而下和形而上双重性，具有善性和“势”双重性。两阶天命论是说，天命论包含了从“心性天命论”到“仁政天命论”两个阶段，天命论使得《孟子》思想形成了完整的理论闭环。

《孟子》把人看成是相对于天的存在，把握这一点对于理解其哲学系统至关重要。陈大齐的《孟子待解录》提出了一个疑问：孟子使用的“天”这一概念有时是指自然现象，就像天下雨这类的，有时是指宇宙的主宰，如“天与贤”（《孟子·万章上》）[①]一类的。这看似矛盾的关系如何处理呢？是按照有主有次来理解，还是自相矛盾呢？其实，这类现象并不是孟子独有的，可以说是中国哲学中的普遍现象。中国古代哲人思考天，并不是要去探究天本身的形而上的属性，而是在天人关系中，把人的生活拉到天的视野来看，同时天的视野中也蕴含了人的视野。天人通过这种互相规定，使得天命论具有了一定的形而上的性质。天的观念中已经预设了对人的

---

① 本书涉及《孟子》原文均可以参考杨伯峻：《孟子译注》，中华书局，2008年。

理解，在对人的理解中也蕴含了对天的理解。真正实在的内容是人，而不是天。天具有虚置的属性。“莫之为而为者，天也。”(《孟子·万章上》)“为”和“不为”是矛盾的，“为”是积极的，“不为”是消极的，二者互相抵消。为了克服这种矛盾的现象，陈大齐提出了三种可能的解释：没有作为的意志，但是有作为；作为的时候不显露作为的迹象；不亲自作为而有间接作为。陈大齐倾向第三种解释。其实，说天不为而为时已经把人的因素考虑进去了。人的作为都是有意志的、有行为迹象的，天的作为不等同于人的作为，不能完全按照人的作为来把握天的作为。如说“夫天未欲平治天下也”(《孟子·公孙丑下》)。只有人才有欲求，有意志，希望平治天下，天不会有这样的意志。天没有人一样的作为，但是天也有作为。从本体论的角度来说，天的不作为是在万物中体现出来的，万物的现象可以看成是天的间接作为，也可以看成是天的作为的迹象。这样就出现了一种特别的形而上学的智慧，就是从万物的现象和人的作为中体会天和把握天。其中保留了一些模糊的空间，天看起来是有意志的，但又没有肯定天有意志。鲁平公想去见孟子，结果被其宠爱的小臣臧仓给阻止了。“乐正子见孟子，曰：‘克告于君，君为来见也。嬖人有臧仓者沮君，君是以不果来也。’”(《孟子·梁惠王下》)乐正子的理解局限在人为的角度，认为是臧仓阻止了鲁平公。孟子则从人为中发现了天为，把人的行为看成是天。“曰：‘行，或使之；止，或尼之。行止，非人所能也。吾之不遇鲁侯，天也。臧氏之子焉能使予不遇哉？”(《孟子·梁惠王下》)人的行为中有一种发动的力量，这种力量促使行为发生，或者使得行为停止。人的行为看起来有主观的意愿在内，有个人的意志的因素在内，但这更多的是表现出来的现象，是天的间接作为的表现。这样一来，整个自然界以及人类的生活本身都可以看成是有天的因素在其中的。这种思维模式肯定了经验现象，同时也保持了一种形而上的开放的思维视域。

孟子的上述思维模式使得其思想总体上呈现出一种天命论的色彩。天和人之间是有张力的，孟子主天命，却不反对人为，反而主张人积极作为。成功与否被归结为天，积极行善被归结为人，这样的形而上学的思考方式把天和人两个方面都变成了积极的。天命论很容易把天讲成积极的，而把人讲成被动、消极的，这样的思考方式还处在素朴的思维阶段，没有进入较高的哲学境界。只有当形而上变成积极的存在，而形而下也变成积极的存在的时候，才是较为完善的形而上学。天和人都是积极的存在，在如下一个文本中得到了呈现。齐国人准备加固薛地的城池，对此滕文公感到很害怕，就问孟子怎么做才好。孟子举了周太王的例子来说明。周太王被狄人侵犯，只好搬到别的地方居住。“非择而取之，不得已也。”(《孟子·梁惠王下》)“择而取之”是人为，人为相对于天有“不得已”的一面，天是积极的存在。孟子说：“苟为善，后世子孙必有王者矣。君子创业垂统，为可继也。若夫成功，则天也。君如彼何哉？”(《孟子·梁惠王下》)“为善”是人为的一面，成功与否在于天，孟子主张积极为善。

孟子的天人观中包含着一种特殊的张力。孟子举商汤和文王的例子来说明他们是仁者，能以大事小，举太王和勾践的例子来说明智者能以小事大。“以大事小者，乐天者也；以小事大者，畏天者也。乐天者保天下，畏天者保其国。”(《孟子·梁惠王下》)《国语》讲天命有反，成功的行为可能意味着天命的失去，并最终走向失败；失败的行为也可能意味着得到天命，从而重新走向成功。《国语》中的《吴语》和《越语》讲天命论涉及吴国和越国的关系。如果从邻国和本国的关系来看，天命论就变得更为复杂了。邻国和本国之间的地理位置和彼此的强弱关系本身就被理解为包含着天命的因素在内的。形而下事物的强大意味着其中承载着某种天命，对形而下的强大事物的畏惧本身就意味着对天命的畏惧，以小事大就具有了天人双重的意义，这是一种特别的形而上学的智慧。对大的事物的敬畏，从形而下的层面来说，是一种世俗的智慧；从形而上的层面来说，又成了一种超越的智慧。这种逻辑也适用于自己就是大的事物的情况。小的事物本身没有天命可能是暂时的，这就要求大的事物自身拥有一种智慧，即也可以事小。把自己的“大”置于天的视野之下，这是乐天者。乐天是好善忘势，以天心为心。陈大齐提出一个疑惑，就是乐天者保天下，但是当时文王并没有天下，哪里来保天下的问题呢？为了解决这一疑惑，陈大齐把“保天下”理解为“得天下”。这一解释有其合理之处，但是过于局限于形而下的层面。文王以大事小，终身也没有登上天子之位，从形而下的层面来说，不存在得天下的事实。所以，这里的“保天下”更多的是从形而上的层面来说的，文王求仁，从理上说与天下同理，虽在形而下的层面不曾得天下，也不曾保天下，但其所得之理却是天下之理。文王守护了天下之理，也可以说是保天下。

孟子的天命论是较为复杂的，尤其是涉及善和势两个方面的时候，二者之间存在着张力的关系。这就涉及拥有力量的强者役使弱者这种情况是否也是属于天命的范畴。如果是，那么顺从有力量的强者也是顺天，只有顺天才能生存。孟子说：“天下有道，小德役大德，小贤役大贤；天下无道，小役大，弱役强。斯二者，天也。”(《孟子·离娄上》) 孟子讲天包含了弱小对强大的服从。孟子引用齐景公的话说，既不能命令别国，又不接受被人命令，就是绝路一条。孟子认为小国应该事大国，并且不以受人命令为耻。这样，孟子的天命思想就包含着张力，一方面承认了形而下的事物当中存在强大弱小的事实，又承认了弱小的要服从强大的这种价值观；另一方面，更肯定了对形而上的善的追求。孟子认为，如果弱小的国家以服从强大的国家为耻的话，应该学习文王积极行仁政。善和势两种力量都是天，顺天说的是善这种意义上的天。善的意义上的天，不仅仅具有形而下的意义，还具有形而上的意义。

孟子的天命论既是仁政天命论，也是心性天命论。孟子除探索了内在道路以外，还回答了如何在万物的表现中观察天命的问题。比如在谈到政治继承的问题的时候。“万章曰：‘尧以天下与舜，有诸？’孟子曰：‘否；天子不能以天下与人。’‘然则舜有天下也，孰与之？’曰：‘天与之。’”(《孟子·万章上》) 天是如何授予的呢？“天与之者，谆谆然命之乎？”(《孟子·万章上》) 万章又问道：天授予的，是反复叮咛来告诫他的吗？天作为给予者、显示者，不是像人一样，用语言来命令，而是通过人这个中介来授予的。

关于人的主体性问题，海德格尔给出了一个很好的解释，对于解读儒家的所谓的“天人合一”也是很有意义的。人是一个被摆置者，是一个所谓的“客体”和对象，天是摆置者；同时，人也是一个摆置者，是作为摆置者参与到被摆置的过程中的。“天与之”就是说，天是最后的给予者，是摆置者，但天的摆置者的地位是隐藏在人的行为和事件中的，而不是直接以一个摆置者的面貌出现，不会直接说话，“不言”，即天的语言，就在人的活动之中了。“曰：‘否；天不言，以行与事示之而已矣。’”(《孟子·万章上》) 孟子回答道：不是，天不说话，但天的语言、天的命令就在人的行为和事件中表现出来了。

人的摆置活动本身就有天的语言、道的语言存在于其中。社会中人的摆置活动很多，天的语言体现在哪些人的摆置活动中呢？首先就体现在天子的推荐活动当中。天子的摆置活动不能取代天的摆置活动，天的摆置活动要通过天子的摆置活动表现出来。既然这样，万章就有了这样一个疑问，既然天子是摆置者，他的摆置活动本身就有天的语言的显现，如何区分天子哪些活动是显现了天的语言，哪些是背离了天的语言的呢？

根据孟子的论述，天子显现天的语言的摆置活动大概包括如下几个方面：其一，主持祭天等大事是否顺利。判断天子的摆置活动在多大意义上是天的摆置活动的一个重要的标准，就是看两件事情。其中的一件事情就是祭祀活动。“曰：‘使之主祭，而百神享之，是天受之。’”(《孟子·万章上》)

其二，民众的接受和信任程度。“使之主事，而事治，百姓安之，是民受之也。天与之，人与之，故曰，天子不能以天下与人。”(《孟子·万章上》) 天子不是天下的给予者，天下的给予者是天。

其三，天的摆置活动除了从这两个事情中体现在天子那里以外，还体现在天子的自我身上，主要是天子的自我约束能力方面。一个人自己能够放弃对自己的私欲的追求，全心全意服务于人，这个人的摆置活动很大程度上就体现了天的摆置活动。“舜相尧二十有八载，非人之所能为也，天也。”(《孟子·万章上》)

其四，天的摆置活动体现在人的身心素质方面。从“天与之”角度来看，儿子不贤，不能得到民众认可，自然无法管理国家，需要其他有贤能的人来管理，这是天命。贤能的人看起来出身不好，没有机会管理国家，但却管理起国家来，这是“天”。自己的儿子不贤，这是命运。二者结合起来就是天命。“莫之为而为者，天也；莫之致而至者，命也。”(《孟子·万章上》) 尧的儿子丹朱不成器，舜的儿子也不成器，继承不了帝位。舜辅佐尧、禹辅佐舜，经历了很多年，施给百姓恩泽的时间也长，自然就获得了天命。启很贤明，能恭敬地继承禹的做法。益辅佐禹的年数少，施给百姓恩泽的时间不长，所以尽管被推荐给天，但是命却不佳，有更为贤能的人在世，自己没有得到老百姓广泛的认可。舜、禹、益之间相距的时间有长有短，他们的儿子有好有差，这都出自天意，不是人的意愿所能决定的。天的摆置活动要综合地加以领会，包括人的贤能状况、民众的接受情况、君主的推荐情况，而民众的接受情况最为根本。

其五，制度有利无利本身涉及天命。天的摆置活动既体现在制度方面，也体现在人的德性方面。天子的推荐，或者儿子的继承是制度的摆置，而自己的德性是天通过人的本质来摆置。制度的认可是条件之一，还要有个人的德性条件。继承上代而得到了天下，天意却要废弃的，必然是像桀、纣那样的君主。制度上认可的王，因为缺乏德性，背离了天，也背离了民，所以王的位置也是做不稳的。没有德性条件，就像益一样也不行。仅仅有德性条件也不行，还要有体制和制度条件。他的德性必然像舜和禹那样，而且还要有天子推荐他，所以仲尼虽然圣贤，但没有天子推荐就不能够得到天下。

根据这一逻辑，孟子指出，益、伊尹、周公虽然圣贤，但他们所辅佐的君主在制度上又是合法的，所以不能够得到天下。伊尹辅佐汤称王，汤死后，大丁没有继位就死了，外丙在位两年，仲壬在位四年，大甲继位后破坏了汤的典章法度，伊尹把他流放到桐邑。三年后，大甲悔过，怨恨自己，改正自己，在桐邑做到心不离仁，行合乎义，三年后，已能听从伊尹的训导了，才又回到亳都做天子。周公不能得天下，正像益处在夏朝、伊尹处在殷朝没有可能得天下一样。

天命不但关联仁政，还关联心性论。其中最典型的论述是：“尽其心者，知其性也。知其性，则知天矣。存其心，养其性，所以事天也。夭寿不贰，修身以俟之，所以立命也。”（《孟子·尽心上》）孟子的这一论述保持了一定的模糊性，天既具有一定形而上的色彩，同时因为性可以说就是人的天，从而又具有了形而下的特质。存心、养性属于大体领域的事情，这是属于“事天”的范畴，所以“事天”单单是从大体领域来讲的。但是“立命”则关联小体和大体，充分利用小体来实现大体的价值就变成了“立命”领域的事情。

孟子以天命论的形式表达了对人的形而上学的思考，人被定义为“天民”。“天之生此民也，使先知觉后知，使先觉觉后觉也。”（《孟子·万章上》）内在的本性和本心是觉醒的前提，这样觉醒就被理解为是一种形而上学的事件。哲学的工作不仅仅是创造理论，而更为重要的是使他人觉醒，这样一来，从世俗生活中超拔出来本身就成了一种形而上学的活动。孟子自己就以这样的觉醒者自居，自认为如果天想要平治天下，是会让他获得从事政治活动的机会的。孟子是这样定义“天民”的，“有天民者，达可行于天下而后行之者也”（《孟子·尽心上》）。与“天民”关联在一起的是“天下”，相比于只是关心更小领域的生活的人的生活形态来说，“天民”是具有一定的超越性的。但这种超越是不脱离形而下的生活的。当现实的人已经尽了仁义之道的时候，人就摆脱了本性的桎梏，获得了自由。这样一来，生死问题就变得不那么重要了，或者说不必要把生死问题当成一个重要的形而上学的问题来探讨。“莫非命也，顺受其正；是故知命者不立乎严墙之下。尽其道而死者，正命也；桎梏死者，非正命也。”（《孟子·尽心上》）人生都有命，但有正与不正的分别。人能够在命定的范围内，追求道，把善性发展到极限，这样的人即使死掉了，也是正命而死。相反，如果不追求善，就是在桎梏之中，在没有获得心灵自由的情况下死亡，就不是正命而死。

第二节 生长意象下的过程性思维

孟子也使用辩论的方式来维护自己的立场，他能够熟练地运用辩论的技巧。在和告子关于人性论的辩论中，孟子展现出了高超的辩论能力。当告子用杞柳和桮棬的关系来说明人性和仁义的关系的时候，孟子很快就抓住了这个比喻的缺陷。需要把杞柳割下来，再经过一定的加工它才可能变成桮棬。桮棬是对社会有用的东西。这样的比喻中隐含着一种哲学的观念，即人就像一株植物一样，可以被随意处置，以便让人变成一个有用的人。当然，告子不可能持有这样的观念，但在告子的观念中隐含着一种不自觉的哲学理念在内。哲学家的一个特质就在于善于发现那些观念背后隐藏的哲学观念，并进行一定的批判。从这一意义上说，孟子具有哲学家的思想警觉，直接点出桮棬并不是顺杞柳之性做出来的。如果顺杞柳的本性去做，杞柳应该是自然地生长在自然界之中，完成自然的生死过程。把杞柳割下做成桮棬是戕贼杞柳的结果。如果按照这样的逻辑来理解人性和仁义的关系，当仁义价值实现的时候，则意味着人性的死亡。“如将戕贼杞柳而以为桮棬，则亦将戕贼人以为仁义与？率天下之人而祸仁义者，必子之言夫！”（《孟子·告子上》）

告子的仁义观是一种实用性的价值观，是从有用的角度来看待仁义问题的。但当这种实用性的善建立在伤害人的前提下的时候，这种实用性的善就失去了根基，失去了善的根本目的。

“杞柳”和“杯棬”之间有明显的加工改造关系，二者之间是一种对象性关系。恰好这个关系反映了告子把握人的价值的思维模式的实质内容。无论是把“性”和“杞柳”放在一起考虑，还是把仁义和“杯棬”放在一起考虑，都是用一个物来比喻人。用一个种类的物来说明人的价值和人的本性，是一种用对象性思维把握人的价值方式。孟子指出，用这种思维模式讨论人的价值无疑是对人的极大的伤害。对人进行加工改造往往带来的是负面的价值。孟子是从超越对象性、加工性概念，超越物性价值的角度来理解人的价值问题的。

告子的比喻中还包含了一个理论难题，那就是谁是改造的主体呢？把杞柳变成杯棬的是人，是为了实现人自身的善。但是同样的逻辑如果放在人自身上就有问题了。人改造人，这就存在价值的主体和价值的标准的问题。当提出这样的问题后，必然会回到孟子的思路上来，这就是"先觉觉后觉"，这样一来，就需要把善的根据放置在人本身之内来理解。

当然，告子也是可以进行自我辩护的，就是伤害个别的杞柳，使之变成桮棬，这在总体上提高了杞柳的社会价值。这说明在告子的比喻中潜含着个体价值和群体价值的关系问题。告子的论述进一步引申出来的结论必然是可以为了群体的价值牺牲个体的价值。相反孟子的思想则可以引申出善的个体原则。

孟子的辩论实际上是把告子思想的危害性推向了极端，告子是不可能认同那种以对人的普遍伤害为前提的善的。告子认识到是比喻上的缺陷让孟子抓住了把柄，因而换了一种比喻。告子用水向东和向西流来说明人的善恶，这的确回避了善恶对人的伤害的问题，因为东流和西流，对水来说似乎没有什么伤害。但是在中国的地理条件下，大多数水是向东流的，向西流是人为（"决诸"）改变了自然的趋势。孟子的思维能力还是比较强的，水流东流西不重要，重要的是受地球引力的影响，水是向下的。人性善就像水向下，人性内在就具有一种种子向善生长的趋势，或者说孟子的性善论不过是以性善的语句表达了他对生命具有一种内在的自我完善的生命力的体认。这样孟子就形成了自己的性善论的逻辑，即生命内在的生命力都会趋向于完善自身，是外在的"势"使得人性可以变恶。孟子的这一认识是和其对"善""势"问题的思考有关的。

性有产生、生命、生活、肉体等不同含义。"告子曰：'生之谓性。'"（《孟子·告子上》）"性"和"生"是一个逻辑层次的概念。我们把"生"的东西说成"性"，就像我们把白说成白一样。那么有可能得到的结论是什么呢？天下万物都是生命，都有机体，都有生活，有产生和灭亡的过程。那么，就无法区别人性和物性，人的价值和物的价值有什么不同。"孟子曰：'生之谓性也，犹白之谓白与？'曰：'然。''白羽之白也，犹白雪之白；白雪之白犹白玉之白与？'曰：'然。''然则犬之性犹牛之性，牛之性犹人之性与？'"（《孟子·告子上》）孟子正是看到告子的这一说法包含的这一可能性，才从句子形式上进行了推导。把"生"说成"性"，牛、犬都是"生"的东西，人也是"生"的东西，那么他们都是"性"，就会混淆这些类别存在物的"性"的差别。孟子认为"性"的概念是一个价值的概念。这里面包含了孟子对一般与个别思维的局限性的认知。孟子的论辩抓住了一般与个别思维的局限性。孟子很懂辩论的技巧，没有直接说告子的观点不对，而是利用告子的语言结构展开辩论。白之谓白，前面的白是特殊的白，后面是一般的白。特殊的白因为都是白，所以彼此可以说"犹"。白羽之白、白雪之白、白玉之白是不同类的事物的白，但从白这一点来说都是特殊的白。那么这里面就存在一个逻辑漏洞，白羽之白、白雪之白、白玉之白是不同类事物的白，白羽是动物，白雪是天气现象，不同类事物的白被归入一类之中。这样就可以说牛的“生”就同人的“生”一样，都是“生”，那么就都是“性”，这就把人和动物之性等同起来了。

孟子并没有明确地提出“义内说”，不过却把告子的“义”定位为“外之”。“告子未尝知义，以其外之也。”（《孟子·公孙丑上》）孟季子向公都子提问的时候提到了“义内说”。“孟季子问公都子曰：‘何以谓义内也？’曰：‘行吾敬，故谓之内也。’”（《孟子·告子上》）根据文本的论述，重点不是把孟子的“义”说成是“义内说”。“‘义内’说是孟子思想中的一个重要命题。”①这一说法并不特别精确。

孟子反对告子的“义外说”。告子的“义外说”到底是一种什么样的学说呢？“彼长而我长之，非有长于我也；犹彼白而我白之，从其白于外也，故谓之外也。”（《孟子·告子上》）从告子的这个说明来看，“义”包含了两个方面：一方面是主体的“我长”“我白”，即内在的道德意识；另一方面是外在的“彼白”和“彼长”，即道德意识的对象。在这两个方面中，告子强调主体的道德意识是受到道德对象的规定和限制的。对此，唐文明在《仁义与内外》一文中进行了较为充分的解释，“彼长”“彼白”被认定为是一种客观事实，这种客观事实不是由“我长”“我白”来规定的。告子的“义外说”中的内外区分的界限是“我”和“彼”。“若从告子的解释中所使用的概念来看，内外之别则被理解为‘我之内’与‘我之外’之别。”②告子的确是把义置于“我”和“彼”的框架内来思考的。不过，“义外”并不是说是“我”之外，而是一种对象意识。“故其所云‘外’，是从外的意思，用现代语来讲，即是依据外在客观的意思。”③其中包括的一种思维过程是在对象意识下对对象客观规定性的肯定，对象反过来规定了“我”的道德意识，这种道德意识指向对对象的尊重。孟子恰好认为把“义”看作是我与你之间的对象性关系就是“义外”了。孟子所理解的“义”是超越“人”“我”之间的对象性关系的。所以孟子说：“人能充无受尔汝之实，无所往而不为义也。”（《孟子·尽心下》）人要充实的是“义”，而这“义”是不受“我”和“你”这一客观对象关系制约的，能够找到这个“义”，就可以“无所往”。内在的源头是“义”，达成的客观事实也是“义”。前者可以说是“内”，后者可以说是“外”。告子反对“义内”是因为如果承认“义内”会导致无法尊重客观事实，尤其是不能达成一种较为客观的带有一定普遍性的“义”的标准。比如将“吾之长”和“秦人之长”放在一起，“义内说”会导致只是尊重“吾之长”。“长楚人之长，亦长吾之长，是以长为悦者也，故谓之外也。”（《孟子·告子上》）告子其实提出了一个很严肃的问题，“义”要有一定的客观普遍性的标准，告子把这个标准看成是由对象自身的属

① 徐克谦：《孟子“义内”说发微》，《孔子研究》1998年第4期，第39页。

② 美国哈佛大学燕京学社、山东师范大学齐鲁文化研究中心：《儒家思孟学派论集》，齐鲁书社，2008年，第390页。

③ 陈大齐：《孟子待解录》，赵林校注，华东师范大学出版社，2012年，第43页。

性所规定的。

孟子对告子的反驳富有思维的魅力。孟子说："异于白马之白也，无以异于白人之白也；不识长马之长也，无以异于长人之长与？且谓长者义乎？长之者义乎？"（《孟子·告子上》）"长""幼"是一种关系的范畴，客观事物之间当然可以比较出谁长来，但是必须是同类的事物。按照告子"生之谓性"中表达的观点，"白"可以包括白人之白和白马之白。"长"如果也是事物自身的客观属性的话，"长人之长"和"长马之长"中的"长"应该是可以用一个共同的尺度来衡量的。但二者之间其实是没有办法衡量出哪个更"长"的。"长"要在"长之者"和"长者"的关系中来确定。关于这段话有两种比较有说服力的解释，可以互相参酌为用。一种是普遍化的概念和形式化的概念的区分。"白马之白，之所以同于白人之白，是因为'白'是一个普遍化的概念，也就是说，'白'受限于一个事物域，'白之谓白'，是从'白马'、'白人'等具体事物中抽象出来的；而'长'则不同，'长'是一个形式化的概念，它并不像'白'一样受限于一个事物域，而是一种纯粹的关系指示词。很明显，我们并不能够从'马之长'、'人之长'中抽象出一个共同的'长'，而是必得通过诉求某种关系才能理解'长之为长'。"①陈大齐提出了价值和事实的区别。"'长马之长'与'长人之长'，在告子看来是同类的道理，同是从外；在孟子看来，是异类的道理，'长马之长'从外，'长人之长'则从内不从外。孟子之所以有此分别，因为在孟子之意，'长'字用在马上，仅用作事实的意义，用在人上，则于事实意义外，又攝有价值的意义，且应以之为全部意义的重心。"②

朱熹解释说："义不在彼之长，而在我长之之心，则义之非外，明矣。"③"我长之之心"是需要辨析的，这个"心"也可能是告子的"我白之"的心，也可能是性之所发的羞恶之心。主体尊重他人的心也可能是根据自己的偏好来选择尊重的对象的，这样的"我长之之心"就不是孟子所强调的"义"。

"义"之端是由"性"表露出来的。"孟子主张'仁义内在'的前提恰是将'我之内'与'我之外'的分别等同于'性之内'与'性之外'的分别。"④性既然是趋向于善的，就同时具有一种拒绝恶的动能，孟子把这种动能表述为"羞恶之心"。对善的趋向和对恶的拒绝构成了"性"的动能流动的方向。正确地判断是向善，警惕邪恶是羞恶。这种由性所规定的"羞恶之心"是人原初的带有普遍必然性的道德理性。"心之所同然者何也？谓理也，义也。圣人先得我心之所同然耳。"（《孟子·告子上》）

---

① 美国哈佛大学燕京学社、山东师范大学齐鲁文化研究中心：《儒家思孟学派论集》，齐鲁书社，2008年，第393页。

② 陈大齐：《孟子待解录》，赵林校注，华东师范大学出版社，2012年，第44页。

③ 朱熹：《四书章句集注》，齐鲁书社，1992年，第157页。

④ 美国哈佛大学燕京学社、山东师范大学齐鲁文化研究中心：《儒家思孟学派论集》，齐鲁书社，2008年，第392页。

孟子思想区分了两个系列，其中一个系列是“形色”、“小体”、耳、目、口、鼻及其对象和不同的“小体”之间构成的关系。耳、目、口、鼻对应的是声、色、味、臭。“小体”之间的事实性关系是父子、君臣、宾主、贤愚、夫妻等。基于这一事实性的关系构成的等级性范畴是人间的人爵、人禄、人位（富、贵、名）等。从西方哲学的观点来看，这是一种主体的感性存在和感性的关系，是感官的王国。在孟子思想当中的另一个系列的范畴是心、思、性、善、天、命、大体、仁、义、礼、智、道等。“大体”就是赤子之心、本心。“人之有四端也，犹其有四体也。有是四端而自谓不能者，自贼者也；谓其君不能者，贼其君者也。凡有四端于我者，知皆扩而充之矣，若火之始然，泉之始达。”（《孟子·公孙丑上》）“大体”是己、身、我、心、性和天。

天命与心性勾连在一起的关键就在于身心观。孟子用“形色”、“小体”、耳、目、口、鼻、四肢等阐发了人的形体思想；以“心之官”等阐发了关于人的心灵的思想。孟子强调，形体及其需求有性，但叫做命；心灵有命，但叫做性。另外，要看到身心观与孟子整个思想体系的关联。身心关联伦常，身体关联小体之养，心灵关联天命。

大体和小体之间存在一定的张力，这种张力被孟子表述为义利之辨、水火之辨、有为和不为之辨、道势之辨等内容。人内在的自我完善的趋势，如果涉及身心问题，自然就要区分大体和小体与生命自我完善的趋势的关系问题。孟子没有否认身体也是有天命的，身体的生命力也是生命完善的趋势的表现，但是最根本的则是大体。这样，孟子就形成了一种从生命的开端到结尾的过程性思想。

第三节　作为“人路”的“义”

在孟子诸多的关于“义”的论述中，最能显示其思想灵魂的是“人路说”。在《孟子·告子上》中孟子说“义，人路也”。孟子还感叹人们“舍其路而弗由”。显然，这里所说的“人路”不是指人走路，而是指人生之路。人生之路需要有价值观的指引，需要有正确的方向。这个正确的方向是“是”和“善”，而不正确的方向是“非”和“恶”。人能够辨别出自己正确的人生方向是人重要的本质。可以把“舍其路而弗由”解释为：“放弃了那条正路而不走。”[①]孟子的确再次申明：“义，人之正路也。”（《孟子·离娄上》）

“正路说”已经预设了人路会偏离正确的轨道。这就要深究：怎么才算“那条正路”呢？显然，还要结合其他论述来说明。《孟子·万章下》也说：“夫义，路也；礼，门也。惟君子能由是路，出入是门也。”所谓的正路应当是义自身开辟的道路。“由是路”即由义路。王夫之说：“非人路之即义。”“除卻义，则非路。非无路也，或

① 杨伯峻：《孟子译注》，中华书局，2008年，第206页。

为茅塞，或为蹊径，兽蹄鸟迹之道，非人路也。”[①]义自身是路，人走在义的路上，才是人之正路，所以是仁义行而非行仁义。《孟子·离娄下》说：“舜明于庶物，察于人伦，由仁义行，非行仁义也。”义直接就是人的本质规定，“无羞恶之心，非人也”(《孟子·公孙丑上》)。

“路”和“道”合称为道路。道路有限制，也有自由通行的空间。既然路总是由此达彼，那么就可以确定相对的起点和终点。那个相对的终点就是“安宅”。“仁，人之安宅也。”(《孟子·离娄上》)

孟子中关于“义”有几个关键点，需要理清相互的关系。关于“义路说”和“羞恶说”二者的关系，陈大齐给出了一种解释：“‘羞恶之心，义也’侧重于不作为方面说，谓人人都应当有所羞恶而不肯为。‘义，人之正路也’侧重于作为方面说，谓若有所为，都须遵行正路。故羞恶之心的义与正路的义，可谓同一道理的两面说法。”[②]如果以“义路说”为线索来考察，义作为路，“端”则是羞恶之心。“由是观之，无恻隐之心，非人也；无羞恶之心，非人也；无辞让之心，非人也；无是非之心，非人也。恻隐之心，仁之端也；羞恶之心，义之端也；辞让之心，礼之端也；是非之心，智之端也。人之有是四端也，犹其有四体也。有是四端而自谓不能者，自贼者也；谓其君不能者，贼其君者也。”(《孟子·公孙丑上》)这里把“恻隐之心”看成是“仁之端”，把“羞恶之心”看成是“义之端”，把“辞让之心”看成是“礼之端”，把“是非之心”看成是“智之端”，按照“仁”“义”“礼”“智”的顺序排列。

孟子还说：“恻隐之心，人皆有之；羞恶之心，人皆有之；恭敬之心，人皆有之；是非之心，人皆有之。恻隐之心，仁也；羞恶之心，义也；恭敬之心，礼也；是非之心，智也。”(《孟子·告子上》)羞恶之心是显露出来的义，义隐含在其中。隐含在羞恶之心中的义，关联着性之本然。

走在“义”的道路上就是要认识自我生命向善的动能，以及由这种原始的动能所产生出来的对恶的抵制的能力，这种能力可以产生出一种节制和自制。“人皆有所不为，达之于其所为，义也。”(《孟子·尽心下》)显然，在孟子这里，义路的开端更强调“所不为”。人内心的自我节制是保证行为善的重要条件。

为什么孟子强调义路开端的“所不为”的一面呢？如果结合“大体”与“小体”的区别来看，“羞恶之心”和“大体”是一个系列的范畴，而形体则属于“小体”。在性趋向于善的过程中，面临的一个很大的挑战是对普遍性的正确判断或者道德意识如何落实到感性生活中，成为一个人具体的道德实践。如眼前有一个甜的东西，如果从感性的肉体需求的角度来看，人应该去品尝，因为一切甜的东西都令人快乐，而这个东西是甜的。但可能会有一个意见阻止他去品尝，即一切甜的东西，所有人都喜欢，我只是所有人中的一个，别人也许更需要眼前这个感性

① 王夫之：《读四书大全说》（下册），中华书局，1975 年，第 689 页。
② 陈大齐：《孟子待解录》，赵林校注，华东师范大学出版社，2012 年，第 42 页。

的甜品。这个时候，人可以不去品尝这个甜品。或者人追求一种心灵自身的满足，而弃绝肉体的快乐需求，也会形成一种行为的自制。所以，不管是从对感性利益的谦让的角度来看，还是从对心灵自身的愉悦的追求而导致的对肉体愉悦的放弃来看，“所不为”都具有保证义之路开展的作用。“所不为”保证了性沿着自身向善的方向前进，而尽可能摆脱感官所产生的偏离引力，同时形成一种对自我的限制和推让的行为。

概括起来，义路的开端即是羞恶之心，这个心是性所发，是沿着“大体”的道路前进的；义路的开端具有普遍性，在所有人那里都是具有相同性的；义路的开端主要表现为一种自我对恶的抵制；义路的开端不同于外在对象的客观规定性，也不同于对外在对象的客观规定性进行客观认定的心；义路的开端不同于从形体出发的内在的主观决定，也就是不同于“以我为悦”者。“以我为悦”会使得义路的开端失去普遍性，从而也使得“义”无法推广到对其他人的尊重上。

走在义路上需要不断进行思、求。“仁义礼智，非由外铄我也，我固有之也，弗思而矣。故曰：求则得之，舍则失之。”（《孟子·告子上》）“圣人与我同类者”，差异就在于“非天之降才尔殊也，其所以陷溺其心者然也”（《孟子·告子上》）。

从孟子用“可欲”来定义“善”来看，义是在人的欲求范围内的。再从性向善如水来看，性向善就表现为一种欲求，这种欲求包括对义自身的欲求。思、求、义是性之所发，是在人性自身范围内力所能及的事情。这种欲求是性自身的欲求，所以不能进入功利心的轨道，要“心勿忘，勿助长”（《孟子·公孙丑上》）。这就要求按照性自身向善的趋向发展，就会有对恶的自然的抵制。

这种性自然发出来的“所不为”成为人最应该关注的重点。而“所不为”所发出的“所为”本身就是受到限定的所为，“所为”中包含了“所不为”。也就是孟子所说的“无为其所不为，无欲其所不欲”（《孟子·尽心上》）。性发为义，再拓展到形体，人的欲求产生了一种张力，是一种由性发出的羞恶之心所形成的“所不为”“所不欲”，一种超过“所不为”“所不欲”限制的“为”和“欲”。在“所不为”“所不欲”范围内的求、取就成了义的行为，相反则是不义。

在义路展开的过程中，遇到了两种求的区别和矛盾。“求则得之，舍则失之，是求有益于得也，求在我者也。求之有道，得之有命，是求无益于得也，求在外者也。”（《孟子·尽心上》）孟子在这里区分了求的两种情况，一种是我自己就能决定，求就得；一种是求能不能得不完全是由自我决定的，而是由外在条件决定的，是“得之有命”，不是由自由意志决定的，但是可以“求之有道”。“孔子进以礼，退以义，得之不得曰‘有命’。”（《孟子·万章上》）在羞恶之心限制范围内的求得为“求之有道”“得之有命”。这样一来，“命”就限制了心灵突破羞恶之心的控制范围。

求有所得，则是“取”。孟子把对“义”的讨论集中到取、与的问题上。求得、取、与就成了义路得以展开的关键环节。“非其义也，非其道也，一介不以与人，一介不以取诸人。”（《孟子·万章上》）孟子强调取、与都以义为标准，符合义的标准了，甚至可以接受天下，不符合义的标准的，即便是一箪食都不会接受。

但是如果不能准确把握义的内涵，要弄清楚这个标准，从实践上来说，依然是很困难的。取、与的最高标准是“非其有而取之非义也”（《孟子·尽心上》）。如何确定“非其有”是很困难的，如果从性来看，“四端”之心是自己所有的，是求则得之的；其他的则是求之有道、得之有命的。陈大齐就对此提出了一个疑问，人一出生一无所有，要靠他人，人如何能普遍实行非其有而不取呢？如果按照陈大齐的理解，除了义自身以外，其他所有的“取”都是“盗”。而现实的人是需要一定的“取”才能生存的，那么每个人就都成了“盗”。关于这一难题，陈大齐认为“非其有而不取”不是人普遍遵循的。这一解释当然有文本的根据。“夫谓非其有而取之者盗也，充类至义之尽也。”（《孟子·万章下》）如果联系孟子的相关论述来看，“取”当然是有层次的：“求放心”可以说是最高层次的“取”；然后是身体的迫切需要，这是在“可受”的范围内的；不过如果为了身体的迫切需要而伤害羞恶之心，那么也是在“不可受”的范围之内的，比如无礼的施与，即便是乞讨的人也不会接受；供给和施与之间的平衡关系也是孟子所关心的。概括起来就是“可以取，可以无取，取伤廉；可以与，可以无与，与伤惠；可以死，可以无死，死伤勇”（《孟子·离娄下》）。陈大齐提出的问题其实在孟子这里是很好回答的，父母给予幼儿以一定的照顾，本身就是父母的责任，这是在父子之礼的范围内的，幼儿所“取”的是在“可以取”的范围内的。陈大齐把“义”和“道”等同起来，其实不然，这里的“义”和“道”不完全相同。“义”是强调求之有义，“道”是强调求之有道。“求之有道”中的“取”非我自然所有，而是来自他人的爱心、义务和责任，是求之有命的。这个“命”来自因人伦关系而产生的责任和义务关系。通过这两个层次的取与关系的阐述，孟子把义路逐步过渡到了个体身心以外的人伦关系的范围。

在孟子的思想中，义路展开的另外一个关键的环节是言行和心的关系的阐释。心能够有效地管理言行，言行能够展现羞恶之心，言行和心就一致了。这样人的人格就真诚、挺立了。“行有不慊于心，则馁矣。”（《孟子·公孙丑上》）如果言行脱离了心灵控制的轨道，那么人的心身之间就出现了分裂，人格也就变得低下了。“大人者，言不必信，行不必果，惟义所在。”（《孟子·离娄下》）依据康德的思想，如果言行发动的原因来自结果和某种质料的话，相关的言行就会成为一般实践理性的言行，而不是纯粹实践理性的言行。心灵的纯粹性要求言行的动因完全来自内心的道德命令。只有如此，心灵的力量才能进一步在人伦中展现，并进而上达于天。

从“所不为”到“所为”，从羞恶之心到天下，孟子使用的范畴是“达”。如何才能“达”呢？“达”是一个普遍性和实践性相结合的概念。仁义普遍的是所有人的实践准则，这一实践准则表现为亲亲和敬长，这就给了对象方面以较为具体的说明。人人都有不肯去干的事，把它推及他所肯干的事上，就是义。“有所不为”是意志的自律，“所为”是实践的质料，孟子强调二者的“达”的关系。

人走在义路上的一个关键节点就是身心都统一到义上面，从而使人成为义的展现，这样人就喻于义了。“孟子曰：‘口之于味也，目之于色也，耳之于声也，鼻之于臭也，四肢之于安佚也，性也；有命焉，君子不谓性也。’”（《孟子·尽心下》）“形色”也是天性，不过主要应该用“命”的范畴来描述。“利”对应的是低级欲求。《孟子·梁惠王上》中记载的孟子在和梁惠王讨论“欲”的时候，其所说的王的大“欲”就是此类：“然则王之所大欲可知已，欲辟土地，朝秦楚，莅中国而抚四夷也。以若所为求若所欲，犹缘木而求鱼也。”（《孟子·梁惠王上》）“养心莫善于寡欲。”（《孟子·尽心下》）口对于味必然要有所取，这是“命”，如果这个“取”是合理的，就是“取之有道，得之有命”。对于肉体关联着的取和与，从义的角度来看，就有两种关系。一种是积极的关系，心灵主宰形体。“君子所性，仁义礼智根于心，其生色也睟然，见于面，盎于背，施于四体，四体不言而喻。”（《孟子·尽心上》）孟子所理解的“性”的概念本身就不是一个“静态”的概念，而是包含了能动性的过程性的内涵。性展开为心，进而展开为形色，使得形体为心灵所化，成为表现心灵的媒介，这样就是立其大了。形体为心灵所化，保证了自我成为一个道德的主体，从而为将“义”推广到他人那里奠定了坚实的基础。另外一种关系是，心性限制了肉体需求获得的范围、度量，划定了界限，这个界限就是不让心灵受到伤害，违背了心灵的“恻隐”、“不忍”和“羞恶”的准则。孟子在这种思考的基础上，展开了一种“义利之辨”。

“取”和“与”都涉及他人，这样义利的展开必然关涉人伦。“仁之于父子也，义之于君臣也，礼之于宾主也，知之于贤者也，圣人之于天道也，命也；有性焉，君子不谓命也。’”（《孟子·尽心下》）仁义礼智和父子、君臣、宾主的关系既是“命”的关系，又是“性”的关系，是人之必然和应当导出的对象性规定。这样一来，孟子就建立了道德法则和道德法则在欲求能力的基础上对“必然”和应然是善的对象的内容的规定。善性为人所具备，相应的伦理关系都是善性之人的关系，自然不存在善性不能实现的道理。对于“义”和君臣的关系，孟子用了两个范畴来说明，一个是“命”，一个是“性”。单纯从字面上来看，可以尝试从如下角度来说明。

如果从个体的角度看，君也是人，君自然也有自己的羞恶之心，臣也有自己的羞恶之心，这是从君臣自身的“性”的角度来看的。从这一角度来看，君主和臣子自身都可以通过追求义而起到典范的作用。“君义，莫不义。”（《孟子·离娄上》）从性的角度来看人伦，人与人是“怀仁义以相接”（孟子·告子下）。人与人都可以追求成为圣人，这是平等的关系。人人都有羞恶之心，这就会引申出尊敬善人的人伦秩序，也就是尊贤。

从性和心的角度来看人伦关系与从身的角度来看人伦关系是有很大的不同的。从身的角度来看人伦关系，人伦关系更多地表现为一种时间的先后关系，表现为社会角色和社会地位的差异。从“以德”和“以位”的角度来看人伦关系，会有差异。从“以德”来看人伦关系强调其是靠人的善心来调节的关系，这是“义之于君臣”“命也，有性焉，君子不谓命也”(《孟子·尽心下》)。但是孟子并不否认君臣之间的“命”和“位”的关系。一个贤能的人未必能成为“君”而可能居于“臣”位，这是符合天命的。对于人的尊敬包括两个理由，一个理由是每个地位的人都有“四端”，另一个理由是人有地位和年龄的差异。“其心曰，‘是何足与言仁义也’云尔，则不敬莫大乎是。”(《孟子·公孙丑下》)在孟子看来，承认人具有向善的能力才是对人最大的尊敬。对君主的敬重，既是因为从人伦势位上来说，君是君主，民是民，所以民当敬君，又因为从仁义之心来说，君主和民众都有仁义之心，民也应当敬君。

自然的时间链条导致了人有年长和年幼之别，“义”承认这种关系。“敬长，义也。”(《孟子·尽心上》)当义心统率了形体而后，下面面临的问题便是人伦关系了。羞恶之心进入人伦领域则转为一种肯定，即尊敬。孝之义就在于子女是由父母所生。悌之义就在于兄长弟幼。“义之实，从兄是也。”(《孟子·离娄上》)

义也不全然是以考虑羞恶之心来确定的，也包括对现实的人伦理秩序的区分所形成的君臣的义务和责任关系。“不见诸侯何义？”孟子的回答是：“古者不为臣不见。”(《孟子·滕文公下》)这是从“位”的角度来看的君臣之“义”。君周济外来的士人，士人接受君主的周济，这是符合义的。馈赠则不被接受，因为这是君主的角色所要求的。士人不见诸侯是从性善的角度来看君主和士人的关系的，士人为教化者，君主自然成了学习者。“往役，义也；往见，不义也。”(《孟子·万章下》)士人可以履行臣民的义务，这是从居臣之位的角度来看的。孟子还根据大体和小体的区分，引申出劳心和劳力者之间的关系秩序。“劳心者治人，劳力者治于人；治于人者食人，治人者食于人。天下之通义也。”(《孟子·滕文公上》)

从性善的角度来看人伦关系和从社会角色的角度来看人伦关系是不同的，如果二者发生矛盾的时候，当然以性善的原则为行动的指南。汤放桀不是“臣弑其君”，“贼义者谓之‘残’”(《孟子·梁惠王下》)。“无礼义，则上下乱。”(孟子·尽心下)上下之间符合义的秩序包含两个方面，这两个方面也是可以统一在一起的。“天与贤，则与贤；天与子，则与子。”(《孟子·万章上》)“唐虞禅，夏后殷周继，其义一也。”(《孟子·万章上》)父子关系是一种人伦关系，贤人关系则是从性善的角度来看的人伦关系，二者有统一的“义”，都不脱离“天”和“命”。

义所展开的人伦秩序总体上是敬长的，但是这个“长”也会因为具体情境的不同而有所变化。比如一般情况下应该“敬兄”，但是当乡人主祭的时候，则应该敬乡人。因为这个时候乡人由于主祭的关系而成为天的代表，成为一种“长”。

义路的展开要求人按照性和心的要求看待人伦关系，同时也要承认身体所占据的人伦角色所产生的人伦关系。孟子以此勾画了符合义的要求的人伦秩序。但是义路的终点并不局限于人伦。在浩然之气的讨论中，孟子表达了浩然之气“塞于天地之间”的看法。这种浩然之气是“配义与道”的，是“集义所生者，非义袭而取之也”(《孟子·公孙丑上》)。义通过生出的浩然之气，构成了人成为天民的条件，从而通向了获得天爵的道路。“王亦曰仁义而已矣，何必曰利？”(《孟子·梁惠王上》)这样当义利冲突的时候，就有了充分的放弃利的理由。“利”顶多属于人爵的范围，天爵和人爵相比，获得天爵显然更为重要。当二者不能兼顾的时候，如何取舍自然很清楚了。“孟子曰：‘有天爵者，有人爵者。仁义忠信，乐善不倦，此天爵也；公卿大夫， 此人爵也。古之人修其天爵，而人爵从之。今之人修其天爵，以要人爵；既得人 爵，而弃其天爵，则惑之甚者也，终亦必亡而已矣。”(《孟子·告子上》)孟子通过对天爵的肯定，最终把义路又归结到“性”“心”上来。

当义路得以完成的时候，就是圣人成就之时。“非义之义，大人弗为。”(《孟子·离娄下》)人走在义的路上，从心发端，身为心化，并以尊敬之心建构人伦秩序，最终上达天命，人就成了自己生命的主人。“无礼、无义，人役也。”(《孟子·公孙丑上》)人役，显然人没有了主体的尊严和自由，而有礼义的时候，人就获得了尊严和自由。当然，人为了实现这种自由，需要有一定的取舍，尤其是对义和利的取舍。

第四节　养生指南

生命的成长是一个过程，这个过程需要一定滋养。大体和小体的区分对应的是大体和小体都需要养，尤其是大体需要养。除了养身以外，更要养心。“故苟得其养，无物不长；苟失其养，无物不消。孔子曰：‘操则存，舍则亡；出入无时，莫知其乡。’惟心之谓与？”(《孟子·告子上》)孟子所说的“长”和“消”不只是表面的生命的生长，而更多的是在生命的大旅途中的进化和蜕化。

孟子并不反对养小体，在心性论的层面上当然养大体更重要，但是从仁政的层面上，则养小体更具有基础性。后稷教人民各种农事，种植五谷；五谷成熟了，人民才得以养育。小体有不同的层面，自然也要肯定分工，肯定那些具有养小体特殊才华的人。但是养小体，需要有界限，就是不能以小害大。养小体的善恶问题在于“取”。“饮食之人，则人贱之矣，为其养小以失大也。”(《孟子·告子上》)孟子提出的养小体的方法包括如下主要内容。

其一，加法：以大养小。“先立乎其大者，则其小者不能夺也。”(《孟子·告子上》)大人不是没有小体的需要，只是大体主宰了小体而已。发展人的善性的秘诀就是先立其大。

其二，减法：寡欲。“养心莫善于寡欲。”(《孟子·尽心下》)养心，需要一定的减法，减少小体的欲望。如果说，增加和强化大体的力量是加法的话，那么减少小体的欲望就是减法。加法要做，减法也要做。

其三，忘法：好善忘势。“说大人，则藐之，勿视其巍巍然。”（《孟子·尽心下》）在加减之间，只有“忘势”，才能增长好善的动能。

其四，推扩之法。推扩之法有几种运用方式。第一种是看到别人做了不好的事情，要提醒自己不要再做同样的不好的事情。这属于大体方面的事情。第二种是自己在追求小体的利益的时候，要想到别人也是需要这些利益的，这个时候，自己就不会因为自己的利益追求而去损害别人的利益。第三种是既然每个人有相同的小体需求，那么每个人也应该同样具有大体的需求，可以从小体中体味大体的需求。三种推扩之法的有效利用，都是建立在心灵的理性能力和德性的自觉基础上的。

其五，忧患觉法。对于小体之养，之所以会过度，就在于本身处在忧患中而无自觉。“孟子曰：人之有德慧术知者，恒存乎疢疾。独孤臣孽子，其操心也危，其虑患也深，故达。”（《孟子·尽心上》）小体的磨难的价值就在于生发大体的智慧。利益导致的心志之苦、筋骨之劳是焕发德性力量的机缘。

其六，辩法。小体的修养也需要懂得运用辩证的方法，就是相关的利益具有相对性和不完美的一面。“有不虞之誉，有求全之毁。”（《孟子·离娄上》）对于毁誉成败要有人性的自觉。

其七，践形法。“形色，天性也；惟圣人然后可以践形。”（《孟子·尽心上》）人的身体是“形色”，这也是天生的，也是人的天性的一个部分。但是圣人和一般人的不同之处在于，圣人可以用心灵支配身体，并且把健康的心灵的力量浸润到身体之中，使得身体成为仁义之心的工具。当“四体不言而喻”（《孟子·尽心上》）的时候，意味着实现了身心完全的善。

其八，观法。修养好小体，还需要学会观法，“观法”就是要“以面知心”，通过小体来把握大体修养所达到的境界。“存乎人者，莫良于眸子，眸子不能掩其恶。胸中正，则眸子了焉；胸中不正，则眸子眊焉。听其言也，观其眸子，人焉瘦哉？”（《孟子·离娄上》）

孟子更为重视养大体。在孟子看来，快乐的根源在于把握自己内在完善的自我。把握了内在完善的自我，人就会感到充分的满足，感到有所得，这样就有了安全感和家园感。这样人就安居在仁之中，走在义的道路上。孟子没有那种超越式的形而上思想，形而上家园的问题就是安居在仁之中的问题。当心灵为纯粹的恻隐之心和“不忍人之心”充满的时候，人也就获得了安居，这种安居既是形而下的，同时也是形而上的。仁是人的安宅，义是人的正路。这样一来，所谓的养大体的问题就是选择正路和修正路的问题，就是安居于恻隐之心的问题。养大体的实质不过是让生命自身的善的力量得以成长并主宰整个生命的方向。在孟子看来，人和禽兽的不同之处，就在于人有仁义之心，人的行为是在仁义之心的指导下完成的。人的仁义之心不依赖于学习，不依赖于思虑，因而属于良知和良心的范畴，让这个善性自然成长，其结果就是人伦的秩序。

其一，求放心。因为孟子把善的力量看成是生命本有的力量，自然养心的前提是不放失这个本有的力量。“孟子曰：‘仁，人心也；义，人路也。舍其路而弗由，放其心而不知求，哀哉！人有鸡犬放，则知求之；有放心而不知求。学问之道无他，求其放心而已矣。’”（《孟子 · 告子上》）

其二，不害心。人向善的力量的成长的秘诀就是不伤害它。“人心亦皆有害。人能无以饥渴之害为心害，则不及人不为忧矣。”（《孟子 · 尽心上》）如果只是关心小体之养，而不关注大体之养，那么就还没有达到人的本质，没有成为全面的人，还是一个不如别人的人。相反，一个人如果关心心灵受到的伤害，努力求得心灵的满足，那么，这个人一定会取得人的全面的本质，并超过他人，成为君子或者圣人。

其三，尚志。“何谓尚志？曰：仁义而已矣。”（《孟子 · 尽心上》）专心于仁义就是尚志。为什么专心于仁义就是尚志呢？仁义本身会规范生命的方向，这个方向就是生命自己的志向。

其四，熟之。“夫仁，亦在乎熟之而已矣。”（《孟子 · 告子上》）养大体不过是让生命本有的向善的力量成熟而已。

第五节　仁 政 精 义

仁政是仁心的落实，仁心是仁政的前提。孟子的仁政思想属于“法”的范畴。“徒善不足以为政，徒法不能以自行。”（《孟子 · 离娄上》）孟子说的“法”不是法制意义上的法，而是法度意义上的法。仁政属于规矩，有了这个规矩就使得仁拓展到天下，不仅使得人有仁心，而且还使得仁心通过经验性的规则让天下人受益。“圣人既竭目力焉，继之以规矩准绳，以为方员平直，不可胜用也；既竭耳力焉，继之以六律正五音，不可胜用也；既竭心思焉，继之以不忍人之政而仁覆天下矣。”（《孟子 · 离娄上》）孟子所理解的规矩和墨子有很大的不同，墨子不强调不同的阶层应该有不同的规矩，而是强调都要有一个统一的规矩和尺度，也就是“兼爱”。孟子的“仁爱”和墨子的“兼爱”都崇尚“规矩”，但对规矩的理解不同。

仁政的规矩要回答的是群体善的实现的问题。“善政不如善教之得民也。善政，民畏之；善教，民爱之。善政得民财，善教得民心。”（《孟子 · 尽心上》）仁政并不是善政，而是善教。善教是养人而不是服人，是让人心服。“以善养人，然后能服天下。”（《孟子 · 离娄下》）天下心服，就能够王天下。仁政等于是孟子给当时社会提供的规矩。“梓匠轮舆，能与人规矩，不能使人巧。”（《孟子 · 尽心下》）这个规矩不应该随便改变。“大匠不为拙工改废绳墨。”（《孟子 · 尽心上》）

其一，天下、国、家、身的大规矩。“天下之本在国，国之本在家，家之本在身。”（《孟子 · 离娄上》）孟子认为守身为大，事亲是事之本。孟子把圣人看成是人中出类拔萃的人，守身的终极目标是成为圣人。这样就立下了一个大规矩，天下、国、家的价值在于成人，即成为圣贤。之所以要讲仁政，就是因为爱是有先后轻重缓急之分的。孟子坚持爱心是一个“一本”说。“且天之生物也，使之一本，而夷子二本故也。”(《孟子·滕文公上》)孟子反对从心灵的对象的角度考虑问题，即把爱分成了两个不同的爱。在孟子看来，爱他人和爱父母虽是两个不同的对象，但都是一个“恻隐之心”，而不是两个不同的爱，只有把注意力关注于这一个“恻隐之心”，才算回到了本源。对他人的爱和对自己父母的爱是一个爱，就是“恻隐之心”。“一本”就是同一个“恻隐之心”。“一本”被孟子当成了保持群己关系最为深刻的基础。把这个爱心落实到所有人那里，就是“推”。“故推恩足以保四海，不推恩无以保妻子。古之人所以大过人者，无他焉，善推其所为而已矣。”(《孟子·梁惠王上》)爱心落实的过程是一个形而下的过程，在这一过程中会有“急先务”和“急亲贤”的问题，在此基础上才能谈得上“遍爱人”(《孟子·尽心上》)。君子亲亲，然后仁民而爱物。

其二，不杀人的规矩。孟子和梁惠王对话的时候，提出“不嗜杀人者能一之”(《孟子·梁惠王上》)的看法。孟子说的“杀人”是广义的，是制度对人的伤害，是贫富不均导致的对民众的伤害。从孟子的论述来看，包括如下内容：富贵人家的猪狗吃着人吃的粮食，却不知道制止；道路上有被饿死的尸体，却不知道开仓赈济。对自然和人为的责任的混淆是要坚决制止的。人被饿死了，却说这不是当权者的责任，这属于为政杀人的范畴。不能把自己的责任推卸到自己使用的工具上面。比如把人刺死了，却说不是人杀的，而是兵器杀的，这是不可以的。而孟子也举了一个例子来说明。比如当权者占有了很多的财富，厨房里有肥嫩的肉，马棚里有壮实的马，可是老百姓却面带饥色，更甚者野外还有被饿死的尸体。表面上看，当权者并没有杀人，但却是间接地杀人。“以佚道使民，虽劳不怨。以生道杀民，虽死不怨杀者。”(《孟子·尽心上》)仁政主张不伤害的原则，这个不伤害的原则包含身心两面。其中根本的是心灵的原则，在遵守了心灵的原则的情况下，肉体方面反倒允许一定的“杀”。

其三，治本的规矩。仁政不是行小恩小惠，而是要在宏观方面管理好社会事务。“子产听郑国之政，以其乘舆济人于溱洧。孟子曰：‘惠而不知为政。岁十一月，徒杠成；十二月，舆梁成，民未病涉也。君子平其政，行辟人可也；焉得人人而济之？故为政者，每人而悦之，日亦不足矣。’”(《孟子·离娄下》)孟子区分了“惠”和“政”。“惠”是有限的救济，是对个别的帮助，并不能使民众获得长久、稳定的生活来源；“政”则是宏观的政策，是面向大众的带有长期性的解决方案。仁政讲究预见性，把困难提前解决。仁政依赖既定的程序和秩序来实现大多数人的善。

其四，顺逆的规矩。仁政讲究区分顺逆，不管是势方面的，还是德方面的，都包含一定的顺逆关系。“顺天者存，逆天者亡。”(《孟子·离娄上》)

顺逆问题包含很多具体的内容，一个是顺势。这个势包括受命于强大的国家，也包括不得罪于“巨室”。“为政不难，不得罪于巨室。”(《孟子·离娄上》)“巨室”就是有道德传统，道德根基深厚，道德影响力大的“贵族”，其道德可以在经济或者地位的支持下，获得更大的影响力。所以，对“巨室”的追求，很容易就成了天下人的追求。这样一来，德教就可以普遍地实现了。顺势也包括敬老。尊重老人，重视老年保障工作也是仁政的要求。尊重老人会起到极好的示范作用。比如文王就是如此。

另外一个是顺善。仁政要求遵守先王之道。“为政不因先王之道，可谓智乎？”(《孟子·离娄上》)孟子认为，高和下是相对的，并且高和下都是有原因的，都要有所凭借。为政最好的凭借就是先王之道。顺善也要求仁者在高位。“不仁而在高位，是播其恶于众也。”(《孟子·离娄上》)仁政要求仁者在较高的地位上。如果不仁的人在高位上面，就会起到不好的示范作用，从而扩大恶的传播和影响力。

顺善和顺势是有矛盾的，根本上还是要用顺善来约束顺势，这样就有了仁政顺逆的另外一个要求，即贵民正君。顺君其实是顺善而不是顺势，换句话说就是要把势变成善势。这个就是“不狎于不顺”(《孟子·尽心上》)。伊尹顺善，所以把太甲放逐到桐邑，百姓非常高兴，后来太甲变好了，又让太甲回来作君主，百姓也非常高兴。孟子主张有伊尹的志向就可以放逐其君，否则就是篡，二者的区别在于为善还是为势的问题。因为是顺善，自然也就要求顺有善之势。这就有了通过正君来正天下的仁政的实现路径。顺善的价值内容和支点是民。“民为贵，社稷次之，君为轻。”(《孟子·尽心下》)

其五，同乐的规矩。这个规矩要求乐以天下，忧以天下。“乐民之乐者，民亦乐其乐；忧民之忧者，民亦忧其忧。”(《孟子·梁惠王下》)

其六，差别原则。孟子认为事物是不齐的，“比而同之，是乱天下也”(《孟子·滕文公上》)。做工粗糙的鞋与做工精细的鞋同一个价钱，人们就不愿意做做工精细的鞋了。一个人的欲求需要通过很多人生产产品来满足，因而需要分工。分工的差别包括劳心和劳力的差别，包括农、工、商之间的差别。圣君良臣要做他们自己的事，例如对重大的自然灾害进行有效的管理，对农业生产进行技术指导和必要的管理，帮助人民群众提高道德水平，发现和培养人才等工作。庶人不见诸侯，只是在履行国家的职责而不和诸侯发展私人关系。士子也不去诣见诸侯。“天子适诸侯曰巡狩。”(《孟子·告子下》)天子到诸侯那里去叫作巡狩，那么巡狩的真实意义是什么呢？是让民众得到休息，对需要生产资料的人提供生产资料，对需要生活保障的人提供生活保障。也包括掌握奖赏的权力和尺度，发布命令，讨伐诸侯的罪行，给诸侯做出榜样。每个社会阶层尽管有差别原则，但是在居自位成圣贤这一点上是一样的。“一者何也？曰，仁也。君子亦仁而已矣，何必同？”(《孟子·告子下》)孟子更看重目标相同的重要性。

其七，角色原则。孟子的仁政思想非常重视角色原则。比如贤人和君主就有三种角色关系，其中有可以转换位置的情况。“子思之不悦也，岂不曰：‘以位，则子，君也；我，臣也；何敢与君友也？以德，则子事我者也，奚可以与我友？’”(《孟子·万章下》) 这三种关系是师生关系、君臣关系和朋友关系。具体来说，即学生和老师的关系，“师之”(《孟子·万章下》)；领导和被领导的关系，“事我者”(《孟子·万章下》)；朋友关系，“友之”(《孟子·万章下》)。在孟子看来，首选应该是师生关系，然后是君臣关系，给予一定的职位，最后是朋友关系。三者看起来是矛盾的，实际上道理又都是一样的，那就是在一定的社会角色的基础上，贤人和君主的关系有人性的基础，而不能被当作工具来用。

第六节　成人境界

孟子“身”的概念侧重于谈人和“天下”“国”“家”的关系，并侧重于人的个体性、个别性和特殊性。“人”这个词语则是侧重于描述和禽兽的关系。由于人是一个普遍性的指称人类的概念，所以经常需要在人的前面加上一定的限定语来表示人的某种特殊性，如寡人、国人、齐人、狄人、贤人、宋人、千万人、非人、弓人、匠人、圣人、庶人、大人、小人、野人等。这些限定语有的是对国家、朝代、地区的限定，有的是对道德素质的限定，或者是对职业的限定。孟子专门谈论了“人”的问题，说明他已经有了非常明确的对人的自觉认识。

孟子讲人，有一些基本的逻辑区分。孟子讲从大体是大人，从小体是小人，这种区分与身心有关，被肉体原则主宰的人是小人，被精神原则主宰的人是大人。

孟子和告子关于人的辩论涉及把握人的思维方式问题，其中涉及是把人等同于物的物化思维，还是人是自由的主体的人本思维的问题。孟子反对把人比喻成杞柳杯棬，既包含对物化思维的抵触，也包括对把握人的对象性思维的拒绝。其中的价值取向是把人看成是价值之本而不是价值工具。

孟子发展了关于人的类的观念。他把人看成是同类，同类之间具有相似性。“故凡同类者，举相似也，何独至于人而疑之？圣人，与我同类者。”(《孟子·告子上》) 孟子对人的认识涉及身心两个层面，只有具备这两个层面的相应的素质，尤其是心灵求善的素质，才能叫做知类。“指不若人，则知恶之；心不若人，则不知恶，此之谓不知类也。”(《孟子·告子上》) 中国哲学讲人的本质，不是抽象的讲法，而是具体的讲法。所谓的知类，还是分成了大体和小体。仅仅关心肉体不算是把握了人的本质，只有把握了人的心灵才算是把握了人的本质。

孟子除了关心现实的个人以外，更关心的是意义性的人，孟子的道德理想是通过圣人、大人、贤人、君子、大丈夫这些概念表现出来的。孟子讲这些意义性的人的概念都可以从心性、人伦和天三个维度来把握。

关于众人，孟子说："行之而不著焉，习矣而不察焉，终身由之而不知其道者，众也。"(《孟子·尽心上》) 众人有哪些特征呢？其一，走在别人修好的道路上的人，不能把那条大道像衣服一样穿在身上，不能做到自己就是道，在自己的身上道没有得到显现，自然别人也无法在众人身上觉察到道的表现，然后引导别人去行走。

其二，众人遵从社会习俗，缺乏对社会习俗的反思。众人对于走在现成的道上这件事情已经习惯了，所以不会去探讨道本身的问题。

其三，一辈子走这条道，却不知道那是条什么道。众人就是不自觉地走在仁义之道上的人，长久地走在仁义之道上，并且可能坚持一生，但是他们对仁义之道没有自觉的认识，也就不能主动地为这条道增加内容。

孟子有很多关于君子的论述，最经典的是："夫君子所过者化，所存者神，上下与天地同流，岂曰小补之哉？"(《孟子·尽心上》) 君子的特征可以概括为如下三个方面。

其一，所存者神。这里"所存"的内容是指："以仁存心，以礼存心。"君子的心灵状态与一般人不同，君子的心灵完全为仁和礼之心所充满。君子之所以不同于一般人，是因为他的心不同。君子的心比较单一，仁在内心深处，礼在内心深处，左右了心灵的一切生活，使得自己成为一个"仁者""有礼者"。

其二，所过者化。君子在对待他人方面，表现为"爱人"和"敬人"的特点。君子在社会关系方面追求的最高境界是"人恒爱之""人恒敬之"。君子和他人的关系超过了一般的恩怨关系，达到化怨的境界。君子对他人有利益，但是别人不会感到受到某种约束，感到需要报答。君子可以自然而然地使别人变善。君子走到哪里，哪里就有积极的变化。君子善与人同，与人为善。对君子来说，父母都健在，兄弟没病没灾，这是第一件快乐的事，君子是重视亲情的。君子是充分地把人的本性体现出来了的。抬头无愧于天，把天赋善性发挥到了极限，并做到了正命；低头无愧于人，把人性发挥得淋漓尽致，做到了"尽人极"，这是第二件快乐的事。君子的理想得以被天下的优秀人才传承下来，这是第三件快乐的事。

其三，上下与天地同流。君子的定位和价值不仅仅是相对于社会体现出来的，重要的是有天地的价值，其行为符合天地的运行规律。

关于大丈夫，孟子的经典论述是："居天下之广居，立天下之正位，行天下之大道；得志，与民由之；不得志，独行其道。富贵不能淫，贫贱不能移，威武不能屈，此之谓大丈夫。"(《孟子·滕文公下》) 大丈夫的视野是宽阔的，生命的尺度比较大。从物质层面上讲，大丈夫不着眼于眼前的小家庭、小单位，而着眼于世界、宇宙；从心灵层面上讲，大丈夫更着眼于心灵的无限性。大丈夫居住在心灵的世界里面，所以可以在天下取得正位，可以行天下的大道。在志向能够实现的时候，启迪民众一起走在这条道路之上；在条件不允许的时候，则自己守护这条道路。大丈夫为了实现自己的理想和志向可以不受社会化的东西的制约，比如经济和社会地位，即经济上的富、社会地位上的贵，甚至强权的威武都不能让大丈夫放弃自己的理想和仁义之路。

孟子把实现了大体原则的人称为大人。“非礼之礼，非义之义，大人弗为。”（《孟子·离娄下》）只有建立在“大体”基础上的“礼”才是真正的礼，大人是能够知道“礼”和“义”的实质内容的人。“居仁由义，大人之事备矣。”（《孟子·尽心上》）大人把全部的身心安置在“仁”中，所有的行为都在“义”中。做到了这一点就是大人。“孟子曰：‘大人者，不失其赤子之心者也。’”（《孟子·离娄下》）因为安居在仁义之中，大人是拥有赤子之心的人。“大人者，言不必信，行不必果，惟义所在。”（《孟子·离娄下》）大人因为拥有赤子之心，所有的言行都已经在仁义之中了，所以言行的结果和功效问题就变得次要了。仁义之心足以保证言行的道义性。而从“信”和“果”来评价言行难免陷入简单，陷入机械的功利主义的评价尺度。“有大人者，正己而物正者也。”（《孟子·尽心上》）不能从结果的角度来衡量大人，但这不意味着大人不能够产生善良的结果。大人产生的功效是人性化的，是能够“正己”，而且能够“正物”的。

孟子认为圣人是百世之师。圣人也有不同的表现，有清高的人、有责任感的人、随和的人、能够适应时代的变化而体现时代精神的人。孔子是圣人中重时势的人，可以说是集大成的。“集大成也者，金声而玉振之也。金声也者，始条理也；玉振之也者，终条理也。始条理者，智之事也；终条理者，圣之事也。智，譬则巧也；圣，譬则力也。”（《孟子·万章下》）“始条理”“譬则巧”等表达的意思围绕着“智”而展开。有智慧，心灵内部是有条理的，思想是清晰的、光明的。圣人有方向感，知道自己该做什么，能够随时准确地确定自己的行为目标，懂得用怎样的方法达到目标。“终条理”围绕着“德”而展开，能够通过德化的力量使世界变得有秩序、有条理。圣人的善言善行具有巨大的吸引力。孟子没有使用“天理”这样的概念，但“天理”的概念可以认为是对孟子思想的合理引申。是非之心属于智的范畴，是非本身就意味着条理。圣人内心对是非具有准确的判断，这种判断来自天性，可以称为“天理”。“终条理”则是能够把是非之心落实到人伦生活之中。“圣人，人伦之至也。”（《孟子·离娄上》）圣人可以在不同的情况下扮演好不同的角色，并总能实现善。

圣人可以说是“人极”。圣人并不是说把人的类本性实现出来了而已。“人皆可以为尧舜。”（《孟子·告子下》）人人都可以为尧舜是什么意思？曹交从人的身体方面提出论据，指出文王和汤与自己的身高并不相同，自然体力不一样，饭量也不一样，怎么人人都可以学习尧舜，并成为尧舜呢？孟子是在回答这个问题的时候表达了自己关于这个问题的一系列的观点。

其一，所谓的“人皆可以为尧舜”中“可以为”指的是根据自己的能力去为，并不是要一个能举一百斤重的人去举一千斤。

其二，在每个人的能力范畴之内的最主要的事情是孝悌之道。就像一个人要走在长者的后面一样，这没有什么困难。这是在每个人的能力范围之内的事情。

其三，人要对善有一个自我承担的精神，认识自己的伟大之处，不要总想着自己是渺小的。如果认识到了自己本性的高贵，再在有形的方面，在言行中表现出来，那不就是成为尧舜了吗？

其四，道是大路，每个人只要去求索，就不难领会。在孟子心目中，圣人具有强烈的求善的欲求，听到善言善行，就会去做。

第七章　荀子的群道学

荀子（约公元前 298？—前 238？），名况，字卿，战国末赵国（今山西）人。他曾在齐国的文化中心稷下讲学，齐襄王的时候三次担任学宫领袖“祭酒”。后离齐去楚，约公元前 255 年任楚国兰陵的地方官。他曾到过秦国，对秦国在政治、经济、军事方面取得的成就大加赞扬。约公元前 238 年，荀子被免官，从此废居兰陵，直到去世。唐代杨倞在西汉刘向《孙卿新书》的基础上重排篇次，新编目录，分为二十卷，名为《荀卿子》。光绪年间，王先谦撰《荀子集解》。[①]关于荀子的哲学，传统的解读多注重天人相分、性恶论、虚一而静以及隆礼重法等思想。这些的确是荀子思想的主要内容，但这些思想的整体性却不是很明确。这里，从人道学的角度阐发荀子的哲学。天人相分说明了人道和天地之道的不同，而“群”和“礼”则说明了人道和动物之道的区别，圣人和礼说明了人道的极致，君道说明了人道的开端和“本”，国道说明了人道的普遍性问题。关于荀子的基本精神和心思形态，笔者认为主要是对普遍性的寻求。荀子哲学总体上来说是人道哲学，其重点在于阐发人道而不是天道，而且是着眼于阐发群体的道路。荀子的思想充满了对普遍精神的寻求。荀子哲学的核心逻辑是天人相分，天人相分贯穿了整个思想过程。

第一节　天的普遍性

关于荀子的“天”，人们常常探究其究竟是自然之天，还是道德或者命运之天。这种探究是一种分解的方法。如果用综合的方法来看，荀子的天是普遍的天。如果强调荀子的天是自然之天，自然就产生了理解荀子的困难。既然天是自然的，那么天就无法成为道德的根据，这样就会认为荀子缺乏超越的精神。加上荀子强调心的认知功能，心无法成为道德的主体，这样又会存在道德主体性没有落实的问题。上述看法反映了荀子哲学的一个侧面，但这些看法脱离了其哲学的整体性。

荀子强调：“故天者，高之极也；地者，下之极也；无穷者，广之极也；圣人者，人道之极也。”（《荀子・礼论》）荀子还说：“礼者，人道之极也。”（《荀子・礼论》）天地在荀子哲学中到底起什么作用呢？起到论证人道的最高根据的作用。

《荀子・天论》说：“天行有常，不为尧存，不为桀亡。”天不是为了某个个体和具体事物而存在的，这里确认了天的普遍性。普遍性是和客观性与超越性关联在一起的。以往的解读多以这句话来说明荀子哲学的客观性或者超越性，而进一步解释

① 方勇、李波译注：《荀子》，中华书局，2011 年。

为普遍性更能和荀子哲学的整体思考相契合。这里讲的“常”是什么意思呢？“天不言而人推其高焉，地不言而人推厚焉，四时不言而百姓期焉。夫此有常，以至其诚者也。”(《荀子·不苟》)“常”是从天人关系角度来论证的。天、地和四时“不言”，对人保持了“高”、“厚”和“期”的地位。天的普遍性体现在与人和万物的关系之中，人和万物对天的期待，天对人和万物的超越性使得天居于一种普遍性的地位上。

荀子对天的普遍性的强调，在《荀子·天论》的末尾有清晰的表达：“万物为道一偏，一物为万物一偏，愚者为一物一偏，而自以为知道，无知也。”道拥有最高的普遍性，在荀子看来，老子、墨子、宋子对于普遍性的道路的理解都有着这样或者那样的偏差。

荀子的天论是人道论的必要组成部分。天的普遍性起到了对人道的限制作用。人无论如何都不会取得与天一样的普遍性的地位，为此必须确立天人相分的原则。“故明于天人之分，则可谓至人矣。”(《荀子·天论》)荀子重视人的价值，肯定人的特殊地位，但是这种肯定是第二位的原则，人的地位无论如何也无法动摇天的地位，无法取得天的全部功能。“唯圣人为不求知天。”(《荀子·天论》)天有超越于人的一面，天不会因为人而改变自身，天有天的常道。

荀子讲天，是为了确立人道的原则。天比人具有更高的普遍性，这体现在天的功能上面，体现在天的职责上面。天职和天功的概念，本身就是从人职和人功的角度引申出来的。荀子的天职概念是从人为和人有要求的角度来定义的，与人为和人有要求才能成就事情相反，“不为而成，不求而得，夫是之谓天职”(《荀子·天论》)。天的常道就表现为天功。“皆知其所以成，莫知其无形，夫是之谓天。”(《荀子·天论》)天具有无形的一面，这种无形的一面是超越于人的认知之外的。人可以知道的是天生成了具体的事物。荀子对天职和天功的界定包含着对人道的一种界定。其核心是“成”，即创造、生成或者成就。天的创生性与人不同，人的行为是由欲求来发动的，而天的行为不是由欲求来发动的。这是天职和人职的不同。荀子的天职和天功说里面蕴含了一种思想层次划分，即实践和认知的区分。天职的概念更多的是侧重于欲求以及相应的实践问题，而天功的概念更侧重于认知。从认知的角度来说，天的普遍性和超越性恰好在于其具有不可知的一面，即无形的一面；天也有可以知的一面，即其生成了万物的一面。天无形的一面和不为而成的一面合起来就是“神”。荀子也强调圣人通于神明，不过他讲的“神”是天职和天功。“列星随旋，日月递炤，四时代御，阴阳大化，风雨博施，万物各得其和以生，各得其养以成，不见其事，而见其功，夫是之谓神。”(《荀子·天论》)

荀子关于天的论述本身已经是在天人语境中论述的，其中已经包含了一定的观念预设，即对人和天的观念预设。荀子限制了人的普遍性，也就限制了人的地位，这在先秦来说，是一个很特别的思想。但人的地位依然是很高的，人道的极致依然是一个普遍性的原则。这一普遍性的原则是取法于天的。荀子也讲诚，讲养心，讲守仁，讲行义。“诚心守仁则形，形则神，神则能化矣；诚心行义则理，理则明，明则能变矣。变化代兴，谓之天德。”（《荀子·不苟》）人道的极致就是天德，人发挥一种类似天职和天功的作用。当人发挥类似天的功能的时候，人就是走在大道上面的。“君子至德，嘿然而喻，未施而亲，不怒而威。”（《荀子·不苟》）也就是说人发挥类似于天的功能的时候，就达到了人道的最高的普遍性。这个时候，人不需要作于心、见于色、出于言，民众就会服从，从而能够化万民，父子有亲，君上有尊。这是政事的根本。治理被荀子理解为诉诸和实现一种普遍性，使“千人万人之情”变成“一人之情”，“治海内之众，若使一人”（《荀子·不苟》）。

荀子天人相分的逻辑不影响天依然是人道的最高根据，原因就在于不管是论述天，还是论述人，都有前置的天人相分的观念预设。可以说天人相分是荀子哲学思想背后的深层逻辑预设。荀子论述人，也是坚持了天人相分的原则的。人自身也是有天的一面，有人的一面的。人有形体，有精神，然后有好恶喜怒哀乐，这个叫做天情。耳、目、鼻、口、形与万物相连接各有不同的功能，这是天官。“心居中虚以治五官，夫是之谓天君。财非其类，以养其类，夫是之谓天养。顺其类者谓之福，逆其类者谓之祸，夫是之谓天政。”（《荀子·天论》）心治理五官既然是天君，那么这显然就属于人所拥有的天的功能。人为的问题不过是清天君、正天官、备天养、顺天政、养天情、全天功的问题。这是“所为”的内容。人所不当为的是暗天君、乱天官、弃天养、逆天政、背天情、丧天功。荀子力求澄清人的行为的界限，让人知道哪些是“所为”，哪些是“所不为”的。荀子所说的“所为”中包含了人所禀赋的天性作为的意思在内。人的天性作为是天德，能够这样做就叫做守道。让人的天性作为在逻辑地位上高于认识天，这是不与天争职的一个方面的表现。人不需要有过多的思虑、考察、作为让人自己的天发挥作用。人不与天争职还有一个方面的表现就是让自然界的天职、天功发挥作用。这样就有一个如何界定人和自然的关系的问题。“官人守天而自为守道也。”（《荀子·天论》）让别人守天，尤其是认识天，而自己则要让天功发挥作用，这是君子的“常体”（《荀子·天论》）。

人对自然界的认识和对自然界的改造被荀子限定在天地的生成物方面。“官人守天”不过是观察天显现的现象，观察对人的生活来说大地显现出的合宜的时间，观察四时的变化，观察阴阳是否和谐，从而决定人该如何作为。面对自然，人的行为被荀子理解为具有一定的二元性才是合理的，位要尊，志却要恭，心要小，不谋求超越感官认识的界限，但是同时道要大，这样就能对感官无法把握的世界有所认知。

荀子已经意识到了自然和历史的区别，日月星辰在不同的时代都是一样的，但在不同的时代治乱却不一样。这说明治乱的根源在于人本身。荀子区分了“敬其在己”和“慕其在天者”，畏天就属于“慕其在天者”（《荀子·天论》）。对于自然界的现象可以从阴阳变化的角度来把握。另外，也可以着眼于天地已经生成的事物，改造这些事物，可以应时，可以化物，可以“理物”。“愿于物之所以生，孰与有物之所以成！故错人而思天，则失万物之情。”（《荀子·天论》）面对自然界，荀子进行了一定的划界，天生万物这个生的功能属于天的功能，人无法把握，但人可以顺着天的功能，在天的生成物上下功夫，把握阴阳变化，可以化物，可以应时。而要做到这一点离不开人道的合理安排。在荀子看来，农事要顺应自然的节令，要修礼义就可以制天命而用。

第二节 天下：一种普遍性的寻求

荀子力求张扬天的普遍性，其着眼点在于天下的普遍性。荀子指责其他学说“不知壹天下”，“不知其统”（《荀子·非十二子》）。荀子的天下一统是一种对普遍性的寻求，其中蕴含了一种对高度有机性社群的寻求。这种有机性保证了人类的群体生活有着一致的道路。

天下的普遍性体现在哪里呢？或者说如何才能保证人类有统一的道路方向呢？荀子既诉诸君、师和先祖，同时也诉诸民。这看起来是矛盾的，其实不然，二者都是从实现天下的统一道路的角度来考虑的。“天之生民，非为君也；天之立君，以为民也。故古者列地建国，非以贵诸侯而已；列官职，差爵禄，非以尊大夫而已。”（《荀子·大略》）民、国、官职、爵禄相对于君、诸侯、大夫而言，具有更高的普遍性。这种普遍性是高于特殊的社会阶层和个体的。民比君具有更高的普遍性，民是天功的产物，其中蕴含着与天功类似的功能。当然，民要实现这样的功能，从而取得普遍性，并因此获得更高的地位，则需要通过学习成为圣人。人群普遍性的实现被荀子理解为是一个历史过程，是一个整体性的过程，这一过程离不开先祖和君、师。“礼有三本：天地者，生之本也；先祖者，类之本也；君师者，治之本也。”（《荀子·礼论》）这个“三本”都关联着人群的统一的道路实现的问题。先祖、君、师虽然也是一些由个体组成的特殊群体，但是这些个体已经融入社会历史之中，其规定性已经不再是单纯的个体规定，而成为具有一定的普遍性的规定，即类的规定性和治道的规定性。

在《荀子·正论》当中，荀子指出：“汤、武非取天下也，修其道，行其义，兴天下之同利，除天下之同害，而天下归之也。桀、纣非去天下也，反禹、汤之德，乱礼义之分，禽兽之行，积其凶，全其恶，而天下去之也。天下归之之谓王，天下去之之谓亡。”王的规定性是有条件的，当天下归于王的时候，个体被赋予了天下的普遍性意义，这才能叫做王。同利、同害，使得个体具有了高度的统一性。君是“天下之合”（《荀子·正论》）。所谓的得天下是有条件的，就是政令是否实行，如果令不行，百姓不接受，不认同，那么其实就不能说得天下。天下是具有高度普遍性的领域，这种普遍性需要通过一定的方式来实现。荀子有“三至”说。“天下者，至重也，非至强莫之能任；至大也，非至辨莫之能分；至众也，非至明莫之能和。此三至者，非圣人莫之能尽，故非圣人莫之能王。圣人备道全美者也，是县天下之权称也。”（《荀子·正论》）天下是众人的集合，这个集合如何才能具有一种有机的整体性呢？显然需要一定的秩序才能形成有机的社会系统。“有擅国，无擅天下，古今一也。”（《荀子·正论》）在荀子看来，这是一个大道理，那些主张禅让的理论就不了解天下的普遍性这一道理。荀子区分了“天下”和“国”。“故可以有夺人国，不可以有夺人天下；可以有窃国，不可以有窃天下也。可以夺之者可以有国，而不可以有天下；窃可以得国，而不可以得天下。是何也？曰：国，小具也，可以小人有也，可以小道得也，可以小力持也；天下者，大具也，不可以小人有也，不可以小道得也，不可以小力持也。国者，小人可以有之，然而未必不亡也；天下者，至大也，非圣人莫之能有也。”（《荀子·正论》）“天下”具有更高的普遍性，这种普遍性的实现需要一定的社会区分、一定的秩序、一定的统一性。与天下相配合的是“道”。这样，荀子的哲学思考就指向了对群体之道的探讨。

第三节　群体道路要义

荀子从不同的角度思考了天下道路的问题。其中的要点包括如下一些方面：其一，人和动物的生命道路的区别在于人有辨，辨是人的类规定性。“水火有气而无生，草木有生而无知，禽兽有知而无义，人有气、有生、有知，亦且有义，故最为天下贵也。”（《荀子·王制》）“人之所以为人者，何已也？曰：以其有辨也。”（《荀子·非相》）人的类规定性不在于形体，而在于辨。“故人道莫不有辨。”（《荀子·非相》）荀子讲辨包括感官的分辨功能，也包括辨别轻重、吉凶、功苦、贵贱、亲疏、同异、美恶。

荀子尽管讲辨，但却没有把辨说理解为人之为人所具有的带有普遍性的类品质。辩说在荀子看来是不得已才使用的。明君不参与辩论，不依靠辩论使得天下拥有统一的道路方向，而是要借助势力、命令、开导和刑罚。“夫民易一以道而不可与共故。”（《荀子·正名》）荀子认为辩论是因为把握不了实情，因为把握不了实情，就用名词概念命名，再不明白就会描绘形容，进一步就变成了解说，最后变成了辩论。荀子也不否认辩论，但是除了君主不参与辩论以外，也不主张民众辩论。辩论被看成是圣人和君子的事情。圣人的辨说被理解为是治理国家大道的表达。“辨说也者，不异实名以喻动静之道也。期命也者，辨说之用也。辨说也者，心之象道也。心也者，道之工宰也。道也者，治之经理也。”（《荀子·正名》）君子也是辨说的主体，不过君子的辨说主要是对圣人辨说的守护。君子不说忌讳的话，不谈怪论，辨说的时候要有仁心，有公心，以学习的心态听别人的言论，不为众人的毁誉动摇，不为旁观者蛊惑，不依靠辨说去获得权势，不传播邪说。

荀子虽然把辨说看成是人道的本质规定，却把民众的辨说看成是对形成群体一致性的危害，把权势看成是比辨说更有利于群体一致性的力量。荀子把辨说的权利赋予了圣人和君子，以便让圣人和君子起到统一辨说的作用。言论对于群体一致性的形成至关重要，荀子对这一论题给出了自己的答案。

辨可以成为一个认识论的概念，但荀子更多地强调辨别父子、男女等的区别。这恰好是礼的内容。人道的这些分辨是如何形成的呢？在荀子看来，民众更多的是需要学习这些区别，圣人才最好地发展了人之为人的规定性，具有最高的分辨能力。圣人的成就凝结在历史之中，成为历史的一贯之道。

其二，历史的一贯之道。自然比历史更稳定，天下比君王个人普遍性更高。在历史的变迁过程中，有一种高度的统一性存在。“百王之无变，足以为道贯。一废一起，应之以贯，理贯不乱。不知贯，不知应变，贯之大体未尝亡也。乱生其差，治尽其详。”（《荀子・天论》）大儒恰好就是懂得历史一贯之道的人。大儒懂得“法先王，统礼义，一制度，以浅持博，以古持今，以一持万”（《荀子・儒效》）。这样一来，对大儒必要的尊重对于发展群体道路来说就非常重要了。

其三，礼义是人道的集中表现。荀子把礼义当成治乱的根本，礼义就叫做治乱，否定礼义就是乱。礼的本质是分。礼义是治理的开端，君子则是礼义的开端。荀子理解的礼，不过是君君、臣臣、父父、子子、兄兄、弟弟，不过是农农、士士、工工、商商。“亲亲、故故、庸庸、劳劳，仁之杀也。贵贵、尊尊、贤贤、老老、长长，义之伦也。行之得其节，礼之序也。仁，爱也，故亲。义，理也，故行。礼，节也，故成。”（《荀子・大略》）荀子强调了群体序位的重要性，爱和义都是在尊重这些序位的前提下来谈论的。荀子理解的群包含了人道的自觉。一群动物不能叫做群，需要有区分，个体通过分别各自行自己的义，然后彼此和谐形成一种整体性的强大力量，这种力量可以控制外物，这样才叫做群。群道有得当不得当的问题，万物都得其宜，群生皆得其命，才是合宜的群道。礼就是要让贵贱、男女、长幼、贫富、美恶等有一定的秩序。父子有亲，兄弟有顺，男女有欢，少者以长，老者得养。荀子寻求在分的基础上“兼而覆之，兼而爱之，兼而制之”（《荀子・富国》）。“兼足天下之道在明分。”（《荀子・富国》）

荀子认为礼起源于人的欲望和要求，这种欲望和要求如果没有度量和分界就会导致争斗，所以礼是养人欲、给人求的。礼就可以定义为养，包括养体、养安、养财、养情。荀子把礼看成是社会的最大公约数。“故厚者，礼之积也；大者，礼之广也；高者，礼之隆也；明者，礼之尽也。”（《荀子・礼论》）“礼者，以财物为用，以贵贱为文，以多少为异，以隆杀为要。”（《荀子・礼论》）贵贱等秩序属于“文理”，欲求和情感属于“情用”，二者之间是有张力的，当“文理”繁、“情用”省的时候，就是礼义隆盛的状态。

礼被荀子理解为已经被历史证明了的合理的群体道路。“礼者，人之所履也，失所履，必颠蹶陷溺。所失微而其为乱大者，礼也。”（《荀子·大略》）人道就是要按照礼来行动。“夫行也者，行礼之谓也。礼也者，贵者敬焉，老者孝焉，长者弟焉，幼者慈焉，贱者惠焉。”（《荀子·大略》）礼作为人道要求本末相顺，终始相应。“水行者表深，使人无陷；治民者表乱，使人无失。礼者，其表也，先王以礼表天下之乱。今废礼者，是去表也。故民迷惑而陷祸患，此刑罚之所以繁也。”（《荀子·大略》）礼就像地图，标识出了道路和路障，人按照礼指示的道路行走，就可以避免混乱。礼对人的道路的指引，并不仅仅对个体是有效的，对于政治更为有效。为政如果不按照礼来，政令就无法推行。礼起到正国家的作用，就像权衡轻重一样，“故人无礼不生，事无礼不成，国家无礼不宁”（《荀子·大略》）。

以礼来规范群体的道路面临一个问题，即礼的规范不可能面面俱到，同时还面临着时代差异的问题。对此荀子给出的方案是先礼，然后是法，最后是人心和推类。王道就是隆礼尊贤，霸道就是重法爱民。如果没有相应的礼，就要顺人心。“礼以顺人心为本，故亡于《礼经》而顺于人心者，皆礼也。”（《荀子·大略》）没有相应的礼，也可以按照法来。“有法者以法行，无法者以类举。以其本知其末，以其左知其右，凡百事异理而相守也。庆赏刑罚，通类而后应；政教习俗，相顺而后行。”（《荀子·大略》）在没有法来指引人生道路的时候，就要靠推类。

荀子主张德成为贵的依据、能成为官的依据、功成为赏的依据、罪成为罚的依据。“朝无幸位，民无幸生。”（《荀子·王制》）“数”包含着一种对公正的追求，一种可以预期性的追求，一种普遍性的追求。“不知法之义而正法之数者，虽博，临事必乱。”（《荀子·君道》）“数”虽然包含一种普遍性的追求，但是这种普遍性最终依然没有超出特殊性的范围。“由士以上则必以礼乐节之，众庶百姓则必以法数制之。”（《荀子·富国》）

其四，圣人是人道的极致。荀子心目中的圣人是人道的极致。这种极致体现在很多方面。一个方面是圣人“化性而起伪”，从而最大限度地拉开了与动物的距离。圣人和众人一样，都有感官的欲求，但是圣人并不会因为感官的欲求而与他人发生争斗。

另外一个方面就是礼义是圣人创造的。礼义法度被荀子理解为是圣人之所生的。既然圣人创造了礼义，圣人对于礼自然是达到了精通的地步，“礼者，众人法而不知，圣人法而知之”（《荀子·法行》）。圣人不但了解其中的道理，而且可以在行为上运用自如。“于是其中焉，方皇周挟，曲得其次序，是圣人也。”（《荀子·礼论》）

圣人不仅在礼法方面是人道的极致，而且在推类方面也是人道的极致。“多言而类，圣人也；少言而法，君子也；多言无法，而流喆然，虽辩，小人也。”（《荀子·大略》）圣人具有高超的归类和推类的能力，千举万变，都能够用推类来达成统一。圣人就是靠着推类的方法获得了带有普遍性的道理的。“圣人者，以己度者也。故以人度人，以情度情，以类度类，以说度功，以道观尽，古今一度也。类不悖，虽久同理，故乡乎邪曲而不迷，观乎杂物而不惑，以此度之。”（《荀子·非相》）圣人具有一定的普遍性的地位，这体现在圣人具有“兼”的能力。

圣人最大限度地做到了顺人心，并发挥了人自身的类似于天的功能，即心灵可以主宰感官。“故浊明外景，清明内景。圣人纵其欲，兼其情，而制焉者理矣。夫何强，何忍，何危？故仁者之行道也，无为也；圣人之行道也，无强也。仁者之思也恭，圣者之思也乐。此治心之道也。”（《荀子·解蔽》）在圣人这里，外物已经不再干扰心灵，心灵已经得到了快乐。荀子也把圣人讲成是无为的。圣人的“情安礼”，“知若师”（《荀子·修身》）。“齐明而不竭，圣人也。”（《荀子·修身》）圣人的智慧是不衰竭的。圣人可以专心一志，思索观察，积思虑。“不先虑，不早谋，发之而当，成文而类，居错迁徙，应变不穷，是圣人之辩者也。”（《荀子·非相》）除了思考能力圣人做到了极致以外，在行动上圣人也是众人的典范。“不闻不若闻之，闻之不若见之，见之不若知之，知之不若行之，学至于行之而止矣。行之，明也，明之为圣人。圣人也者，本仁义，当是非，齐言行，不失毫厘，无它道焉，已乎行之矣。”（《荀子·儒效》）

圣人就是治道的集中体现者。荀子也讲尽伦，不过他讲的尽伦和孟子不同，更多的是礼仪秩序。“圣也者，尽伦者也。”（《荀子·解蔽》）荀子讲的圣人当然也有一些德行方面的规定，如“有理”“能敬已”“有终始”“能长久”“执道不殆”“用知之明”“统类之行”“有文章”“乐人之臧”“恐人之不当”等，但根本上则是治道的规定性。“此其道出乎一。曷谓一？曰：执神而固。曷谓神？曰：尽善挟治之谓神，万物莫足以倾之之谓固。神固之谓圣人。圣人也者，道之管也。天下之道管是矣，百王之道一是矣。”（《荀子·儒效》）圣人发挥了人自身与天功一样的功能，可以起到类似天功的作用。圣人超越万物，掌握了普遍性的治道。圣人可以做到仁厚兼覆天下，理万变，血气和平，志意广大，从而是仁智的极致。“修百王之法若辨白黑，应当时之变若数一二，行礼要节而安之若生四枝，要时立功之巧若诏四时，平正和民之善，亿万之众而博若一人，如是，则可谓圣人矣。”（《荀子·儒效》）圣人能够辨别各种治理国家的方法，可以根据情况选择不同的治理方法，可以建功立业，可以把民众统一为一个有机的社会整体。

荀子对圣人的上述规定说明圣人是可学的。“涂之人百姓积善而全尽谓之圣人。”（《荀子·儒效》）一般人能成为圣人，但未必一定会成为圣人。“故涂之人可以为禹则然，涂之人能为禹，则未必然也。虽不能为禹，无害可以为禹。”（《荀子·性恶》）“用此观之，然则可以为，未必能也；虽不能，无害可以为。”（《荀子·性恶》）“能不能”与“可不可”是不同的。所有人都有学习和思考的能力，有推理的能力。另外，所有人都可以按照礼义的要求去行动，都可以通过专一的努力掌握治道。

圣人作为人道的极致，做到了制天命而用之。“故天地生君子，君子理天地。君子者，天地之参也，万物之总也，民之父母也。无君子则天地不理，礼义无统，上无君师，下无父子，夫是之谓至乱。君臣、父子、兄弟、夫妇，始则终，终则始，与天地同理，与万世同久，夫是之谓大本。”（《荀子·王制》）

其五，君道为群道之原。“君者，民之原也，原清则流清，原浊则流浊。”（《荀子·君道》）在荀子看来，君子才是治之原。“故法不能独立，类不能自行，得其人则存，失其人则亡。法者，治之端也；君子者，法之原也。故有君子则法虽省，足以遍矣；无君子则法虽具，失先后之施，不能应事之变，足以乱矣。”（《荀子·君道》）荀子并不认为君子是和个体性原则关联在一起的，因为君子懂得礼法，懂得推类，更能从普遍性的立场来把握事物。这样一来，在没有法的情况下，君子也会促进普遍性的实现，如果没有君子，即便是有法，那么也不容易保证法的客观性和普遍性。法是治道的开端，而治道的源头和本原则是君子。这样群体的道路就可以说是君道。“道者，何也？曰：君道也。君者，何也？曰：能群也。能群也者，何也？曰：善生养人者也，善班治人者也，善显设人者也，善藩饰人者也。善生养人者人亲之，善班治人者人安之，善显设人者人乐之，善藩饰人者人荣之。四统者俱而天下归之，夫是之谓能群。”（《荀子·君道》）

其六，国道具有优先性。荀子强调国家是相对稳定的存在。“故国者，世所以新者也，是惮惮，非变也，改王改行也。故一朝之日也，一日之人也，然而厌焉有千岁之固，何也？曰：援夫千岁之信法以持之也，安与夫千岁之信士为之也。人无百岁之寿，而有千岁之信士，何也？曰：以夫千岁之法自持者，是乃千岁之信士矣。故与积礼义之君子为之则王，与端诚信全之士为之则霸，与权谋倾覆之人为之则亡。”（《荀子·王霸》）国家更多地被荀子理解为是一种普遍的形式，国家是天下大器、重任，需要人来选择道路，“不可不善为择所而后错之”，“不可不善为择道然后道之”（《荀子·王霸》）。决定国家道路的主要因素是法和人，如果是“道王者之法”“与王者之人为之”，那就是走在王道的道路上；如果是用霸者之法、霸者之人，那就是走在霸道的道路上。用什么样的礼法来治理，国家就走什么样的道路；用什么样的人来治国，国家就走什么样的道路。

在荀子看来，国家的普遍性并不是固定的，而是看人如何对待国家。“国者，巨用之则大，小用之则小。”（《荀子·王霸》）先义后利就是巨用，亲疏、贵贱都能照顾到，并且讲究是非、曲直就是巨用。公平是保证国家具有普遍性的关键要素。“人主不公，人臣不忠也。”（《荀子·王霸》）巨用涉及君主和匹夫的分工，君主是使用能人，匹夫则是使用自己的才能，当然也包括百工分事等。另外，荀子也强调天子可以兼有天下所有的好处，因为这些好处都是人欲求的，这样天下人的欲求就会以天子为标杆，从而有助于国家的统一性。能人有官做，好利的人服从，那么国家就成为一个统一体。

荀子强调百乐生于治国，忧患生于乱国。荀子强调君主的职责：“明君者必将先治其国，然后百乐得其中。”（《荀子·王霸》）如果君主把享乐摆在首位，就违背了君主的职责，也违背了治国之道。明君“宣而成，隐而败”（《荀子·解蔽》）。这表明荀子力图把君主的个体性限制起来，以实现其普遍性的一面。

第四节 群道人性论、认识论和逻辑学

荀子的认识论和伦理学思想离不开其对群体之道的思考。其一，荀子的人性论是服务于群道的，可以说是实现群道所需要的伦理要求。“性者，本始材朴也；伪者，文理隆盛也。无性则伪之无所加，无伪则性不能自美。性伪合，然后成圣人之名一，天下之功于是就也。故曰：天地合而万物生，阴阳接而变化起，性伪合而天下治。天能生物，不能辨物也；地能载人，不能治人也；宇中万物、生人之属，待圣人然后分也。”（《荀子·礼论》）

荀子的性的概念和孟子的性的概念不同，荀子的性的内涵和外延是描述人“生而有好利”的，是描述人“饥而欲饱，寒而欲暖，劳而欲休”的，是描述人“目可以见，耳可以听”的。“今人之性，饥而欲饱，寒而欲暖，劳而欲休，此人之情性也。今人饥，见长而不敢先食者，将有所让也；劳而不敢求息者，将有所代也。夫子之让乎父，弟之让乎兄，子之代乎父，弟之代乎兄，此二行者，皆反于性而悖于情也；然而孝子之道，礼义之文理也。故顺情性则不辞让矣，辞让则悖于情性矣。用此观之，然则人之性恶明矣，其善者伪也。”（《荀子·性恶》）这个内容在孟子那里不是性的内涵和外延，孟子的性的概念也包括这一点，不过荀子所说的“性”，在孟子那里是小体之性，是感官及其需要。孟子认为这个部分主要应叫做“命”，不应叫做“性”，尽管其中也有“性”。就是因为这是天生的，是不能改变的，所以不叫做“性”。荀子把这部分内容称为“性”，有抬高这部分内容在人生中地位的倾向，但后面的价值评价又对其进行了贬低。

关于对这部分内容的价值评价，荀子进行了“恶”的评价，而孟子没有明确地对人生中的小体进行价值评价，只是强调立大体，从而小体也就有了明确的价值指向。人的感性欲求之所以被认为是恶的，就是因为会导致争，“必出于争夺，合于犯分乱理，而归于暴”。

对于人的另一部分内容，孟子理解的是大体，荀子理解的是“师法之化、礼义之道”“圣王之治、礼义之化”“辞让”“思虑之求”“伪”“积思虑、习伪故”“强学”“檃栝烝矫”“工人之伪”。显然，在这里荀子认为善是“师法之化、礼义之道”“圣王之治、礼义之化”“辞让”。而如何才能得到这样的善呢？则是加工改造而成，具体就是“积思虑、习伪故”“强学”。这样的看法和孟子是不同的，孟子理解的思不是思虑之思，而是对“四端之心”的求，且孟子反对加工导致善，或者为了另外一个工具

性的目的把人造就成为善。

荀子的人性论中也蕴含了天人相分的逻辑。“凡性者，天之就也，不可学，不可事；礼义者，圣人之所生也，人之所学而能，所事而成者也。不可学、不可事而在人者谓之性，可学而能、可事而成之在人者谓之伪。是性、伪之分也。今人之性，目可以见，耳可以听。夫可以见之明不离目，可以听之聪不离耳，目明而耳聪，不可学明矣。”（《荀子・性恶》）人的感官具有相应的功能，这是“天之就”，但是如何运用这些功能则属于人为的事情。“所谓性善者，不离其朴而美之，不离其资而利之也。使夫资朴之于美，心意之于善，若夫可以见之明不离目，可以听之聪不离耳，故曰目明而耳聪也。”（《荀子・性恶》）把握这一天人相分的逻辑是非常重要的。因为人运用心灵和感官的方式不同将会决定人能否化性从而成善。这样一来，荀子就从认识论路径去寻找成善的根源了。

其二，荀子的认识论也是服务于群道的。荀子强调天下的道只是一个道。“天下无二道，圣人无两心。”（《荀子・解蔽》）荀子认为圣人之所以可以把握天下带有普遍性的道，就在于以心合道。荀子的认识论是服务于“官万物”的价值追求的。“精于物者以物物，精于道者兼物物。故君子壹于道而以赞稽物。壹于道则正，以赞稽物则察，以正志行察论，则万物官矣。”（《荀子・解蔽》）

荀子的认识论中也包含着天人相分的逻辑。“性者，天之就也；情者，性之质也；欲者，情之应也。”（《荀子・正名》）从荀子的论述来看，人的性、情、欲属于“天”，而“虑”“习”属于“人”。“生之所以然者谓之性。性之和所生，精合感应，不事而自然谓之性。性之好、恶、喜、怒、哀、乐谓之情。情然而心为之择谓之虑。心虑而能为之动谓之伪。虑积焉、能习焉而后成谓之伪。正利而为谓之事。正义而为谓之行。所以知之在人者谓之知。知有所合谓之智。智所以能之在人者谓之能。能有所合谓之能。性伤谓之病。节遇谓之命。”（《荀子・正名》）

荀子的认识论是分不同层次的，最高的层次是心发挥主宰的功能。“心者，形之君也，而神明之主也，出令而无所受令。自禁也，自使也，自夺也，自取也，自行也，自止也。故口可劫而使墨云，形可劫而使诎申，心不可劫而使易意，是之则受，非之则辞。故曰：心容其择也，无禁必自见，其物也杂博，其情之至也不贰。”（《荀子・解蔽》）心灵的主宰功能为人保持主体性和独立性提供了条件。“故权利不能倾也，群众不能移也，天下不能荡也。生乎由是，死乎由是，夫是之谓德操。德操然后能定，能定然后能应，能定能应，夫是之谓成人。天见其明，地见其光，君子贵其全也。”（《荀子・劝学》）

为了更好地把握更多的事物、区分事物，并且把不同的事物统一起来，需要一定的认识论的支持。“人何以知道？曰：心。心何以知？曰：虚壹而静。心未尝不臧也，然而有所谓虚；心未尝不满也，然而有所谓一；心未尝不动也，然而有所谓静。人生而有知，知而有志。志也者，臧也，然而有所谓虚，不以所已臧害所将受谓之虚。心生而有知，知而有异，异也者，同时兼知之。同时兼知之，两也，然而有所谓一，不以夫一害此一谓之壹。心，卧则梦，偷则自行，使之则谋。故心未尝不动也，然而有所谓静，不以梦剧乱知谓之静。未得道而求道者，谓之虚壹而静。"（《荀子·解蔽》）荀子把"虚壹而静"叫做"大清明"。"虚壹而静"保证了人可以兼知不同的事物，并且让不同的事物各安其位。

对于无法做到"虚壹而静"的人来说，则需要通过学习来达到。"故学也者，固学止之也。恶乎止之？曰：止诸至足。曷谓至足？曰：圣也。圣也者，尽伦者也；王也者，尽制者也。两尽者，足以为天下极矣。"（《荀子·解蔽》）从学最终要成就的价值目标来看，荀子也说是要成为圣人。"学恶乎始？恶乎终？曰：其数则始乎诵经，终乎读礼；其义则始乎为士，终乎为圣人。真积力久则入，学至乎没而后止也。故学数有终，若其义则不可须臾舍也。为之，人也；舍之，禽兽也。"（《荀子·劝学》）学要入耳、明心、美身，这才是君子之学，否则就成了禽兽之学。荀子把君子之学和小人之学进行了人禽之分，是比较严厉的讲法。这就要恰当地评估诵经、读礼对于人禽之分的意义，以及这些活动在成人方面的功效。"吾尝终日而思矣，不如须臾之所学也。"（《荀子·劝学》）对于荀子来说，"思"在指引人生中的地位相比于孟子来说，是比较低的。

"学"的重点是向他人学习，从而保证自己可以走在正确的人生道路上。"故君子居必择乡，游必就士，所以防邪僻而近中正也。"（《荀子·劝学》）荀子的哲学向经验性的道路迈出了重要的一步。"择乡"和"就士"是相对具体的说法。人群的价值观和地域的制度、习俗被看成是个人中正的前提。这一思考会带来疑难，同时也使儒家的批判性能力下降了。诉诸内在自我来作为价值的源泉和支点，很容易引出"天下无道"的结论。如果"天下无道"，那么依靠"择乡"和"就士"来防止邪僻，并实现中正就很难实现。这样就必然要有一套办法或者有一种理论的阐释来保证士人等是可靠的价值源泉。为了做到这一点，思考的方向必然会走向一种建构性的思路。

荀子重视师之道，把师长排在礼之前。"学之经莫速乎好其人，隆礼次之。"（《荀子·劝学》）师长对于成人来说比礼还重要。"故隆礼，虽未明，法士也；不隆礼，虽察辩，散儒也。"（《荀子·劝学》）荀子把能否贵师重傅看成是国家兴亡的标识，贵师重傅被认为是关联法度存亡的关键。

其三，群体之道需要正名。群道的实现依赖区分，依赖彼此的沟通和交流。正名对于保证群体和谐就显得非常重要了。不管是刑法还是官位都需要有名称。名称还起到沟通的作用。"故王者之制名，名定而实辨，道行而志通，则慎率民而一焉。"（《荀子·正名》）荀子希望通过正名来区分是非、贵贱和同异。

正名的依据是缘天官。"凡同类、同情者，其天官之意物也同，故比方之疑似而通，是所以共其约名以相期也。"（《荀子·正名》）如形体、颜色、纹理因眼睛而不同，喜、怒、哀、乐、爱、恶、欲因心而不同。

在缘天官的基础上征知，就为命名提出了认识论基础。“心有征知。征知则缘耳而知声可也，缘目而知形可也，然而征知必将待天官之当簿其类然后可也。五官簿之而不知，心征知而无说，则人莫不然谓之不知，此所缘而以同异也。”（《荀子·正名》）

命名能够起到别同异的作用，只要合乎约定俗成的原则，能够辨别事物，有利于交流和群体生活，这样的名称就是合宜的。“名无固宜，约之以命。约定俗成谓之宜，异于约则谓之不宜。”（《荀子·正名》）

第八章　韩非的势位学

韩非（约公元前 280—前 233），韩国的公子，早年与李斯同师荀子，口吃不善言，但文章雄辩。数次上书韩王变法图强，而不见用。秦王嬴政见其文章大加赞赏，故韩非出使秦国时被挽留，不久被陷害而自尽于狱中。其生平史料主要见于《史记》的《老庄申韩列传》和《秦始皇本纪》、《韩世家》。另散见于《韩非子》的《存韩》《难言》《问田》等篇，以及《战国策》《论衡》等书。《韩非子》共 55 篇，后世之称《韩非子》。①

提到《韩非子》，总会涉及"法""术""势"三者的关系这一问题，解决这一问题的关键是要全面准确地把握《韩非子》思想的总体面貌。从"势"论入手是把握《韩非子》思想的一个合理入口。韩非的哲学延续了周文化的一些思想倾向，总体上没有离开君臣、父子等关系，只不过把这种关系变得更为单向性和刚性。单向性体现在韩非强调上以势卑下，民以制畏上。韩非把臣事君、子事父和妻事夫看成是天下的常道，为了维护这一常道，抛弃了修德的实现路径，而是用术和法来维护君主的势位。韩非强调法任数不任人。"自攻者人也，攻人者数也。"（《韩非子·制分》）韩非所说的"数"和"人"更多的是对自我管理的力量和领导别人的力量的区分。抽象地说，凡是能够领导别人的力量都可以叫做"数"。"君执柄以处势，故令行禁止。柄者，杀生之制也；势者，胜众之资也。"（《韩非子·八经》）韩非把人与人的关系权势化了，思想更为刚性。其思考的焦点也是守位，但是思考的进路却和《尚书》有很大的不同。

第一节　位　和　势

《韩非子》有一个稳定的思想主题，即君尊，从而保证令行禁止。《韩非子》不管是讲"法"、讲"术"，还是讲"势"都是要尊君。"夫凡国博君尊者，未尝非法重而可以至乎令行禁止于天下者也。"（《韩非子·制分》）尊君涉及《韩非子》对国家治乱安危的思考。《韩非子》一书勾勒出来的天下局势无非是贤人言论纷纷，社会中有一部分修身隐居的人，有一部分游侠仗义的人，还有一部分好结交朋友的人，商业交换也比较广泛。这些人脱离了社会秩序的规范，脱离了农业生产，对战争缺乏参与的兴趣，对官爵也兴趣阙然。另外一番景象则是臣子杀害君主，为了私利损害公财，为了亲情枉顾律法，自行发布命令，这一切都使得君主的政令无法有效推行，

① 本书引用的《韩非子》来自〔清〕王先慎：《韩非子集解》，钟哲点校，中华书局，2013 年 3 月。

公利受到损害，甚至危及君主的生命。基于这一认知，《韩非子》把治乱的根源归结为“臣重”和“家大”。《韩非子》一书针对“臣重”的论述很多，把大臣太贵、左右太威看成是危害国家的主要因素。基于这一认识，《韩非子》要求息左右大臣的权势。这个主题如果用一个概念来表达即“势”。就《韩非子》一书的整体逻辑来看，帝王拥有“法”和“术”两个工具就可以树立起自己的“威势”，有了“威势”君主才名实相符，也可以把《韩非子》的思想概括为“势”“术”“法”并用。

当然，把“法”和“术”理解为只是为了尊君也是不符合《韩非子》的思考进程的。《韩非子》否定了个人的力量，肯定了社会力量，在《韩非子·问田》一篇中有“窃以为立法术，设度数，所以利民萌，便众庶之道也”的说法。《韩非子》认为法术是可以达成国治民安的。但仅依据这一篇就认为“法”和“术”与“势”无关也是不对的。冯友兰是结合《韩非子·八经》《韩非子·定法》一起提出“势、术、法并用说”的。《韩非子·八经》由“人情”说起，谈到“赏罚”，谈到“行制”，谈到“一行其法”（《韩非子·八经》）。其间还谈到“用人”。《韩非子》谈到“君”的时候，一般会涉及“民”和“臣”，从《韩非子·八经》来看，法是针对民和臣子来讲的，这叫做“行制也天”，“势行教严，逆而不违，毁誉一行而不议”（《韩非子·八经》）。韩非认为实行法来治国，就能达到“民以制畏上，而上以势卑下”（《韩非子·八经》）。而“术”涉及君主自身的喜怒哀乐的修养、听言参言、克制自身的贪欲、如何克服慈仁和仁义之心从而实行法的问题。“术”还主要涉及用人，“其用人也鬼”（《韩非子·八经》）。“术”和“法”之间也有一定的相互规定的层面，因为君主如果推崇仁慈，那么就会破坏法；君主如果不任用法术之势，法的风气也无法形成，法制就缺乏人才的推动；君主如果不能参言，就无法从功效的角度评价言论和臣子的功绩，赏罚之法也就无法有效地推行。“势”与“法”和“术”之间也有相互规定的层面，后文会有一定的论述。“故大臣有行则尊君，百姓有功则利上，此之谓有道之国也。”（《韩非子·八经》）“尊君”“利上”是成势，成势靠“法”和“术”。这样治国之道就完备了。

《韩非子》中提到了不同层次的“势”。其中《韩非子·难势》篇提到慎子的看法。慎子把由社会地位带来的权力理解为“势”。如果抛开势位的话，人是一样的，就像龙和蚯蚓是一样的，但是势位不同，就不一样了，势位就像云，生命个体乘云势就会变化，就像龙之所以是龙就是因为乘飞云。“龙蛇与螾蚁同矣，则失其所乘也。贤人而诎于不肖者，则权轻位卑也；不肖而能服于贤者，则权重位尊也。尧为匹夫不能治三人，而桀为天子能乱天下。吾以此知势位之足恃，而贤智之不足慕也。夫弩弱而矢高者，激于风也；身不肖而令行者，得助于众也。尧教于隶属而民不听，至于南面而王天下，令则行，禁则止。由此观之，贤智未足以服众，而势位足以缶贤者也。”（《韩非子·难势》）在这段论述中，把“权轻位卑”“权重位尊”“势位”对应起来看，“势”就是指由“位”的尊卑导致的“权”的轻重。在这段论述中，慎子回答了势位为什么会比个人的贤能更能得势，这就是“得助于众也”（《韩非子·难势》）。“势位”概念反映了先秦法家对社会关系的认识，一方面，社会关系的力量超越了个人成为一种独立性的力量；另一方面，社会关系中有不同的社会角色，社会角色之间有一定的等级性，从而形成相对应的“势”和“力”。在这段论述中，把“贤智”的影响力理解为个人的力量了，如“尧为匹夫不能治三人”（《韩非子·难势》），即所说的“贤智未足以服众”（《韩非子·难势》）。其实，“贤智”也是会形成一定的对他人的影响力的，从而形成道德性的或者知识技术性的影响力，也就是“势”。在这段论述中，慎子把“令则行，禁则止”看成是“势位”的重要表现和内容，基本上否定了儒家通过正身达到不令而行。慎子讲“势位”其实更重视的是“位”。慎子说：“故臣有两位者，国必乱。”[①]慎子用“位”来讲君臣关系，而不是“势”。“是以人君自任而躬事，则臣不事事，是君臣易位也，谓之倒逆，倒逆则乱矣。”[②]

在《韩非子·难势》一篇中韩非以“应慎子”之口回应了慎子的看法。其中提出的主要观点是：并不否认龙蛇托于“云雾之势”，但不能“专任势”；能不能乘云雾之势还要看“材”的厚薄，比如蚯蚓就不行；势是一样的，贤人和不贤的人都能用。“且其人以尧之势以治天下也，其势何以异桀之势也乱天下者也。夫势者，非能必使贤者用已，而不肖者不用已也。贤者用之则天下治，不肖者用之则天下乱。”（《韩非子·难势》）关键就是贤人比较少，所以讲势就成了导致天下大乱的根源。“人之情性，贤者寡而不肖者众，而以威势之利济乱世之不肖人，则是以势乱天下者多矣，以势治天下者寡矣。夫势者，便治而利乱者也。”（《韩非子·难势》）如果没有势力的话，不肖之人也不会干那么多坏事。“势者，养虎狼之心，而成暴乱之事者也，此天下之大患也。势之于治乱，本末有位也，而语专言势之足以治天下者，则其智之所至者浅矣。”（《韩非子·难势》）“夫欲追速致远不知任王良，欲进利除害不知任贤能，此则不知类之患也。”（《韩非子·难势》）“应慎子”反对慎子的观点，依然认为贤能的人来驾驭势位更好。概括起来就是“以国位为车，以势为马，以号令为辔，以刑罚为鞭策，使尧、舜御之则天下治，桀、纣御之则天下乱，则贤不肖相去远矣”（《韩非子·难势》）。

《韩非子·难势》中“复应之曰”应该是韩非的观点。韩非不同意以上两种看法，并将其概括为“以势为足恃以治官”和“必待贤乃治”两种观点。“势必于自然，则无为言于势矣；吾所为言势者，言人之所设也……夫尧、舜生而在上位，虽有十桀、纣不能乱者，则势治也；桀、纣亦生而在上位，虽有十尧、舜而亦不能治者，则势乱也。故曰：‘势治者则不可乱，而势乱者则不可治也。’此自然之势也，非人之所得设也。”（《韩非子·难势》）韩非不认同靠“势位”就能治官。“夫势者，名一而变无数者也。”（《韩非子·难势》）同一个“势”名，可以有不同的理解与内涵。“势位”说

① 许富宏：《慎子集校集注》，中华书局，2013年，第50页。
② 许富宏：《慎子集校集注》，中华书局，2013年，第36页。

讲的是自然之势，一个人占据了这个自然之势就取得了一种社会力量。

就《韩非子》一书的整体而言，有“势位”的思想。《韩非子·难势》一篇区分了“自然之势”与“人之所得而设之势”。《韩非子·功名》一篇从名实的角度论述了“势位”的思想。“明君之所以立功成名者四：一曰天时，二曰人心，三曰技能，四曰势位。”（《韩非子·功名》）“得势位则不进而名成。”（《韩非子·功名》）《韩非子·功名》一篇关于“势位”的思想是比较复杂的，仔细分析会发现涉及不同层次的问题。《韩非子·功名》没有否定“位”，“位”会有自然之势。“夫有材而无势，虽贤不能制不肖。故立尺材于高山之上，下临千仞之溪，材非长也，位高也。桀为天子，能制天下，非贤也，势重也。尧为匹夫，不能正三家，非不肖也，位卑也。千钧得船则浮，锱铢失船则沉。非千钧轻而锱铢重也，有势之与无势也。故短之临高也以位，不肖之制贤也以势。”（《韩非子·功名》）这里表达的思想可以归结为自然之势，有了“势位”，人就有了一种社会力量。有了“位”，就有了“势”，不贤的人有了天子之位，就有了天子之势。

《韩非子·功名》一篇提到了有位而无相应的势这种名实分离的情况。《韩非子·备内》也提到了这一情况。“大臣比周，蔽上为一，阴相善而阳相恶以示无私，相为耳目以候主隙，人主掩蔽，无道得闻，有主名而无实，臣专法而行之，周天子是也。”（《韩非子·备内》）有天子之名，而无天子之实。天子之名来自位，但无实则势就不足了。“偏借其权势则上下易位矣，此言人臣之不可借权势。”（《韩非子·备内》）臣子有势自然会导致易位，“势”和“位”是互相规定的。

如果没有人响应，臣子不统一于君主，那么势就丧失了。“人主之患在莫之应”，“人臣之忧在不得一”（《韩非子·功名》）。“立功者不足于力，亲近者不足于信，成名者不足于势。近者已亲，而远者不结，则名不称实者也。”（《韩非子·功名》）名实相符就要有人设之势，靠人为的努力，立天子之势。这样“人主者，天下一力以共载之，故安；众同心以共立之，故尊；人臣守所长，尽所能，故忠”（《韩非子·功名》）。“以尊主主御忠臣，则长乐生而功名成。名实相持而成，形影相应而立，故臣主同欲而异使。”（《韩非子·功名》）《韩非子》关注“位”和“势”之间的分离，二者的分离就是“名”和“实”的分离。“圣人德若尧舜，行若伯夷，而位不载于世，则功不立名不遂。故古之能致功名者，众人助之以力，近者结之以成，远者誉之以名，尊者载之以势。”（《韩非子·功名》）圣人有德而隐居就没有社会地位，尤其没有天子的地位，自然无相应的事功，但有圣人之名，有有德之名，有隐者之名，为何被称为“名不遂”呢？显然，《韩非子》有一种观念，认为如果无位就算是圣人，那么“名”也是没有完全实现出来的。这样有天子之位被当成了圣人之名的一个要件，从而赋予了圣人以强烈的政治色彩。“此尧之所以南面而守名，舜之所以北面而效功也。”（《韩非子·功名》）这一理解和《孟子》中窃负而逃，圣人可以放弃天子之位是截然不同的理论取向，也和《庄子·逍遥游》中尧忘天下或者尧让天下给许由有不同的精神旨趣。

《韩非子·备内》没有明确区分自然之势和人设之势，在《韩非子·难势》一篇中强调了人设之势。一个人即便有了“势位”未必就拥有“势”。“必待贤而治”的观点提出了一个什么人有资格或者说应该有“势”的问题。其中蕴含的思想是一个人或者一个阶层如果不贤能而有势位，不贤者可以被贤者取代，从而剥夺其“势位”。韩非否认了这一点，不认同“必待贤而治”。韩非用矛盾的说法反对重贤。韩非讲势，其实承认了贤也能成势，这就是“夫贤之为势不可禁”（《韩非子·难势》）。韩非强调“势之道”是“无不禁”的，自然贤势也在被禁止的范围之内。“而势之为道也无不禁，以不可禁之势，此矛楯之说也。夫贤势之不相容亦明矣。”（《韩非子·难势》）

韩非信任“抱法处势”，并认为治乱的根本在于是否能“抱法处势”，而不在于贤肖。“抱法处势则治，背法去势则乱。”（《韩非子·难势》）韩非并不否认尧、舜、桀、纣这样的人物对治乱的影响，不过认为其影响程度没有办法和法、势相比，“治千而乱一，与治一而乱千”（《韩非子·难势》）是不同的。在社会都很重视官爵，以及赏罚分明、令行禁止的环境下，是否会出现桀、纣一样的君主呢？韩非认为即便是出现这种情况也是偶然的，并且其对社会的危害也是一时的。这就提出了一个在“抱法处势”的情况下会使得什么样的人进入“势位”系统并拥有“势位”的问题。对于韩非来说，这个问题是不重要的。因为桀、纣这样的人如果是臣子，那么有法在约束他，自然无法为乱。法和势本身会使得桀、纣这样的人只是具有偶然的机会成为君主。“世之治者不绝于中，吾所以为言势者中也。中者，上不及尧、舜而下亦不为桀、纣。”（《韩非子·难势》）韩非这一看法，实际上回避了贤和不肖进入势位系统的程序和方法问题。韩非把人分为三个层次，即尧、舜是贤人，桀、纣是不肖，这两种人是少数，大多数是不好也不坏的中等的人，“势”就是要建立在对大多数人的威势上面。这是韩非理论中的一个盲点，也是其理论进路使然。韩非把理论的注意力用在了为当下的君主服务上面，讲话的对象也是当下的君主。韩非非常重视理论的功效，尤其是君主的采纳，这些也影响了他对一个人进入势位系统的程序和依据问题的思考。在韩非看来，寻找贤人治国，就像当下有人溺水了，却等着遥远的地方的人来救一样。古代的贤人无法解决当下的问题。

韩非意识到“势”和“位”会分离，意识到“位”具有高度的危险性。“千金之家，其子不仁，人之急利甚也。”（《韩非子·难四》）韩非从人的情性推出重势的重要性。“人情皆喜贵而恶贱”（《韩非子·难三》），这就使得人有多位的动力。“劫杀之功，制万乘而享大利，则群臣孰非阳虎也。”（《韩非子·难四》）君主失势就会失位，甚至身危失国。“人主之所以身危国亡者，大臣太贵，左右太威也。”（《韩非子·人主》）韩非认为，治国如治病，不能等到病人膏肓才治，要防微杜渐，早早就把危害国君之位的势力限制住。

韩非非常关心危害君主的势，主要是臣子之势与民众之势。臣子之势备受韩非重视。韩非理论的一个重要目标是息大臣、左右的权势。“大臣左右权势息，则人主之道明矣。”（《韩非子·人主》）大臣有威望，左右得势，那么君主就会失去力量。“凡人主之国小而家大，权轻而臣重者，可亡也。”（《韩非子·亡征》）韩非反对君臣共势。臣子损公财，给民众行恩惠就会孤立君主；臣子结交故人就会形成故交之势，并因而毁坏法制；臣子崇尚言论，崇尚贤能都会形成一种势。臣子的势的关键就是政令的问题，赏罚之令如果处于臣子，人君的势力就变得轻微了。

韩非也关注民众之势的问题，把民众的性情理解为害怕势力。民自身也会形成一种势，如民众喜欢多说话，喜欢私学就会形成一种言论和思想之势；民众懒惰就会不用力去打仗，也会形成一种势，从而使得赏罚失去着力点。《韩非子·八说》中有两处涉及民众之势的问题。如民众太看重自己的身体，轻视爵禄就会难以管理。民众倾向隐遁，就会不重视劳动，使得赏罚失去效力，从而形成一种对抗君主的势。

韩非讲法，重点还在于赏罚。“法者，宪令著于官府，刑罚必于民心，赏存乎慎法，而罚加乎奸令者也。”（《韩非子·定法》）在这个论述中，“法”包括“宪令”、刑赏和民心三个要素。把握韩非法的思想不可脱离这三者的关系。三者相互制约，其中刑赏是核心和本质。法的本质在刑赏，因而“法”和“术”之间就有一定的交叉关系。“术者，因任而授官，循名而责实，操杀生之柄，课群臣之能者也，此人主之所执也。”（《韩非子·定法》）君主操生杀之柄，自然要用到刑赏。

第二节 位势的哲学论证

韩非说：“万物莫如身之至贵也，位之至尊也，主威之重，主势之隆也。”（《韩非子·爱臣》）如何才能做到位尊、势隆？除了法和术以外，韩非还进行了历史观、社会观、认识论、伦理学方面的论证。

其一，法、术、势的历史观根据。“上古之世，人民少而禽兽众，人民不胜禽兽虫蛇；有圣人作，构木为巢，以避群害，而民悦之，使王天下，号之曰有巢氏。民食果蓏蜯蛤，腥臊恶臭而伤害腹胃，民多疾病；有圣人作，钻燧取火，以化腥臊，而民说之，使王天下，号之曰燧人氏。中古之世，天下大水，而鲧、禹决渎。近古之世，桀、纣暴乱，而汤、武征伐。今有构木钻燧于夏后氏之世者，必为鲧、禹笑矣；有决渎于殷、周之世者，必为汤、武笑矣。然则今有美尧、舜、汤、武、禹之道于当今之世者，必为新圣笑矣。是以圣人不期修古，不法常可，论世之事，因为之备。宋人有耕者，田中有株，兔走触株，折颈而死；因释其耒而守株，冀复得兔，兔不可复得，而身为宋国笑。今欲以先王之政，治当世之民，皆守株之类也。”（《韩非子·五蠹》）韩非在这里首先从人与自然的关系入手，说明社会关系的演化。这里对人与自然的关系的说明是通过具体的方式来进行的，人民是人，禽兽是自然的具体化。而对二者的关系，韩非也主要讲的是量的关系，是多和少的矛盾。矛盾斗争的结果是人力不能抵抗自然力。圣人的出现，增强了人的力量圣人是如何增强了人的力量的呢？主要是房屋、火、水利的发明。这里韩非有些夸大了圣人的历史作用，有圣人史观的某些特征。不过也可以认为韩非认识到了社会分工。在改造自然的过程中，社会分化了，出现了分工，甚至阶级的分别，这就是圣人和民。人与自然的关系变化了，人与人的关系也变化了，随着人征服自然力的增强，处理社会关系内部的矛盾自然就被提到了时代的核心，而掩盖了对与自然的关系的处理，所以到了近古之世，“桀、纣暴乱，而汤、武征伐”（《韩非子·五蠹》）。

韩非用这种论证方式得出的结论是“是以圣人不期修古，不法常可，论世之事，因为之备”（《韩非子·五蠹》）。圣人不期待美化历史，不期望借助学习古人，或者遵循古法来解决现实问题，而是把注意力放在对当世情况的分析上面，采取相应的政策。在表达这个论点之后，韩非紧接着说明了有两个方面要创新。第一是人与自然的关系变化了，要采取新的办法来应对。而从韩非的寓言来看，韩非强调要积极发展农业。“兔”是末的代表，也就是《韩非子·五蠹》中所说的那些；“耒”是农业的代表。“兔”也是自然力自然而然提供的东西的代表；“耒”是人力改造的代表。韩非通过这个寓言告诉我们要靠人力改造自然，要重视农业，而不能舍本逐末。

第二是人与人的关系也变化了，圣与民的关系变化了，所以不能以“先王之政”，治“当世之民”。显然，韩非在这里强调要强化“政”的主动性和能动性，就像宋人使用“耒”一样，因为今日的“民”恐怕不会自然而然地“说”圣人之政了。另外，韩非也可能同时强调了要回归“政”的本质内涵，政府要做政府该做的事情，就像宋人种地一样，而不是去等着兔子送上门来。

韩非提出实行法治的历史观根据。“古者丈夫不耕，草木之实足食也；妇人不织，禽兽之皮足衣也。不事力而养足，人民少而财有馀，故民不争。是以厚赏不行，重罚不用，而民自治。今人有五子不为多，子又有五子，大父未死而有二十五孙。是以人民众而货财寡，事力劳而供养薄，故民争；虽倍赏累罚而不免于乱。”（《韩非子·五蠹》）在这里，韩非使用了一些抽象的范畴，用“事力”和“养足”来说明人与自然的关系。可以说韩非认识到了人口生产和物质财富的生产协调发展的重要性。物质财富充足，也就是“财有余”，人口生产的状况，就是“人民少”。人口生产和物质财富的生产的关系决定了民众之间的“争”与“不争”的社会关系，进而决定了统治者和被统治者的关系。由此韩非得出在当代要用刑罚来治理国家的结论。

韩非还从历史观的角度论证了德治的局限性。“世异则事异”，“事异则备变”（《韩非子·五蠹》）。文王行仁义得到了天下，徐偃王（西周穆王时徐国国君）行仁义却丢失了国家，“是仁义用于古不用于今也”（《韩非子·五蠹》）。韩非坚持用历史主义观点来看道德问题，“上古竞于道德，中世逐于智谋，当今争于气力”(《韩非子·五蠹》)。这样韩非就论证了法、术、势的历史合理性。“夫古今异俗，新故异备。如欲以宽缓之政，治急世之民，犹无辔策而御駻马，此不知之患也。”(《韩非子·五蠹》) 法、术、势就像“辔策”，恰好适合治理争气力的“马”。

其二，社会观的论证。韩非认为尧、禹让天下是摆脱了辛劳的处境。“夫古之让天子者，是去监门之养而离臣虏之劳也，古传天下而不足多也。”(《韩非子·五蠹》) 韩非认为，当时人们很难辞掉一个县令，就是因为当县令得到的好处多。“今之县令，一日身死，子孙累世絜驾，故人重之。是以人之于让也，轻辞古之天子，难去今之县令者，薄厚之实异也。”(《韩非子·五蠹》) 经济基础和上层建筑的关系发生变化了，思想上层建筑也会随着变化。在尧的时代，社会结构分化不明显，上层建筑直接内涵在经济基础之中，所以在思想观念上，人们并不热衷于追逐官位。但是后来社会结构分化了，上层建筑的利益大了，上层建筑中的具体成员主要从事管理工作，从而人们在思想上也开始追逐官位。历史的变化使得官位和财产的关系发生了变化，所以所谓的“仁”并没有多少值得赞赏的道德内涵。“是以古之易财，非仁也，财多也；今之争夺，非鄙也，财寡也。轻辞天子，非高也，势薄也；重争士橐，非下也，权重也。”(《韩非子·五蠹》)

韩非除了从历史观论证德治的局限性以外，还进行了社会性的论证。“且民者固服于势，寡能怀于义”。(《韩非子·五蠹》) 社会性（势）的力量高于个人性的力量，而道德仁义属于个人性的力量，官位属于社会性的力量。“仲尼天下圣人也，修行明道以游海内，海内说其仁美其义，而为服役者七十人。盖贵仁者寡，能义者难也。故以天下之大，而为服役者七十人，而仁义者一人。鲁哀公下主也，南面君国，境内之民莫敢不臣，民者固服于势。势诚易以服人，故仲尼反为臣，而哀公顾为君。仲尼非怀其义，服其势也。故以义则仲尼不服于哀公，乘势则哀公臣仲尼。”(《韩非子·五蠹》) 孔子个人的德性力量不足以和鲁哀公的社会性力量相比，所以追随的人很少。

韩非认为，相比于个人的力量，公共的刑罚的力量更能改变人的行为。“今有不才之子，父母怒之弗为改，乡人谯之弗为动，师长教之弗为变。夫以父母之爱，乡人之行，师长之智，三美加焉而终不动，其胫毛不改；州部之吏，操官兵，推公法而求索奸人，然后恐惧，变其节，易其行矣。故父母之爱不足以教子，必待州部之严刑者，民固骄于爱听于威矣。”(《韩非子·五蠹》)

韩非论述了家国之间的伦理界限及其矛盾。“夫君之直臣，父之暴子也。”(《韩非子·五蠹》) 仁义道德可以在小的领域内发挥作用，但是在更大的政治领域就出现了伦理价值的矛盾。“今兄弟被侵必攻者廉也，知友被辱随仇者贞也；廉贞之行成，而君上之法犯矣。”(《韩非子·五蠹》)

其三，势位伦理。韩非也有自己的伦理学思想，这体现在如下几个方面。韩非讲势位依然没有跳脱君臣的大的伦常框架，不过是强化了其中的利益和权力的因素。“义者，君臣上下之事，父子贵贱之差也，知交朋友之接也，亲疏内外之分也。”（《韩非子·解老》）

韩非非常看重谋臣尽忠。韩非反对把轻视爵禄叫做廉洁，强谏也不叫做忠。以此认为韩非没有伦理思想是不对的，他不过是对相关的理论范畴从维护势位的角度进行了重新阐释和梳理。另外，韩非虽然重视道德，但相比于法而言，道德的地位是次要的。“慈仁听则法制毁。”（《韩非子·八经》）对于有术之君来说，“不随适然之善，而行必然之道”（《韩非子·显学》）。

韩非对家庭伦理关系的道德价值的意义，提出了负面性的评估。这个评估就是“父母之爱子；子未必不乱也”（《韩非子·五蠹》）。父子关系都是如此，如果把君臣和君民关系也按照父子关系来对待，其问题就可想而知了。

韩非把仁义和法的关系归结为主观愿望和客观行为的关系，“夫垂泣不欲刑者，仁也；然而不可不刑者，法也”（《韩非子·五蠹》）。仁义和治理的关系应该分开，仁义是仁义，治理是治理，二者应该遵循不同的原则和方法。“且夫以法行刑而君为之流涕，此以效仁，非以为治也。”（《韩非子·五蠹》）韩非更多的是从治理的角度来看待伦理道德问题的。

其四，势位的人性论论证。韩非的人性论更多的是从现象的角度进行描述的，并且没有关注到人性本身是受到社会历史发展影响的一种带有历史性的存在。除了前文提到的把人分为三类，并且强调“中”以外，韩非还强调人性追求利益，害怕权势的一面。法是为了尊君的，是为了令行禁止的。“故明主使法择人，不自举也；使法量功，不自度也。”（《韩非子·有度》）法是分爵制禄中的刑赏，严刑才是爱民。法其实就是“治”，“唯治为法”（《韩非子·心度》）。韩非的人性论在本质上是势位人性论，即从势位的角度来考察人性。韩非认为，国强靠政，君主尊靠权，法重得人情。民性好利禄而恶刑罚；民性喜乱，不喜法；民性恶劳乐逸。韩非强调治民不是要顺从民众的欲望，而是着眼于利民。“任功则民少言，任善则民多言。”（《韩非子·饬令》）

其五，势位的认识论论证。韩非的认识论思想本质上是为了维护势位。韩非主张不思，主张去智，神不淫于外，这样就有精力驾驭万物。韩非主张无欲，不表露欲望，去好去恶，这样就不容易失势。韩非主张虚静无事，虚静无为。“圣人执一以静，使名自命，令事自定。”（《韩非子·扬权》）事自定，君主就可以以一驭众了。“权不欲见，素无为也。”（《韩非子·扬权》）韩非主张“缘道理以从事”（《韩非子·解老》）。韩非反对前识。“先物行先理动之谓前识，前识者，无缘而忘意度也。”（《韩非子·解老》）

第三节 道的势术化

韩非的哲学极大程度上把道势术化了。“制在己曰重，不离位曰静。”（《韩非子·喻老》）《道德经》中有道、德、仁、礼的思想次序，韩非对其进行了重新地阐释。德被理解为内，得被理解为外。通过精神内守来得身，这样就有利于维持势位。韩非通过把义解释为君臣上下之事，强化了上下贵贱之间的差异性。“众人之用神也躁，躁则多费，多费之谓侈。圣人之用神也静，静则少费，少费之谓啬。啬之谓术也，生于道理。夫能啬也，是从于道而服于理者也。众人离于患，陷于祸，犹未知退，而不服从道理。圣人虽未见祸患之形，虚无服从于道理，以称早服。”（《韩非子·解老》）韩非讲积德是为了御万物。《道德经》中讲道也会起到主宰万物的功能，但这种主宰是无为的，更多的是在形而上的意义上来谈的，并不是在形而下的意义上谈论道对万物的主宰。道是在不主宰中实现主宰的。韩非把这样的思想转换成现实的势位哲学，即通过神静实现对万物的驾驭。“积德而后神静，神静而后和多，和多而后计得，计得而后能御万物，能御万物则战易胜敌，战易胜敌而论必盖世，论必盖世故曰‘无不克’。”（《韩非子·解老》）韩非希望通过这种方式让众人看不见君主的端末。韩非把体道看成是保国、保身的前提。体道的人智慧深远，这有助于保国、保身。这样就把道的学说变成了保国、保身术。

韩非把道的学说势术化，表现在其对《道德经》相关思想的阐述当中。“所谓有国之母，母者，道也。道也者，生于所以有国之术，所以有国之术，故谓之有国之母。”（《韩非子·解老》）韩非把道和利禄联系起来，从而把道、德、仁、礼延伸到“法”。“夫道以与世周旋者，其建生也长，持禄也久。”（《韩非子·解老》）“德也者，人之所以建生也；禄也者，人之所以持生也。”（《韩非子·解老》）韩非认为，人只有懂理才能长久地保持利禄，这样才能长生。“建于理者，其持禄也久。”（《韩非子·解老》）怎样才能让民众的利禄持久呢？韩非认为法要具有一定的稳定性。“凡法令更则利害易，利害易则民务变，民务变谓之变业。故以理观之，事大众而数摇之则少成功，藏大器而数徙之则多败伤，烹小鲜而数挠之则贼其宰，治大国而数变法则民苦之。是以有道之君贵虚静而重变法。”（《韩非子·解老》）这里的“而重变法”，有版本为“不重变法”，从句意来看，当为“不重变法”。

把道、德、仁、礼延伸到“法”，与把道向“理”的方向阐释有关。韩非讲理的目的是要寻找制约万物的哲学根据。“理之为物之制。”（《韩非子·解老》）道和理是万物的根据。“道者，万物之所然也，万理之所稽也。理者，成物之文也；道者，万物之所以成也。”（《韩非子·解老》）韩非强调万物异理，这和法的精神是一致的。“万物各异理，万物各异理而道尽。”（《韩非子·解老》）法可以理解为异理的一种特殊的表现方式。从这一意义上说，也可以把道看成是对法、术、势的一种形而上的论证。这种论证由于着眼于实际的治术，而使得道的形而上属性弱化了。

第九章　董仲舒的天人哲学

董仲舒（约公元前 179—前 104），广川人，西汉最重要的儒学思想家、今文经学大师。董仲舒为人廉直，生活严谨，潜心于经术之学。董仲舒于汉景帝时任博士官，汉武帝时以贤良对策拜江都相，后为胶西王相。公元前 121 年，告病辞官，居家至寿终。《汉书·董仲舒传》中记载了董仲舒“举贤良对策”的大概内容。“举贤良对策”，后世也称“天人三策”，记录的是汉武帝策问、董仲舒应答的情况。《春秋繁露》的书名始见于《隋书·经籍志》。今传为楼钥本，阙三篇。《永乐大典》抄出楼钥本，印为聚珍版。其后学者均以聚珍本为基础来校注。①

董仲舒的哲学，常常被理解为是天人感应论，这里将其理解为天人名象学。所谓天人名象学是说人是以天为象的，对人道的规定来源于对天道的理解。这样一来，人和天之间就存在相互规定的情况。天是一个名称，人也是一个名称，相互规定的结果是对人的理解有可能被强加到对天的理解上面，对天的理解也可能被强加到对人的理解上面，从而形成了一种天人相通的哲学框架。这个哲学框架是天人背后的逻辑，只有把握了这一逻辑才能把握董仲舒哲学的内在体系。

第一节　“天人三策”包含的问题

《汉书·董仲舒传》中记载汉武帝向董仲舒提出的问题都是很宏大的问题，既可以说是政治问题，也可以说是哲学和科学的问题。这些问题是董仲舒哲学所要回答的问题，其内容大概包括以下五个方面。

其一，是政治更迭的问题。汉武帝提出的问题是：如果从天命的角度来理解，如何确证谁得到天命了呢？其中的根据是什么呢？董仲舒提到了天警告人的三部曲：灾害谴告、怪异警惧、伤败。天有超越人的力量的一面，这个力量是自发的，董仲舒把这个力量理解为是受命之符，是瑞应。在董仲舒看来，治乱废兴是在于人自己的，不是天降下命就不能改变了。改变的方式就是仁义礼乐，积善累德可以带来瑞应，相反则成为灾异、谴告，当这些成为一种特定局势的时候，即便是圣人也无法改变，这就是命。在《春秋繁露》中，董仲舒提到圣人知道天命成败，但是不一定能改变成败的局势，这就是命。显然，积善累德的结果已经成为一种定式的时候，人即便是知道成败的原因，也未必能够改变成败的局势。

其二，是历史观的问题。对于汉武帝来说，古今都是一个天下，为什么古代大

① 本书使用的《春秋繁露》原文来自张世亮、钟肇鹏、周桂钿译注：《春秋繁露》，中华书局，2012 年。

治，而现在出现这么多问题呢？古今治理国家的道理有什么一样和不一样的地方呢？如何在当下的历史进程中实现古代的理想呢？对于这一问题，董仲舒认为要改正朔，易服色，并以此来应天。因为正次王，王次春。春是天所为，是天的端；正，是王所为。所以要上承天所为，而下以正其所为，正王道之端。另外，就是要任德教而不任刑。因为天道在阴阳，阳为德，阴为刑，刑主杀而德主生。阳常居大夏，而以生育养长为事；阴常居大冬，而积于空虚不用之处。天使阳出布施于上而主岁功，阴入伏于下而时出佐阳。董仲舒还提出了建立制度的建议，认为制度是为了明尊卑、异贵贱、劝有德。受大者不得取小是天意，古代有爵禄的，就不再靠劳动力量来获得财富了。董仲舒用这一思想来解释其所处的时代和古代的不同。已受大，又取小，天不能足，所以导致民众受苦。

其三，是灾异发生的原因的问题。这可以说是科学的问题，也可以说是哲学的问题。董仲舒认为，灾异发生的原因就在于废德教而任刑罚。刑罚不中，则生邪气；邪气积于下，怨恶蓄于上。上下不和，则阴阳不和谐，这就是灾异发生的起因。

其四，是人性论的问题。怎么理解人性？尤其是有的人仁，有的人鄙，这是怎么形成的呢？这涉及如何用人的问题，涉及如何避免混淆贤人和不肖的人的问题。对于这个问题，“天人三策”中回答得不详细，在《春秋繁露》中有详细的回答。董仲舒认为，性是个名称，其内容讲的就是“生”。他所说的“生”就是人的自然资质。这样，性就被规定为是质。性既然是质，而善这个名称就不是说质的。心这个名称是说栣众恶于内，不让恶发于外。则心这个名称，就是“栣”。“栣”，是禁止的意思。“身”这个名称是取之于天的。天有阴阳，人身则有贪仁。天是阳禁阴的，人则由心来禁止情欲。董仲舒用禾来比喻性，以米来比喻善。米出于禾中，但是禾不全是米。善出于性中，而性不全为善。善和米，是人继天而成于外的。善属于“人事”的范畴。民这个名词是瞑的意思，所以需要觉才能看东西。性也是如此，需要觉才能变成善。天下万民的性，是质但是缺乏觉醒，就像瞑待觉一样，需要教化才能变成善的。王的价值就是成善，这是天意。人的质有性，有情，这也是一对阴阳的关系。“民受未能善之性于天，而退受成性之教于王，王承天意，以成民之性为任者也。”（《春秋繁露·深察名号》）民性是需要教化才能成善的，“善”的名称是和“教”的名称对应的。这样，董仲舒就把人性善的问题归结为圣人和王的教化问题。

其五，是如何使政令得以顺利实行的问题，以及政令如何对所有的生命即群生都有好处的问题。董仲舒强调了元和一，强调了万物的开端。只要开端正了，那么政令就会顺畅，群生都会受益。这个端就是人君，人君的端则是心。这样通过正心来正朝廷，通过正朝廷来正百官，通过正百官来正万民，通过正万民来正四方。四方正，远近就都正了。普天之下都没有邪气掺杂其间，这样就会阴阳调和，就会五谷熟、草木茂，就做到泽被群生了。董仲舒还强调了教化，尤其是要倡导仁、义、礼、智、信五常之道。要想让万民正，只有通过教化。教化已明，习俗已成，子孙就有了遵循的法则，这样就会保持长久的繁荣而不衰败。董仲舒还提出了立太学的建议，他认为太学是教化的本原。

“天人三策”中的问题基本上就是《春秋繁露》要回答的问题。要想把握一种哲学系统，把握其问题非常重要。另外，就是要把握思想的深层逻辑。董仲舒思想的深层逻辑可以说是元秩序。

第二节 元 秩 序

董仲舒以体认天意为学术的最高要求。“夫王者不可以不知天，知天，诗人之所难也。天意难见也，其道难理。”（《春秋繁露·天地阴阳》）董仲舒心目中的天意是一个秩序。这个秩序有如下基本内容。

其一，天、地、人、物的秩序。知天，首先要知天之数。“天、地、阴、阳、木、火、土、金、水、九，与人而十者，天之数毕也。故数者至十而止，书者以十为终，皆取之此。人何其贵者，起于天，至于人而毕。毕之外，谓之物。物者，投所贵之端，而不在其中。以此见人之超然万物之上，而最为天下贵也。”（《春秋繁露·天地阴阳》）董仲舒的这个天数说，实际上概括了他的哲学的十个核心概念，这十个核心概念其实是两组概念，一组是天、地、人。这一组是汉代哲学常用的思想框架。这一思想框架也见于《中庸》和《易传》。另外一组是阴阳五行。这样一来其实就规定了董仲舒的哲学的基本框架，就是人通过阴阳五行之气与天地的阴阳之气相参。

董仲舒把“物”理解为“洪名”，“物”还有私名，从而区别于其他的物。“物”不在天的十数之内，就是为了明确人和物之间是有贵贱的区别的，从而明确了人和物的秩序。人下长万物，上参天地，人能够以气影响天地，而物的阴阳对天地的影响则被排除或者忽略了。但是天地的阴阳变化可以通过物象表现出来。这一秩序与人和物在天道面前是平等的秩序不同。这个秩序显然是董仲舒把从人的角度出发理解的秩序看成是自然的秩序。

董仲舒讲“元”，“谓一元者，大始也”（《春秋繁露·玉英》）。“元犹原也。”（《春秋繁露·玉英》）元是天、地、人、万物的开始和本原。“元者为万物之本，而人之元在焉。”（《春秋繁露·玉英》）既然是本原，按理来说就可以发展出一种本体论思想。元“安在乎？乃在乎天地之前”（《春秋繁露·玉英》）。既然元在天地之前，人也得到了元，那么人就和天地平等了。天、地、人和万物都可以拥有本体，从而具有平等的地位，相应的秩序也是一个平等的秩序。但董仲舒却巧妙地发展了一种人以天地为根据的变易的秩序。这个变易的秩序并不是一个平等的秩序，而是天、地、人之间带有等级性的秩序。

其二，终始秩序。董仲舒是如何把元这样的本体性的概念变成了一种生成论的变易概念的呢？天的所为就是元的所为，天的所为是有春夏秋冬的，所以人也是如此。“故人虽生天气及奉天气者，不得与天元，本天元命，而共违其所为也。”（《春秋繁露·玉英》）人是要随天地终始的，这样才算是本天元命。这样一来，元就成了阴阳五行的秩序。元的开端就变成了春夏秋冬的开端，天就被理解为是有端的。天地的端是春，人的端则是改正。春、王、正月，都是端。天端是春，王政就是人道的端。王是人之始。“元者，始也，言本正也；道，王道也；王者，人之始也。”（《春秋繁露·王道》）王正，则元气和顺；王不正，则上变天，贼气并见。“王者，民之所往；君者，不失其群者也。故能使万民往之，而得天下之群者，无敌于天下。”（《春秋繁露·灭国上》）元就是原，元是端，一元就是大始。元是本，是正。元正，开端就正，随后的事物就都正了，这样终始就都正了。从一年四季来说，春天是端；从月份来说，正月是端；从阴阳来说，阳是端；从人来说，王是端。王道的端是承天地之所为，是继天之作为而终之，是相与共功持业。感应的逻辑是第二位的逻辑，并不是董仲舒哲学的第一位的逻辑。端中是有感应的，这个感应就是王正会带来元气和顺，从而正天之端。正天之端，反过来又会使王正带来更普遍的效果。端正是一个循环的过程，正王政，正诸侯，正天端，天端正，天地阴阳正，万物和顺。董仲舒提出正黑统、正白统、正赤统就是为了正开端。

其三，天地秩序。男女人伦用阴阳来论证较为容易，过渡到父子君臣则不能用男女的逻辑了。董仲舒采用了天地、上下、先后的逻辑来论证。“父者，子之天也；天者，父之天也。”（《春秋繁露·顺命》）对子来说，父是天，子是地；对臣来说，君是天，臣是地。“是故仁义制度之数，尽取之天。天为君而覆露之，地为臣而持载之。阳为夫而生之，阴为妇而助之；春为父而生之，夏为子而养之，秋为死而棺之，冬为痛而丧之。王道之三纲，可求于天。”（《春秋繁露·基义》）单纯从董仲舒的表述来看，君的价值是覆露，臣的价值是持载；夫的价值是生，妇的价值是助。父生子养，“纲”的意义并不明显。“故四时之行，父子之道也；天地之志，君臣之义也；阴阳之理，圣人之法也。”（《春秋繁露·王道通三》）天地、上下、先后被董仲舒赋予了善恶的价值。“上善而下恶，恶者受之，善者不受。”（《春秋繁露·阳尊阴卑》）。用阴阳的天地、上下、先后内涵来论证伦理秩序的有效性也低于男女阴阳论。

天地秩序是一个秩序体，包括天地、君臣和父子等内容。天位置高，天施与，天的形体是藏起来的，所以是尊，是仁，是神。天对应君主，因此君主也要内深藏，外博观，不自劳于事，以无为为道，以不私为宝。地是卑下事天的；是上气养阳的；是显露形体表示忠诚的；是执着于情感、表达诚信的；是埋葬死去的生命，从而把终点埋藏起来；是奉献生命以助长光明的；是成事帮助成化的；是把功劳归结为天，从而遵守义的美德的。

其四，身心秩序。不能忽略董仲舒的身心秩序。只有了解董仲舒的身心秩序，才能知道他是如何陷入误区的。天地秩序本身就已经隐含了身心秩序。因为天是把形体藏起来的，地是把形体暴露出来的，这样天地秩序就成了身心秩序。董仲舒也说过如下一段话："天之生人也，使人生义与利。利以养其体，义以养其心。心不得义，不能乐；体不得利，不能安。义者，心之养也；利者，体之养也。体莫贵于心，故养莫重于义。义之养生人大于利。"（《春秋繁露·身之养重于义》）如果孤立地看这段话，很容易理解为董仲舒认为每个人都需要在义和利两个方面得到尊重，但实质却不是这样的。董仲舒把义和利进行了秩序性的拆分，君主和圣人是通过教化来教导民众懂得义的，这相当于发挥天的功能，属于继天功一类的事情。而民众主要是追求利的，这属于发挥大地一类的功能。天人同类，是被二元化处理了。民只是在身体也就是在性、质方面与天同类。在人事的善和心灵方面则是没有觉醒的。这样，君民秩序就变成了身心秩序，变成了觉和被觉的秩序。君民合在一起才是一个身心的整体，体才得以完全。君民是这样，君臣也是这样，君主主明，就像人的心神，臣子主劳动，发挥身体的功能，二者合起来发挥了人整体的功能。臣子贤能，君主就会受益，就像一个人形体安静，其心灵就能够得到安宁。臣子要让君主放心、安心。上面乱了，下面也会跟着遭殃，就像耳目不聪明，手足也会跟着受伤一样。君主不聪明，臣子也会跟着受伤。臣子不忠诚，君主就会灭亡，就像形体妄动，心就会丧失一样。"是故君臣之礼，若心之与体。心不可以不坚，君不可以不贤；体不可以不顺，臣不可以不忠。心所以全者，体之力也；君所以安者，臣之功也。"（《春秋繁露·天地之行》）

其五，合偶秩序。董仲舒认为百物皆有合偶，偶要合，仇要匹，这样就是善的。他所说的合偶不是对立面双方的合，而是相同性质的事物之间的合。这就是近近而远远、亲亲而疏疏、贵贵而贱贱、重重而轻轻、厚厚而薄薄、善善而恶恶、阳阳而阴阴、白白而黑黑。在董仲舒看来，天命就是为了让人行仁义而羞可耻。"天"和"五行"的关联，见于《尚书·洪范》，郭店简的《五行》则把内在的仁、义、礼、智、圣与天德关联在一起。董仲舒把天和阴阳五行相关联，同时也关联仁义。"是故明阳阴入出、实虚之处，所以观天之志；辨五行之本末、顺逆、小大、广狭，所以观天道也。天志仁，其道也义。"（《春秋繁露·天地阴阳》）董仲舒在这里使用了"天志"这一词语，这一词语本源于墨家。还用了"天道"一词，这一词语见于儒家和道家。知天就是要知阴阳，从阴阳中体会仁，即是要知道五行，从五行中体会义。这样就知道天志和天道了。

人和天之间相互影响的媒介就是阴阳之气。"天地之间，有阴阳之气，常渐人者，若水常渐鱼也。"（《春秋繁露·天地阴阳》）"是天地之间，若虚而实，人常渐是澹澹之中，而以治乱之气与之流通相殽也。"（《春秋繁露·天地阴阳》）董仲舒把人和天地阴阳的关系比喻成鱼水关系，不过气比水更稀薄、柔软，更"虚"。"今投地死伤，而不腾相助，投淖相动而近，投水相动而愈远。由此观之，夫物愈淖而愈易变动摇荡也。今气化之淖，非直水也。”（《春秋繁露·天地阴阳》）“虚”更容易受到人的治乱之气的激荡。这样董仲舒就回答了天人之间相互影响的根据问题。“故人气调和，而天地之化美，殽于恶而味败，此易见之物也。推物之类，以易见难者，其情可得。治乱之气，邪正之风，是殽天地之化者也。生于化而反殽化，与运连也。”（《春秋繁露·天地阴阳》）

人和天地之间相互影响的机制是什么样的呢？“人下长万物，上参天地。故其治乱之故，动静顺逆之气，乃损益阴阳之化，而摇荡四海之内。物之难知者若神，不可谓不然也。”（《春秋繁露·天地阴阳》）顺益和顺逆，既包括顺阳顺阴，同时也包括增加阳和增加阴，减少阳和减少阴。“王者亦参而殽之，治则以正气殽天地之化，乱则以邪气殽天地之化，同者相益，异者相损之数也，无可疑者矣。”（《春秋繁露·天地阴阳》）这种增加和减少会导致顺逆的不同。比如天地阴增长的时候，需要顺阴，阳增长的时候也需要顺阳，否则就是逆。“今气化之淖，非直水也，而人主以众动之无已时，是故常以治乱之气，与天地之化相殽而不治也。世治而民和，志平而气正，则天地之化精，而万物之美起；世乱而民乖，志僻而气逆，则天地之化伤，气生灾害起。是故治世之德润草木，泽流四海，功过神明；乱世之所起，亦博若是。皆因天地之化，以成败物；乘阴阳之资，以任其所为。故为恶愆人力而功伤，名自过也。”（《春秋繁露·天地阴阳》）

人副天数是这一秩序得以成立的前提和基础。人副天数是说人的形体和心灵就是天地的副产品。人有三百六十节，与天数相当；形体骨肉，就是大地之象；耳目聪明，就是日月之象；人体有空窍理脉，就是川谷之象；心有哀乐喜怒，是神气；人直立行走，得天地之正；人的伦理就是天地之象。董仲舒提到了很多方面的内容来说明人副天数。人头圆像天容；人有头发像星辰；人有呼吸像风气；人有认知能力，像神明；人有哀乐像阴阳；人有思虑和天远行的度数相似。既然人是天地的一个副产品，那么，人的每一个部分都对应着一个天地的现象，从而也就有了感应和改变天地运行的基础和前提。

合偶的秩序得以成立的基本原理是同类相动。董仲舒认为，百物都是去其所异、从其所同的。气同则会，声比则应。美事召美类，恶事召恶类，类相应而起。马鸣马应，牛鸣牛应。帝王兴也，美祥先见。物以类相召，天要下雨，人的病先动，是阴相应而起。天欲阴，人欲睡卧。忧愁使人想睡觉是阴相求；有喜事使人睡不着，是阳相索。阳益阳，阴益阴，阴阳以类相益损。

正因为董仲舒强调的是同类相动，因而感应也是同类相感，而不是阴阳感应。这使得他的阴阳观念最终变成了一种不对等的两个对立面的关系，而不是对等的对立面的感应关系。“凡物必有合。合必有上，必有下，必有左，必有右，必有前，必有后，必有表，必有里。有美必有恶，有顺必有逆，有喜必有怒，有寒必有暑，有昼必有夜，此皆其合也。”（《春秋繁露·基义》）凡物必有合，从一般意义上来说是合理的。“物莫无合，而合各有阴阳。”（《春秋繁露·基义》）“合”可以解析为两个方面：一个方面可以称为阴，另一个方面可以称为阳，说“合各有阴阳”也是有合理性的。称为阳的方面本身也是一个合，自然又可以分为阴阳，即“阴之中亦相为阴，阳之中亦相为阳”（《春秋繁露·阳尊阴卑》）。但是董仲舒的思想并未停留在这一层面，而是要用阴阳来论证伦理秩序。

董仲舒为什么会得出“三纲”的结论呢？显然也是受制于阴阳本身的理论阐释。除了预设了阳尊阴卑以外，董仲舒还强调阴合阳。“阴者，阳之合。”（《春秋繁露·基义》）“妻者，夫之合；子者，父之合；臣者，君之合。”（《春秋繁露·基义》）如果阴是合阳的，阴和阳就有了内容的规定，而不单纯是一种解析事物的逻辑形式。董仲舒也说“兼”。“阳兼于阴，阴兼于阳；夫兼于妻，妻兼于夫；父兼于子，子兼于父；君兼于臣，臣兼于君。君臣、父子、夫妇之义，皆取诸阴阳之道。”（《春秋繁露·基义》）但是“兼”的两端的地位并不是平等的，有兼并的意思在内。“君为阳，臣为阴；父为阳，子为阴；夫为阳，妻为阴。阴阳无所独行，其始也不得专起，其终也不得分功，有所兼之义。”（《春秋繁露·基义》）“兼”的最后结果是“是故臣兼功于君，子兼功于父，妻兼功于夫，阴兼功于阳，地兼功于天”（《春秋繁露·基义》）。这就把阴的价值全部归结到阳上去了。

把握董仲舒哲学的元秩序非常重要，只有把握了这一秩序，才能对其哲学进行恰当的评价，把握其思想的积极要素，抛弃其思想的消极要素。董仲舒的元秩序希望“强干弱枝，大本小末”（《春秋繁露·十指》）。元秩序强调“别嫌疑，异同类”（《春秋繁露·十指》）。这样是非就分明了。在元秩序中，天数和人的形体、官制是相应的。既然人的形体是天数，对待每一个人就应该像对待天一样，这是一个平等的秩序。但是董仲舒更愿意把官制看成是天数。“人之与天，多此类者，而皆微忽，不可不察也。”（《春秋繁露·官制象天》）在董仲舒看来，圣人看清了动乱的根源，所以“制人道而差上下也”（《春秋繁露·度制》）。制度、礼节就是要求贵贱有等、衣服有制、朝廷有位、乡党有序。在董仲舒看来，如果没有制度，那么就会人人从其欲，快其意，这样就会导致上下的伦常关系没有区别，从而陷入乱局和苦贫。甚至仁义范畴也被董仲舒纳入秩序中来思考，仁法在爱人，不在爱我；义法在正我，不在正人；我不自正，虽然能正人，也不能叫做义；人没有得到爱，虽厚自爱，也不能叫做仁。“君子求仁义之别，以纪人我之间，然后辨乎内外之分，而著于顺逆之处也。是故内治反理以正身，据礼以劝福；外治推恩以广施，宽制以容众。”（《春秋繁露·仁义法》）这样一来，仁义就变成了对人我秩序的一种规范。董仲舒说：“礼者，继天地，体阴阳，而慎主客，序尊卑、贵贱、大小之位，而差外内、远近、新故之级者也，以德多为象。万物以广博众多、历年久者为象。”（《春秋繁露·奉本》）董仲舒的元秩序是一个等级秩序。

第三节　阴阳五行的线性逻辑

秦汉至宋是阴阳五行理论发展的一个重要的阶段。在这一阶段，阴阳五行理论日益系统化，并被应用于医学等领域中。阴阳在董仲舒的思想中占有非常重要的地位。天有阴阳，人也有阴阳，人的阴阳和天的阴阳是一体的，是互相感应的，这样天的阴阳变化就会影响人，而人的阴阳变化也会影响天。人的德性和伦常秩序包含阴阳的区别，这样德性和伦常秩序本身就会影响到整个阴阳的平衡。董仲舒通过人副天数和天人感应论证了自己的阴阳伦理学说。

用阴阳来论证伦理秩序问题可以有两条理论路径：一条是只强调阴阳是一个相对的概念，阴阳本身无具体的规定性，更无具体规定具体事物的秩序，用阴阳来说明具体事物的时候是开放的，有不同的理论取向可以选择。采取这样的理论路径，阴阳就变成了一种解释世界的逻辑约定，显然董仲舒不可能采取这样的理论路径。另外一条理论路径就是把阴阳理解成是有内容规定的，然后再把具体事物按照内容归结到阴阳范畴中去。董仲舒就采取了这样一条理论路径。

阳尊阴卑的事实依据是什么呢？“阳，天气也；阴，地气也。”（《春秋繁露·人副天数》）董仲舒把阴阳看成是天地之气，可以依据天地之气的特性对阴阳概念的内涵进行进一步的规定。

《易传》中乾的功能是“大始”，而坤的功能是“成物”，阳是主动的、积极的，阴是被动的、消极的。“天德施，地德化，人德义。”（《春秋繁露·人副天数》）这一说法直接继承了《易传》。根据《易传》的思路可以把阳的规定性设定为“前”“任事”，把阴的规定性设定为“后”“守空处”。“阳之出也，常县于前而任事；阴之出也，常县于后而守空处。”（《春秋繁露·基义》）董仲舒的这一论述和《易传》的思路基本上是一贯的，但也有细微的差异。阳先阴后是相对的，从表面上看，阳在先，阴在后，但是从深层次来看，阴可以在先，然后显现为表面的阳，后者阳处于阴位，然后显现出来处于阳位，即阴阳先后乘。如果把时位的观念放进去思考，阴阳的先后关系就有很多复杂的样态。“任事”和“守空处”之间自然有对应的关系，二者是阳实阴虚的关系，如果按照《道德经》的思想，“守空处”比“任事”重要，那么就无法推论出阳尊阴卑了。另外，依据《易传》，阴阳也可以从事之始和事之终来说明，阳为事之开始，阴是最终成就事物的力量，那就不是“任事”和“守空处”的对应了。综合《易传》和《春秋繁露》，阳的概念的内涵可以设定为是积极的、给予的、在先的、引导的，阴的概念的内涵可以设定为是消极的、接受的、在后的、顺从的。

以天地说阴阳本身蕴含着从上下说阴阳，因为从人的角度来看，天在上，地在下。“诸在上者皆为其下阳，诸在下者皆为其上阴。”（《春秋繁露·阳尊阴卑》）另外，董仲舒还把暖、予、仁、宽、爱、生说成是阳，把寒、夺、戾、急、恶、杀说成是阴。“阳气暖而阴气寒，阳气予而阴气夺，阳气仁而阴气戾，阳气宽而阴气急，阳气爱而阴气恶，阳气生而阴气杀。”（《春秋繁露·阳尊阴卑》）

董仲舒虽然也是从阴阳的相对性入手来说明阴阳的概念内涵，然后再论证德性和伦常的，但是从阴阳到对具体事物的阴阳分析并不是一个将理论框架应用到具体事物的过程，阴阳被理解成具体事物的共有结构，从而彼此互相感应。董仲舒用人副天数和天人感应理论将伦理道德问题纳入阴阳的理论框架中。“乍哀乍乐，副阴阳也；心有计虑，副度数也；行有伦理，副天地也。”（《春秋繁露·人副天数》）人副天数是把阴阳范畴应用到伦理道德论述中的理论基础。人本身首先要被理解成是包含有阴阳两种属性的，人与人之间的区别也要被分析成有阴阳的差别，这样用阴阳来论证伦理道德问题才有了较为坚实的事实基础。人副天数说提供了这样一个理论基础。按照董仲舒的看法，男性和女性的差异本身即是阴阳之别，而且人的身体本身也有阴阳的属性，比如仁爱和贪爱的差别。依据这样的认知再辅以天人感应，自然就构成了较为系统的阴阳伦理学框架。“天地之阴气起，而人之阴气应之而起；人之阴气起，而天地之阴气亦宜应之而起，其道一也。”（《春秋繁露·同类相动》）

人的身体和相应的情感反应是和天地四时相感应的，阳感阳，阴感阴，这样就可以论证人的道德情感和德性问题了。人的喜怒哀乐在西方的伦理学语境中属于道德情感的范畴，其中也有阴有阳，喜、乐为阳，怒、哀为阴。“阴阳之气，在上天，亦在人。在人者为好恶喜怒，在天者为暖清寒暑。”（《春秋繁露·如天之为》）董仲舒强调喜怒哀乐要应时而发。“当喜而不喜，犹当暑而不暑；当怒而不怒，犹当寒而不寒也；当德而不德，犹当夏而不夏也；当威而不威，犹当冬而不冬也。”（《春秋繁露·威德所生》）

除了论证道德情感问题，董仲舒还论述了德性。董仲舒说：“身之名，取诸天。天两有阴阳之施，身亦两有贪、仁之性。天有阴阳禁，身有情欲栣，与天道一也。”（《春秋繁露·深察名号》）董仲舒还直接赋予了天地以德性的规定性。“天道之常，一阴一阳。阳者，天之德也；阴者，天之刑也。”（《春秋繁露·阴阳义》）天地本身就具有德性的规定性，天地运行有先后，有四季的变化，“故阳出而前，阴出而后，尊德而卑刑之心见矣”（《春秋繁露·天道无二》）。“此见天之亲阳而疏阴、任德而不任刑也。”（《春秋繁露·基义》）

董仲舒用阴阳范畴来论中和。“顺天之道，节者，天之制也；阳者，天之宽也；阴者，天之急也；中者，天之用也；和者，天之功也。”（《春秋繁露·循天之道》）“和者，天之正也，阴阳之平也，其气最良。”（《春秋繁露·循天之道》）

董仲舒论证伦理秩序的一个重要的逻辑过渡环节是男女阴阳论。“天地之阴阳当男女，人之男女当阴阳。阴阳亦可以谓男女，男女亦可以谓阴阳。”（《春秋繁露·循天之道》）男女伦常即阴阳秩序，“男女之法，法阴与阳。阳气起于北方，至南方而盛，盛极而合乎阴。阴气起乎中夏，至中冬而盛，盛极而合乎阳。不盛不合。是故十月而一俱盛，终岁而乃再合”（《春秋繁露·循天之道》）。定位男女的差别，如果仅仅从性别的角度来看，以阴阳的角度思考是有一定的合理性的。阴阳观的合理性在于：强调了男女生理功能上的差异，以及男女生理上的互补性。如认为男性刚，女性柔；男情急，女情缓；男念杂，女念纯；男主动，气易泄，女主静，气易敛；男气难伏，女气易伏；男喉有结，女喉无结；男命在气穴中，女命在乳房中；男以腰为肾，女以血为肾；男精阳中有阴，女血阴中有阳；男子阳从下泄，女子阳从上升。这是形体的不同。从阴阳来把握男女还需要处理的一个事情就是男本身也是一个阴阳，女也是一个阴阳，男女都是阴阳和合的，都是完全的太极，这样一来，就会导致得出男女两性差别并不具有绝对性的结论。男女阴阳论存在如下两个伦理的维度：第一个伦理维度是男女自备阴阳，是完整的个人，无须进入男女两性伦理关系中；第二个维度是阴阳两性之间需要有性别互补的关系。“阳性理论试图将男性恢复为女性互补性的另一半，在其中重新产生了性别差异这一传统问题。”①

男女生理和心理的差别可以用阴阳来说明并不意味着阴阳理论就一定能支持“三纲”说。“三纲”说已经过渡到另外一个层次的问题了，即对男女社会角色的界定或者男女价值地位的判定问题。董仲舒之所以能够得出“三纲”说除了社会原因以外，单就理论来说，是因为他的阴阳学说本身就预设了一个价值概念，即阳尊阴卑。董仲舒认为：“恶之属尽为阴，善之属尽为阳。”（《春秋繁露·阳尊阴卑》）如果单纯从阴阳理论来看，这一讲法也有合理之处。但是如果再把阴阳对应到男女、君臣上面去，就会导致男善女恶说或者君善臣恶说。“土若地，义之至也。是故《春秋》君不名恶，臣不名善，善皆归于君，恶皆归于臣。臣之义比于地，故为人臣者视地之事天也，为人子者视土之事火也。”（《春秋繁露·阳尊阴卑》）这样一来，阴阳理论的地位就下降了，变成是为了论证某种既定的伦理道德观念，而不是一种针对阴阳的求真的精神，变成是为了探寻一种价值论的阴阳而非事实性的阴阳。《春秋繁露》的一个篇章就是《阳尊阴卑》足以说明了董仲舒对阴阳先入为主的价值认定。“丈夫虽贱皆为阳，妇人虽贵皆为阴。”（《春秋繁露·阳尊阴卑》）男永远占据贵的价值一端，而女变成了卑贱的价值一端，这样就否认了个人通过努力改变贵贱秩序的可能性，把阴阳贵贱变成了一种刚性的不可逾越的伦理秩序。

董仲舒把五行和人伦关系结合起来进行思考。“木生火，火生土，土生金，金生水，水生木，此其父子也。木居左，金居右，火居前，水居后，土居中央，此其父子之序，相受而布。是故木受水而火受木，土受火，金受土，水受金也。诸授之者，皆其父也；受之者，皆其子也。常因其父以使其子，天之道也。是故木已生而火养之，金已死而水藏之，火乐木而养以阳，水克金而丧以阴，土之事天竭其忠。故五行者，

① 〔英〕苏珊·弗兰克·帕森斯：《性别伦理学》，史军译，北京大学出版社，2009年，第59页。

乃孝子、忠臣之行也。”（《春秋繁露·五行之义》）按照董仲舒的理解，五行的相生关系就是父子关系，土居中为父，金居西方为子，金又为水之父。其中也有阴阳的关系：木生火，木就能养火之阳，也就是说父生子的关系能够养子之阳；金生水，水得金之阳，金的阴就增长，最后金死于阴，也就是说子得父之阳，而使父丧于阴。父养子之阳，而子使父丧于阴，这也是一种忠孝的关系。父生子，也可以反过来说是子克父，这是一个循环往复的关系，忠孝从阴阳的义理来看，就在于忠孝能够得到来自父的阳。推而言之，忠孝也有克父的作用，使得父之阳为子所用，而丧以阴。父丧以阴，自然更应当得到子的尊敬，忠孝之义被董仲舒解释成阴阳之理。“以子而迎成养，如火之乐木也；丧父，如水之克金也；事君，若土之敬天也。”（《春秋繁露·五行之义》）火对待木就像子对待父，水对待金就像丧父，土对待火就像臣对待君。金木水火发挥作用都要依赖土，土是五行之主。“五行之主土气也，犹五味之有甘肥也，不得不成。是故圣人之行，莫贵于忠，土德之谓也。”（《春秋繁露·五行之义》）

董仲舒虽然把阴阳看成是相反之物，但是却强调“一”。“天之常道，相反之物也，不得两起，故谓之一。一而不二者，天之行也。”（《春秋繁露·天道无二》）什么叫做“一”呢？就是“并行而不同路，交会而各代理”。（《春秋繁露·天道无二》）“天道大数，相反之物也，不得俱出，阴阳是也。春，出阳而入阴；秋，出阴而入阳；夏，右阳而左阴；冬，右阴而左阳。阴出则阳入，阳出则阴入，阴右则阳左，阴左则阳右。”（《春秋繁露·阴阳出入上下》）从“起”的角度来看，阴阳只能是单一的阴或者阳，主导的阳就成了阴的代理，主导的阴就成了阳的代理。在董仲舒看来，阳的价值更高。“天下之尊卑随阳而序位。幼者居阳之所少，老者居阳之所老，贵者居阳之所盛，贱者居阳之所衰。藏者，言其不得当阳。不当阳者，臣、子是也；当阳者，君、父是也。故人主南面，以阳为位也。阳贵而阴贱，天之制也。礼之尚右，非尚阴也，敬老阳而尊成功也。”（《春秋繁露·天辨在人》）阳尊阴卑比较明显地体现了儒家学说的特色，与《道德经》尚阴柔有明显的区别。二者的差异说明，他们对于阴阳的价值定位是有不同的思考的。道家对阴的价值的肯定从另外一个侧面说明了尊阳的价值的局限性。总的来说，董仲舒的阴阳伦理学的思考是有价值的，但是也因为预设了阴阳的价值，从而弱化了用一种求真的精神来探究阴阳。董仲舒描绘的阴阳五行运行的秩序是一个线性的秩序。阳和阴都被描绘成一个孤立的线条，每个线条都按照一定的时空规律运动。阴阳彼此之间不是感应的关系，而是孤立运动的关系。董仲舒理解的阴阳是线性运动的。董仲舒也认为，独阴不生，独阳不生，但是他阐发的阴阳观依然不是阴和阳不论在什么时空都会互相感应，而是彼此孤立运动。五行的行就是运行的行。因为行不同，所以有五行。阳气从东北南行，西转北入；阴气从东南北行，西转南入。阳以南方为位，以北方为休；阴以北方为位，以南方为伏。阳夏出在上，冬入化在下；阴夏入守虚于地下，冬出守虚位在上。阳出实入实，阴出空入空。阴阳不能一起出来，春阳出阴入，秋阴出而阳入。夏右阳左阴，冬右阴左阳。阴阳是并行不乱的。冬天阴从东来西，阳由西来东，阴阳在冬至时相遇于北方。阴到右边，阳到左边。阳是顺行的，阴是逆行的。冬右阴，左阳。春分阳在正东，阴在正西，阴阳相半。夏右阳而左阴，上右，下左。秋分阳在正西，阴在正东。阴阳"并行而不同路，交会而各代理"(《春秋繁露·天道无二》)。

董仲舒讲"和生"和"和成"，但也是线条式的。东方和生，是北方所起的；西方和成，是南方所养的。生于和，成于和，和是中，中是天地终始。这样理解的"和生""和成"，并不是随时随地发生的，不是阴阳随机的和。阳气起北方，到南方达到了极盛，盛极而合乎阴；阴气起于中夏，至中冬而盛，盛极而合乎阳；不盛不合。这样的合是有时间、空间的限制的。至于南方和北方的合，阴阳依然是孤立的。合是阴阳相会，冬天合与北方，物动于下，夏合南方，物动于上。董仲舒认为，"和"是天的正的状态，阴阳平和，气是最好的。但是这个平和只有春秋才存在。中者是天用，和是天功。阳节制阴，是天制，阳是天宽，阴是天急。春生，不过秋，秋生，不过夏，总共十个月，这是天数。

董仲舒把阴阳之气线条化，有出入上下、左右前后的平行运动。他强调了运动性，这种运动是不会停止的。气一旦在人这里停留就会郁滞。这样人的喜怒哀乐就成了气流动的一种表现，人就成了阴阳五行之气的一个留置的存在物，而失去了实际的主体地位。作为天地气化的留置物，人的任务就是要正周行，而不能久留气，不然就会使得气郁滞。比如春要修仁而求善，秋要修义而求恶，冬要修刑而致清，夏要修德而致宽，这是顺天地，体阴阳。这样的处理是很机械的，必然会带来实践的困难。董仲舒用执中的办法来化解这种困难。比如春天生人，但是春天也有生命会死去，秋天也有生命诞生，当生者曰生，当死者曰死。方生之时有杀也，方杀之时有生也，是故志意随天地，缓急仿阴阳。每时每刻都抓住阴阳的道理，让阳胜阴，总是对的。

董仲舒的阴阳五行的线性秩序对应着很多内容。比如君主立于阴，大夫立于阳，这样就起到明贵贱的作用。"天道施，地道化，人道义。"(《春秋繁露·天道施》)董仲舒的这一说法基本上延续了《易传》对天地功能的理解。天是开辟的力量，是成象的；地是顺从的力量，是成形的。天道是变，地道是化。天是创造的力量，地是成就的力量。施与总是有回应，这就是礼尚往来。在万物创生的过程中起到主宰的是阳。"阳始出，物亦始出；阳方盛，物亦方盛；阳初衰，物亦初衰。物随阳而出入，数随阳而终始，三王之正随阳而更起。以此见之，贵阳而贱阴也。"(《春秋繁露·阳尊阴卑》)"是故天道十月而成，人亦十月而生，合于天道也。"(《春秋繁露·阳尊阴卑》)好为阳，恶为阴；喜为阳，怒为阴；暖为阳，寒为阴；生为阳，杀为阴；丈夫为阳，妇人为阴；顺为阳，逆为阴；经为阳，权为阴；德为阳，刑为阴。阳气予阴气夺，阳气仁阴气戾，阳气宽阴气急，阳气爱而阴气恶。阳常居实位，阴常居空位。阳是开端，阴是结尾。天的秩序被理解为是和、德、平、威的秩序。德意味着庆赏，威意味着刑罚。和平不过是强调在赏罚之前要和心与平心，以求适当和有效。

第四节 名 号 论

董仲舒重视“端”，认为治理天下就是辨别大小。名号就是端。“治天下之端，在审辨大；辨大之端，在深察名号。名者，大理之首章也。录其首章之意，以窥其中之事，则是非可知，逆顺自著，其几通于天地矣。”（《春秋繁露·深察名号》）“名”能够起到规范事物、辨别是非的作用。在董仲舒看来，名号是来自天地的，天地是名号的大义。符合天地大义的名号就是正的名号，这样名号本身就成了衡量是非的标尺。顺名号的事情是对的，逆名号的事情是错的，这样是非就清楚了。

董仲舒认为，名号是圣人仿效天地而命名的，所以名号是通天意的。这样一来，董仲舒就表达了一种解释学思想。这就是要阐释名号中的天意。但其实这个天意是人所阐释的意思。董仲舒也承认天不说话，但是天让人阐发天意；天不行动，但是让人按照天意来行动。能够发挥这一作用的人是圣人。

从某种意义上说，董仲舒的哲学就是他的名学，即他所阐发的天意。对于所谓的“天意”，人们可以有不同的阐发，董仲舒的阐发就和墨子的阐发不同。董仲舒的哲学方法就是名号学的方法。董仲舒对很多名词都进行了解释。如天子就是以天为父，要以孝事天；大夫就是要讲忠信和礼义，善要大于匹夫，并能够教化匹夫；士就是做事的意思；民就是瞑的意思；王的意思是皇、方、匡、黄、往；君的意思是元、原、权、温、群。“名也者，名其别离分散也。号凡而略，名详而目。目者，遍辨其事也；凡者，独举其大也。”（《春秋繁露·深察名号》）事要顺于名，名各顺于天，这样天人就合一了。有了名就可以辨别是非曲直，把昏暗的世界变成光明的世界，从这一意义上说，名就是“真物”（《春秋繁露·深察名号》）的。

概念起到区分事物的作用，强调名可以起到通贯古今保持一种秩序的作用。不过董仲舒强调区分亲疏、尊卑、远近。这就把区分功能限定在较窄的含义上了。礼是为了防乱的，董仲舒理解的礼显然是一个亲疏、尊卑、远近的秩序。

第五节 阴阳范畴及其伦理应用

阴阳虽然只是董仲舒所说的“天之数”中的两个范畴，但仔细分析会发现，阴阳是“天之数”的核心范畴。木、火、土、金、水五行本身是分阴阳的，天地也可以用阴阳来说明。董仲舒的阴阳理论继承发展了《易传》的相关思想。

在《易传》中，乾、阳、天是一个系列的范畴，坤、阴、地是一个系列的范畴。

乾对应大始、成象、易知、有亲、可久、贤人之德；坤对应成物、成形、易从、有功、可大、贤人之业。阴阳的德性概括起来即盛德大业。“富有之谓大业，日新之谓盛德。”（《易传·系辞上传》）董仲舒的阴阳理论相比于《易传》而言，阴阳范畴对应的事物更为丰富，阴阳范畴的伦理道德意义得到了进一步阐发，这对周敦颐和朱熹的阴阳理论产生了很大的影响。周敦颐把阳对应仁，把阴对应义，从“阴阳理”的角度论证君臣、父子、兄弟、夫妇关系（《通书》）。朱熹发扬了周敦颐的思想，认为善为阳，恶为阴，仁、乐为阳，礼、义为阴。可以说，朱熹用阴阳来阐发伦理学范畴，深得《易传》思想的精髓，同时吸收了董仲舒的相关思想，把周敦颐思想体系中蕴含的阴阳五行和伦理范畴的对应关系进一步进行了说明，基本上确证了阴阳的伦理学地位。

把阴阳和君臣、父子、兄弟、夫妇关联在一起有一定的理论局限。邵雍的体用论有助于克服阴阳被具体事物及其关系限定所带来的局限。“体无定用，惟变是用。用无定体，惟化是体。体用交而人物之道于是乎备矣。”①阴阳可以说是没有定体的，也就是说阴阳本身不应局限在某种确定的事物及其关系方面来理解。体无定用，这就意味着具体的事物既可以发挥阳的功用，也可以发挥阴的功用。这样就把阴阳和具体事物及其关系剥离开了。阴阳范畴，可以无规定性，只要是相对的，就是阴阳。把阴阳范畴抽象到极致，阴阳就是简单的相对关系，没有高下之分，而是平等的对应双方。但是阴阳的产生毕竟与经验有关，阴阳也有基本的约定的内涵，阳是刚的，阴是柔的，阳是向阳的，阴是背阴的，等等。抽象的阴阳范畴和有具体内涵的阴阳概念之间有一定的理论张力，从阴阳范畴的创新角度来看，抽象的阴阳范畴具有更好的应用空间，同时具有现代转换的可能性。

---

① 邵雍：《邵雍集》，郭彧整理，中华书局，2010年，第6页。

第十章　慧能的心性哲学

慧能，也叫惠能。关于惠能这个名字的由来，记载六祖生平事迹的《六祖大师法宝坛经略序》说是由两个僧人给起的，上惠下能，惠是以法惠施众生，能是能作佛事。慧能于贞观十二年（638 年）出生。《六祖大师法宝坛经略序》说慧能的父亲是卢行瑫，母李氏。《五灯会元》说他三岁丧父，靠卖柴为生。

第一节　《坛经·行由品》对心性觉悟的叙述

《坛经·行由品》说慧能在卖柴时，听到一个客人背诵《金刚经》，慧能因而开悟并决定前往黄梅向弘忍学习。《五灯会元》说慧能先到韶州遇到了刘志略，结为朋友。刘志略的姑姑常读《涅槃经》，慧能一听就能为其解说经义。刘志略的姑姑向慧能请教字的读音和含义，慧能不认识字，却能理解经典的意思。刘志略的姑姑感到很奇怪：不认识字怎么能懂意思呢？慧能和她讲，妙理和文字是没有多大关系的。刘志略的姑姑便认定他是有道之人，便召集当地人来瞻礼，并修宝林寺旧地让慧能居住。但有一天慧能觉得还得去求法，就到乐昌县西山石窟，依智远禅师坐禅。后来悟到坐禅无益，就继续到弘忍处学法。

《五灯会元》说弘忍一见慧能，便认为这个人与众不同。弘忍问了慧能两个问题：你是哪里人？想要求什么？慧能回答自己是岭南新州百姓，是来向弘忍学习成佛的方法的。这是一个符合常识经验的回答。如果按照这个回答，慧能的智慧与常人没有什么差别，自然就与弘忍内心的直觉感知不同。基于此，弘忍用了激将法，激发慧能表达出一种特殊的智慧。弘忍说慧能："你既然是岭南人，那怎么做得了佛？"慧能再次的回答契合本性的道理。当把本性理解为无来无去的时候，也不存在求什么的问题，因为自己本性就是佛，不存在再去求作佛的问题。慧能依此智慧，回答说："人虽有南北，佛性本无南北，獦獠身与和尚不同，佛性有何差别？"（《坛经·行由品》）[①]弘忍便没有再说话，让慧能和其他僧人去干活了。

《坛经·行由品》有较高的理论价值，在叙述慧能的生平时，融入了很多理论思考。当弘忍让慧能去干活的时候，慧能提出了疑问："弟子自心常生智慧，不离自性，即是福田。未审和尚教作何务？"（《坛经·行由品》）这一说法对于当时在僧人中流行的观念来说，应该是非常不合常规的。多做事被看成是积福的过程，慧能则把自性和自心的智慧本身看成是福田。虽然弘忍斥责了慧能，但慧能这一认知却深得弘

① 《坛经》有很多版本，本书引用原文来自《佛教十三经》，中华书局，2010 年。

忍欢心。弘忍随后就出了一道考题给自己的弟子们："吾向汝说，世人生死事大，汝等终日只求福田，不求出离生死苦海。自性若迷，福何可救？汝等各去，自看智慧，取自本心般若之性，各作一偈，来呈吾看，若悟大意，付汝衣法，为第六代祖。火急速去，不得迟滞。思量即不中用，见性之人，言下须见。若如此者，轮刀上阵，亦得见之。"（《坛经·行由品》）弘忍在这里出的这道题目很有讲究，答案、答题的方法、答题的注意事项都给出来了。答案就是自性悟可以出离生死苦海，自性迷只能得到福田。答题的方法就是依据自身智慧来回答，而不是依赖经验和学习来的理性知识来回答。答题的注意事项就是不用思量，当下回答。

弘忍的弟子给出了三种答案。第一种答案是众人，众人没有洞见自性平等，陷入人我相，觉得不须用心回答，等着跟神秀学习，与弘忍自性自度的宗旨相背离。第二种答案是神秀，神秀陷入了"想蕴"，在求法和觅祖之间陷入了善恶的两难；同时也陷入了师生的人我相和言语相，以为不回答问题的话老师就不知道自己见解的深浅。第三种答案是慧能，直接依据自性智慧作答。

神秀和慧能的答案蕴含着很多重大的差别。神秀的答案是："身是菩提树，心如明镜台。时时勤拂拭，勿使惹尘埃。"（《坛经·行由品》）慧能的答案是："菩提本无树，明镜亦非台。本来无一物，何处惹尘埃？"（《坛经·行由品》）神秀和慧能思想的差别在于以下几点。

其一，神秀用菩提树、明镜台比喻身心，身心被当作了实有的、具体的一个事物，并且有身心二元的倾向，这样就会在身心上寻找智慧。而慧能则直接把智慧理解为是虚无的。

其二，把心理解为有形象的具体事物，自然就把智慧理解为是可能会被污染的。"勿使惹尘埃"明显承认了身心是会被污染的，但可以去掉污染。如果身心会被污染，身心自身又如何能靠自己的力量去掉污染呢？神秀的理解面临着极大的难题。慧能把智慧理解为虚无，自然也就将其理解为不能被污染的，是绝对清净的，这就回答了人如何靠自己的力量达到自我清净的问题。

其三，自力和他力的问题。神秀的答案必然会导向他力。因为自己的智慧会被污染，那么就需要有不被污染的智慧来帮助才能获得清净。但是他人的智慧也是能被污染的，这样最终就无法寻找到达到清净的最终根据。慧能的答案则可以寻找到达到清净的最终根据。因为存在不被污染的自性，发现这一自性的人就成为老师，老师帮助他人发现自我的自性，这样人就可以通过对自我的不被污染的本性的发现实现自我革新。

其四，"时时勤拂拭"是"有为法"，是"渐修"。慧能的思路则是悟本性，悟本性时是"顿"的，而本性的觉醒是不断进行的，因而也是"渐"的。

关于自力和他力的问题，后文的叙述给出了答案。"米熟也未？""米熟久矣。犹欠筛在。"（《坛经·行由品》）"米"指的是自性，"米熟"指的是自性的觉醒；"筛"

指的是老师以及老师教导的具体修养的方法。自悟自度并不排斥老师教导的方法。“迷时师度，悟了自度，度名虽一，用处不同。”（《坛经·行由品》）这一论述给出了自我觉悟和依靠老师教导的关系。

自性既然是“本来无一物”的，是常清净的，自然难以把握。如何从人心的活动中把握自性呢？对立性思维活动的当口是把握自性的良机。“不思善，不思恶，正与么时，那个是明上座本来面目？”（《坛经·行由品》）本来面目就是自性。自性在思善思恶的时候显现出来。本性不是思考本身，而是能够思考的那个能力透露出来的本性。自性自知善恶，可以关照自己的善恶意念，这就是“如人饮水，冷暖自知”（《坛经·行由品》）。

《坛经·行由品》叙述了慧能求法、得法和开始传法的过程，已经表达了《坛经》的基本思想。就佛教哲学来说，到慧能这里实现了中国化的变革。

第二节　佛学的中国化变革

佛教哲学的中国化变革的核心和灵魂是突出了自性觉悟的重要地位的。《坛经》的自性论有很多内容，但根本的是迷悟。慧能的自性论包含以下三个根本的属性。

其一，具有认识论属性。自性具有智慧性，这个智慧性是无形相的，本性自有般若之智，本性能够自用智慧观照。把握这一点非常重要。慧能把自性看成是认识的主体，人的认识的生发都是依靠自性。自性可以自见，可以自悟，也可以自迷。正因为是自性自身产生了迷悟，所以才可以实现自性由迷到觉。

其二，具有道德属性。说自性本自清净，相当于说本性是至善。自性不思量善恶的时候，就显现为空寂；自性思量善恶的时候，即是自化。自性是平等的。自性有善用和恶用，善用就是佛用，恶用就是众生用。

其三，具有生成本性。自性不生灭，无去无来，自具足，无动摇。自性能生万法，能含万法。自性具有真实性，称为真如性。自性即是真如性，真实如此，本来就具有。自性无动静，却是动静的根源。自性表现为空寂性，本源空寂，离却邪见。

性是心身的根本，“心是地，性是王。王居心地上，性在王在，性去王无。性在身心存，性去身心坏”（《坛经·疑问品》）。性和身心的关系是统摄关系、依存关系、同一关系。性和法的关系是体和用的关系、主体和客体的关系。《坛经》中讲解“心”，包括心、自心、本心、自本心、妄心（邪心、毒心、迷心）和直心。慧能所讲的“心”包含不同的逻辑层面。大约有两个根本的层面：作为心体的本心，这是本体层面，心的思考活动是大用的层面。

在心性论的基础上，慧能实现了佛教哲学的重大革新。其一，把心性的觉悟看成是禅修实践、戒律和理论的前提。认识自己的本心，见自本性才算入门。慧能认为，不识本心，学法无益，识心见性，就算悟大意了。自性的迷悟是具有决定性的意义的，是圣凡人格区别的关键。自性觉悟也是法存在的意义，如慧能所说："吾本来兹土，传法救迷情；一华开五叶，结果自然成。"（《坛经·付嘱品》）心悟才是真。慧能说："汝若心迷不见，问善知识觅路。汝若心悟，即自见性，依法修行。汝自迷不见自心，却来问吾见与不见。吾见自知，岂代汝迷？汝若自见，亦不代吾迷。何不自知自见，乃问吾见与不见？"（《坛经·顿渐品》）

其二，把戒、定、慧三学统一于自性觉悟。戒、定、慧和开悟相比，开悟更重要，得开悟，也就不必立戒、定、慧了。"须知一切万法，皆从自性起用，是真戒定慧法。"（《坛经·顿渐品》）"心地无非自性戒，心地无痴自性慧，心地无乱自性定，不增不减自金刚，身去身来本三昧。"（《坛经·顿渐品》）

自性戒是心性自身生起的自律，就是无相戒。自性戒表现为心地无非、无恶、无嫉妒、无贪嗔、无劫害。慧能说："心平何劳持戒？行直何用修禅？恩则孝养父母，义则上下相怜。让则尊卑和睦，忍则众恶无喧。若能钻木出火，淤泥定生红莲。苦口的是良药，逆耳必是忠言。改过必生智慧，护短心内非贤。日用常行饶益，成道非由施钱。菩提只向心觅，何劳向外求玄。听说依此修行，西方只在目前。"（《坛经·疑问品》）

自性定不同于坐禅。在慧能看来，长坐拘身，对于把握道理是没有帮助的，住心观静也是不对的。"生来坐不卧，死去卧不坐；一具臭骨头，何为立功课？"（《坛经·顿渐品》）慧能所讲的自性定是要把握第一义不动。慧能有真假动静偈，其中说道："有情即解动，无情即不动，若修不动行，同无情不动。若觅真不动，动上有不动，不动是不动，无情无佛种。能善分别相，第一义不动；但作如此见，即是真如用。"（《坛经·付嘱品》）第一义不动其实是超越动静的。自性定恰好就是定在第一义不动上。所以这是本性的自净自定。慧能认为，内见自性不动是禅。这样的自性定并不把关注点放在心的动静和行为的动静上。自性净没有形相，如果心一定要静，就有了静的形相，这就成了妄心、妄念。身体和行为也是如此，一个人虽然身不动，但是开口便说他人是非长短好恶，这是违背道的。自性定要求内不乱，要求见本性不乱。在此基础上，处于一切境界上，不起念，就能够外离相。自性定要求看到各种各样的善恶境相都能做到自心不乱。

自性定和自性慧、自性戒是一体的。"大众勿迷，言定慧别，定慧一体，不是二。定是慧体，慧是定用，即慧之时定在慧，即定之时慧在定。"（《坛经·定慧品》）慧能以灯和光来比喻定和慧的关系。定慧如灯光，有灯即有光，无灯即无光。灯是光之体，光是灯之用。自性慧强调的是心地无疑。自性慧就是要了悟心量广大，心体无滞，去来自由，一即一切。自性慧就是要了悟智慧是从自性产生的。智慧心没有形相，自性慧就表现为可以在一切处所、一切时间，念念不愚，智慧常现，不离开自性。自性慧表现为对一切法不取也不舍。自性慧要求做到自心无碍，常以智慧观照自性不造诸恶，虽修众善心不执着，能够敬上念下矜恤孤贫。慧能认为，智如日，慧如月。自性慧就表现为自性可以自除迷妄，内外明彻，于自性中万法皆现。

把握自性慧不能陷入明暗二元对立性的观点之中，明暗二元对立性的观点恰好是没有觉悟自性的表现。慧能认为以智慧照破烦恼的见解是较低级的智慧，高级的智慧则是明了烦恼就是菩提，二者没有区别。明是因，暗是缘，明没即暗。以明显暗，以暗显明，来去相因。真正的实性是住烦恼而不乱，居禅定而不寂。

其三，从重视语言文字的传统转移到具体的实践。《坛经》打破了学者盲目崇拜经典的倾向，要求人应积极地去面对经典，对佛教经书进行了人本主义的解说。关于心和经典的关系，慧能认为要以心正来认识经典，知见不同，人和经典的关系也不同，要转经典，而不是被经典转。慧能认为，经典中的道理，都在人性中自具有。经典本身都是为了人才诞生的。慧能不反对语言文字，人说话本身也属于广义的文字范畴。恰当的做法是把语言和智慧的洞见结合在一起。“无名可名，名于自性；无二之性，是名实性。于实性上建立一切教门，言下便须自见。”(《坛经·顿渐品》）自性需要通过开悟来了解其实性，不能单纯依靠自性的名称来理解，但是当人了悟自性以后，就可以把了悟到的自性说成是实性。人也可以通过实性来进一步了悟自性。“一日，师告众曰：‘吾有一物，无头无尾，无名无字，无背无面，诸人还识否?’神会出曰：‘是诸佛之本源，神会之佛性。’师曰：‘向汝道无名无字，汝便唤作本源佛性。汝向去有把茆盖头，也只成个知解宗徒。’”(《坛经·顿渐品》）单纯依靠语言文字来把握事物，就成了知解宗徒，还要用自己的智慧直面事物的实性。

其四，在家与出家只是表象。慧能带来的革新还在于调和了在家和出家的关系，更直面问题的实质。在慧能看来，如果真心修行，不分在家还是出家。出家若不修，如西方心恶之人；在家若修行，如东方人修善。关键还是自家修清静。问题的重点不是身体安置在哪里，而是知见和知见的觉悟问题。出世的问题是见自本性的问题，见自本性就是觉知见。“佛法在世间，不离世间觉；离世觅菩提，恰如求兔角。正见名出世，邪见是世间；邪正尽打却，菩提性宛然。”(《坛经·般若品》)

其五，顿法和渐法兼顾。开悟是刹那的事情，自然是顿法。但是开悟不是终点，只是起点，自然立有渐次，需要渐修。关于顿渐的问题，慧能认为法本一宗，人有南北。法就是一种，见有迟疾。法没有顿渐，但人有利钝，所以有顿法和渐法。

其六，强调依靠自性而不是外在事物。慧能认为自心归依是归依自性，重点在于除去自性中的不善心、嫉妒心、谄曲心、吾我心、诳妄心、轻人心、慢他心、邪见心、贡高心及一切时中不善之行。常自见己过，不说他人好恶，是自归依。见性通达无滞碍，是真正的依靠。有一个上人善于雕塑，慧能对他说：“汝只解塑性，不解佛性。”(《坛经·机缘品》）慧能关注如何净化自我心灵的问题。

其七，强调通过心灵的净化来改过，从而不断进步。慧能强调无相忏悔。当自性起念，念念不被愚迷、骄狂、嫉妒所染的时候，过去的过错就消失了，不会再对当下的人产生影响。

其八，自性自度变成了心灵自身的活动。慧能把心中的邪见、烦恼、愚痴等看成是众生，把依靠自性般若除掉虚妄看成是自性自度的活动。

其九，以心性回答人格成就的问题。凡圣的区别关键就在于自性，不是向外求就能够实现的。自性迷，成就一种人格；自性悟，成就另外一种人格。

自性迷悟对于人格成就来说是有决定性意义的，而同时念头的不同就表现为不同的人格特征。前念着境即烦恼，后念离境即菩提。这样每一个念头的心灵活动就都意味着不同的人格特征。前念迷即凡夫，后念悟则超越了凡夫，迈向圣人的境界。慧能所肯定的心灵活动是慈悲、喜舍、能净、平直。这些心灵活动就意味着超凡入圣。而人我心、邪心、烦恼、毒心、虚妄、三毒、愚痴则意味着当下就在成就着较为低下的人格。

不仅如此，慧能还把自性起念头的变化分为三个层次，每一个层次都对应着一种人格特征。人的本性对应清净法身，人的智慧对应圆满报身，人的意念和行为对应千百亿化身。清净法身肯定了人的人性本清净，人的自省能够思量善恶，并生善的行为。圆满报身肯定了人的智慧可以灭除愚昧，念念圆明，自见本性，在实性中不染善恶。千百亿化身肯定了人在不思万法的时候，性本如空，一念思量就会变化。自性变化很多，可以一念善，也可以一念恶。一念善，智慧即生。

善知识也不是向外去求，自心内有知识自悟，就是人生的善知识。如果自己的内心充满邪迷妄念，外边的善知识虽有教授，但也是对人没有帮助的。

其十，把功德福报化为内心的活动。慧能认为，造寺度僧、布施设斋，是求福，功德在法身中，不在修福。那么到底怎样才有功德呢？“见性是功，平等是德。念念无滞，常见本性，真实妙用，名为功德。内心谦下是功，外行于礼是德。自性建立万法是功，心体离念是德。不离自性是功，应用无染是德。若觅功德法身，但依此作，是真功德。若修功德之人，心即不轻，常行普敬。心常轻人，吾我不断，即自无功。自性虚妄不实，即自无德。为吾我自大，常轻一切故。善知识！念念无间是功，心行平直是德。自修性是功，自修身是德。善知识！功德须自性内见，不是布施供养之所求也，是以福德与功德别。”（《坛经·疑问品》）在慧能看来，功德的前提是见性。见性以后，就有功；懂得每个人自性都是平等的，这样就能平等地对待众人，就有德了。功德是心念上的事情，每一个念头都成为本性的真实妙用，就有功德。功和德是不可分的，心体离念，自性才能建立万法。念头总是不离开自性，也就不被污染了。功德是心性的功夫，要求念念无间，心性平直。自性是功德的前提，如果自性都虚妄不实了，自然就没有了功德的根基。功德的实际功夫则要体现在人与人的关系方面，要求超越人我相，尤其是要超越自大，这是修身的事情。修心和修身结合，功德就圆满了。

其十一，把价值目标内置于内心活动之中，内心活动的性质决定了目标的远近。

在慧能看来，人心决定了和净土的远近关系。心净则与净土就是切近的关系，心地善，就离价值目标不远。如果怀不善之心，那么净土就变得远了。

慧能实现的思想和实践变革是较为系统全面的，涉及禅修的很多方面的内容。

第三节　真道的价值诉求

慧能追求把握事物的实性。自性的智慧是明暗的中道。有一个僧人喜欢以下的讲法："卧轮有伎俩，能断百思想。对境心不起，菩提日日长。"（《坛经·机缘品》）慧能则认为这个讲法表明心地不明，按照这个讲法去做反倒多了束缚。慧能说："惠能没伎俩，不断百思想；对境心数起，菩提作么长？"（《坛经·机缘品》）真正让人获得自由的智慧是心无所攀缘，同时也广学多闻，和光接物，无我无人，不变易自性，直到达到菩提境界。

慧能非常强调真的重要性，"须自见性，常行正法，是名真学"（《坛经·忏悔品》）。需要真见自性，而不是口说。要净化内心，这样才是真心。意念要避免虚妄，这样心中自见真。这就是"一真一切真"（《坛经·般若品》）。自性真，自心真，念头真，行为真，人格也就是真人格。"若能自有真，离假即心真；自心不离假，无真何处真？"（《坛经·付嘱品》）

能够在所有的时间都行真心，就是"一行三昧"和"一相三昧"（《坛经·付嘱品》）。"一相三昧"是说在所有的地方都不住相，对于相不生憎爱和取舍，不念利益成坏等事情，安闲恬静，虚融澹泊；"一行三昧"是说在所有的时间，行住坐卧，都能常行真心，于一切法上无执着。

慧能的真道以无念为宗，以无相为体，以无住为本。无念是说见一切法，不执着一切法，遍一切处，不执着一切处。常净自性，在眼耳鼻舌身意六尘中不离不染，来去自由，自在解脱。这是无念行。无念是有念而没有执着之念，在自念上离境，不在境界上生念，使得念头不染诸境。其实质就是智慧常现不离自性。

以无相为体是说外离一切相，从而达到法体清净。无相的本质是不从眼耳鼻舌起念，但也不废除眼耳鼻舌之念。因为真如如果没有眼耳色声当时即坏。无相所起的念头是从真如自性生起的，念是念真如本性，真如是念的体，念是真如的用。

无住为本是说于诸法上念念不住，也就是说不被诸法束缚。无念、无相、无住是一个整体，无住说明要求做到真如本性所生起的念头是连续不断的，不因为外相而中断或者激起波澜。要做到无住，自然需要离相，心念离相就叫做无念。无念其实不是没有念头，而是没有执着于外相的念头，就真如所起的念头来说，反倒是念念相续的。念念相续使得心灵自身是连续的，从而开辟了心灵的道路。

禅是对梵文的一种翻译。《庄子》中提到过"禅"字。"万物皆种也，以不同形相禅，始卒若环，莫得其伦，是谓天均。天均者，天倪也。”(《庄子·寓言》) 从这段话来看，“禅”有不同事物之间互相替代转化的意思。“禅”意味着改变，意味着转折，意味着改革和创新。禅把人生超越和革新的可能归结为觉悟。悟是禅的根本。六朝以来，以清谈的方式讲论佛教，都是以贵族社会为背景，到了唐代，出现了新的谈论佛教的官僚，如韦璩、韦刺史。慧能得以表达自己的思想，与社会环境有关。慧能是一个重要的转折点，居士禅和庶民禅慢慢成为南宗禅基本的发展方向。一般认为马祖系下开出沩山灵佑、仰山慧寂和黄辟希运、临济义玄两个宗派，石头系则演化出药山惟严、云岩昙晟、洞山良价、曹山本寂和天皇道悟、龙潭崇信、德山宣鉴、雪峰义存两个宗派。自性觉悟的理论指向使得禅超越了僧人团体，也超越了贵族、官僚阶层，深入文化基础较为薄弱的大众之中。尽管僧人禅、贵族禅、官僚禅、居士禅、大众禅不同，但禅具有的大众性是其基本特征。

第十一章　朱熹的理气哲学

朱熹（1130—1200），字元晦（一字仲晦），号晦庵（晦翁）。朱熹祖籍徽州婺源（今属江西），出生于南剑州尤溪（今福建尤溪县），立业于建阳考亭（今福建省属），病逝于福建建阳。其生平活动大致可分为三个时期：第一时期，初登仕途，受学李侗；第二时期，设“社仓”，主“经界”，集道学之大成；第三时期，诏免侍讲，“道学”招禁。朱熹一生著述颇丰，如《周易本义》《易学启蒙》《四书或问》《四书章句集注》《太极图说解》《通书注》《近思录》等。《朱子语类》中“理气”“性理”等部分的内容能集中体现朱熹的哲学思路。

第一节　理气论对道路一多问题的回答

《朱子语类·性理三》论述了道和理的关系。朱熹认为道是人所共由之路，但这个路是无形的。朱熹还认为即便是时间过了千亿万年，人只要找到这条路，就能回到想去的地方。

道里面包含很多理脉，理有条理界限。朱熹认为理是有“文路子”①的。人照着这个“文路子”去行动，就可以了。道是人所共由的路，德意味着每个人都有一种禀赋可以走到这个共由的路上去。道路有千枝百派，皆自有一路去。

朱熹的上述论述可以作为一个大的纲领来看。这样的论述更能显示出理在根本上是回答生命的道路问题的。从朱熹自己的论述来看，关于道和理是道路的思想并没有自觉地贯穿在对理气的论述之中。阴阳五行之气，也可以刻画道路。阴是一条道路，阳是一条道路，五行是五条道路。道路依气而行。依气而行的道路是理。仁木、义金、礼火、智水、信土。仁礼为阳，义智属金。仁、义、礼、智、信配合阴阳五行构成了太极。

朱熹引入了太极的概念，这一概念有助于说明道路的终点即形而上的家园的问题。太极是理的极致，是万物共同的根、共同的源，是造化的枢纽。“太极只是天地万物之理。在天地言，则天地中有太极；在万物言，则万物中各有太极。”②人人有一太极，物物有一太极。这样太极就成了个体通向整体的道路，找到了万物的太极，就等于找到了太极本身。太极本身也有“一”和“万”的关系，但朱熹认为这种关系

---

①〔宋〕朱熹：《朱子全书（修订本）》（14），朱杰人、严佐之、刘永翔主编，安徽教育出版社、上海古籍出版社，2010年，第237页。

②〔宋〕朱熹：《朱子全书（修订本）》（14），朱杰人、严佐之、刘永翔主编，安徽教育出版社、上海古籍出版社，2010年，第113页。

不能被认为是自我破碎的关系。太极不是对应一个物的，而是对应天地万物的，是对应所有的人和物的。对应分殊万物总体的“一”理是“太极”。对应万物中一个物的也是一个太极。整个“太极”和万物具有的“太极”是月印万川的关系，是“统体”和“各具”的关系。本只是一太极，而万物各有禀受。万物中的太极是万物自己都有的。就像月在天，只是一个月，但是散在江湖，则随处可见。这里不能说月亮已经分成多个月亮了。月亮只是一个，但在不同江湖看到的月亮是多个，但这多个还是那一个。朱熹并不否定在江湖上看到的多个月亮，因为这多个月亮受到湖水的影响，自然是不一样的，各有自己的表现。江湖上不同的月亮是分殊，而一个月亮就相当于理一。朱熹用这种方式回答了一个道路和多个道路的问题。朱熹不把江湖上的月亮看成是幻相，受到湖水清浊、动静影响的月亮是不同的，这种不同是真实的。另外，月印万川中的月亮并不是天上月亮的一个部分，而是月亮的整体，所以这个分不是分成部分。按照这样的道理，个体自己的月亮就是月亮本身，个体总是具有通向整体的禀赋和道路。

总体产生道路的道路就是无极。“无极”的概念就是表示太极在气和万物之上、之前、之外，同时表示太极通观万物，在万物之中全体无所不在。道也具有同样的意义。

第二节　形而上和形而下

朱熹把理看成是形而上的，把气和器看成是形而下的。朱熹从理论到器，从器论到理，都有创生性思维在其中发挥作用。这也是承续了周敦颐的思路而来的。周敦颐就由无极讲到万物，中间经过了太极、阴阳、五行等逻辑环节。周敦颐也有一种形而上模型的思维模式，从无极到五行有模型的意义，任何一种事物都可以分析其无极、太极和阴阳五行。朱熹的哲学也是如此。任何一个事物，甚至是一个哲学概念都可以分析其理与气。比如人，人的肉体属于器，阴阳五行是气，有了这个气，人就能说话、能动、有行为。人的形体是形而下的气，而人有仁、义、理、智、信则是理。这样朱熹就把人的产生看成是理与气合而来的。跳出朱熹来理解朱熹就可以把朱熹的理气论看成是形而上模型。任何一个事物都可以用理气论来说明。把气也归入形而上模型中是与现代人和现代哲学相适应的。

日月、星辰、大地属于“器”，这是阴阳之气运行形成的。“器”这个概念说的是一物之中可见之形。朱熹的“物”的概念和现代人说的有不一样的地方，朱熹的“物”的概念主要讲形体。朱熹用形体（器、物）、气和理来阐释事物。器和气都是形而下的。器和物都是侧重于形体来说的，因为有固定的形体就叫做器或者物。人也有形体，所以人也是物。

物里面有个变通在其中，这个变通就是道。如何把握这个道呢？比如竹椅是一器，竹椅有它的用途，通过这个用途就能把握道。器是就事物的形状而言的。

事物的形状是怎么产生的呢？朱熹认为，那个造化者是气。气也是形而下的器。气是一个，就是一元之气。气分为阴阳，阴阳说的是一气的进退消长。这个进退消长，又生出五行来，进而做出古今天地间无限的事来，生出万物，其中的精华是人，渣滓者为物，精英之中的精英者为圣、为贤，精英中的粗渣者为愚、为不肖。这样一来，虽然气也是器，但却是造化者。所以把握朱熹的哲学需要重新立定一个划界方式，把理和气都看成是解释器的世界的。朱熹把气看成是生物之具，五行阴阳七者混合是生物的材料。朱熹还把气看成是种子，事物都是由气这个种子生出来的。

虽然事物的造化者是气，但是还有一个更高的形而上的层面，就是无形无影的理。关于这个理，后文会进一步说明。这里需要说明的是，如果想了解朱熹的哲学，需要从理气来把握万物，包括人，把朱熹的理气论看成是解释事物的形而上模型。

第三节　万物的异同

把握一种哲学，关键就是要把握这个哲学家的思考方式和思考的主要问题。把握了其思考方式就可以按照他的思考方式去思考。把握了问题，就可以继续思考他思考的问题。朱熹关注的最主要的问题是万物的差异性和共同性的问题。

差异性问题又分为三个主要的问题。其一是形体的差异性问题。人和物的形体不同，狗和牛长的样子也不同，这是如何产生的呢？朱熹极大地吸收了汉代气学思想，用气来解释这种差异性。万物形体的差异主要是由气禀的清浊、偏正的不同造成的。人是得正气而生的，所以人头圆像天，足方像地，平正端直，站立着走路。人以外的事物受天地之偏气，所以禽兽横生，草木头生向下，尾反向上。

其二是道德能力的差异性问题。如乌知孝、獭知祭、犬能守御、牛能耕。人之理能通，物之理塞。朱熹认为虎狼也懂得区分父子关系，蚁蜂也有君臣之理，豺獭也懂得报本，雎鸠雌雄也有别。这种道德能力的差别和气有关，也和理有关。气正则理通而无所塞；气偏则理塞。因为气分为金、木、水、火、土，因而通出来的理也就有了差异。通金气的有情义，通火气的有礼，通土气的诚信，通木气的仁爱，通水气的有智。比如狗在土气一路是通的，所以忠诚，善于守御。“禀气”的“正偏”“清浊”“通塞”不仅造成了人和动物道德能力的差别，还造成了人与人之间的道德能力的差别。朱熹认为从理上说，人性是善的，但生下来有的人善，有的人恶，这是由“禀气”的不同造成的。禀赋气清的就成为圣贤，气浊的就成为愚和不肖之人。气厚则福厚，气薄则福薄，气华美则富盛，气衰飒则卑贱。木气多的便温厚慈祥，金气多的则少慈祥，木气重的则恻隐之心多，金气重的则羞恶之心多。

其三是认知能力的差异性问题。朱熹认为知觉与气有关。人和动物有血气知觉，草木无血气知觉，但有生气，枯槁之物无生意。动物有血气所以能够认知。植物有生意，当受到伤害的时候，也会枯悴，和有知觉相似。就像一棵树，当被早晨的太阳照耀时，欣欣向荣，树木的生意显现了出来。等到枯枝老叶，就憔悴了，因为气行已过。就人来说，气清明纯粹的生知安行，学而后知的人，气就没有那么清明纯粹了。

朱熹以理气说明万物的异同，并不是简单地对应，而是有复杂的理气系统的支持。把握理气系统首要的要懂得并行的思维。

第四节 理气并行

学习朱熹的哲学最让人困惑的事情是朱熹一会儿讲理在气中，一会儿讲理在气先，究竟是理不离气还是理在气先？其实这样提问本身就是有问题的。对于那些形而上的问题，每一种哲学都有自己的讲法，朱熹的方式就是既讲理不离气，同时也讲理在气先，只有同时讲到这两面才算讲清楚了形而上的问题。讲理不离气，就讲清楚了万物的差异；讲理在气先，就讲清楚了万物的同一性。如果单独讲一个，就无法讲清楚这个道理。其实不仅学习朱熹的哲学要这样，对待其他哲学系统，也要懂得类似的并行的思维模式。

朱熹讲理是个净洁空阔的世界，理不会造作，是气酝酿凝聚生物。这说明理是纯粹的形而上的存在。这个形而上的理也是至善的道理，太极就表示这个至善的道理。只有超越了善恶的二元对立才称得上是至善。显然理是万物终极的归宿，是万物最终归结而去的统一的道路。理和气结合在一起，表现为分理，其中最大的纲领就是仁义礼智。当万物得到理的时候，就叫做性，这样一来统一的理就通向了万物，性就成了万物归向终极世界的道路。

朱熹认为理为形而上之道，为生物之本。那么只有讲理在气先、理是理气的主宰者、理有独立性，才能够说明理这条归向终极世界的道路对于万物来说是敞开着的。试想，如果理不在气先，理不能主宰气，理不是独立的，那么理这条道路就会受到气的干扰，最终使得理表达的道路在逻辑上无法成立。但同时也可以设想，如果理没有气，那么就无法说明一个道路为什么会变成千万个道路的问题。

朱熹认为天是苍苍之天、运转周流不已的天，但也不能说全无主宰。这个说法就非常有哲学的味道。主宰者就是理，虽然理没有知觉，但是先有知觉之理，有了气才会发生知觉，这样知觉就有了通向终极世界的道路。朱熹讲理，既是所以然之故，也是所当然之则，当然规定了万物所由来和所由去的道路。

要保证理可以成为万物所由来和所由去的规定性，理就必须是在先的、独立的，这样理才能主宰气，并且贯通气，让气归属于理。因而理气论并行的思维线索之一就是理在气先，理终为主。另外一条并行的思维线索就是理不离气。气聚时，理就在气中是一条线索，理终为主是一条线索。当弟子偏向某一个思考方向的时候，朱熹就会纠偏，及时提出另外一个并行的思想线索来补足对问题的思考。这两条并行的思维线索可以说是朱熹讲形而上学的方式。如果从理在气先来看，可以说朱熹的哲学是理一元论；从理不离气来说，可以说朱熹是理气论。二者合起来才准确地反映了朱熹的哲学。

朱熹认为没有天地之先，只有理，没有这事先有这理。理是“无情意”“无计度”“无造作”“无形迹”的。道路不是行路者，行路者有行路者的道路，这是多元的道路。多元的行路者可以走同样一个道路。作为先验的道路的理可以被描绘为不造作的、无情意的。

朱熹虽然强调理在气先，但是从不否定理不离气。朱熹认为，没有这个气，理就没有了挂搭处。如果气不结聚，理就没有地方附着了。没有气，理就没有安顿处。

这两种思维线索不可偏废，从物上看，理气不是分开各在一处的，但是二者还是两个物；从理上看，没有物的时候，已经有了物之理。这两方面都看分明了，就兼顾了始终，但终究理是主宰的。理不可见，通过阴阳才能知道理。理在气中，就像一个明珠在水里。在清气中，明珠就透明；在浊气中，明珠就看不见或者看不清楚了。

第五节　形而上和形而下贯通的理同气异

朱熹思考形而上学问题不是单线的，而是双线的。也就是说既要从下推上去，即从形而下推到形而上，也要从形而上推到形而下。从下往上推，就是从万物推到五行，再从五行推到阴阳二气，最后从阴阳二气推到一理。从上往下推，就只是一个理，这个理是万物的本体，万物分殊这个本体，万物中又各具一理；从上往下推，理一分殊，从下往上推，是理气不离。这是朱熹的哲学的逻辑结构，也是他的世界图式。

在朱熹的哲学中，形而下的世界也是实在的世界，万物的差别不是虚幻的，而是实在的。因而不能不讲这种差别。讲万物的差别就是讲分殊。在朱熹的哲学中，形而上的世界也是实在的，因而要讲万物一贯，这个一贯就是理一。如果不懂得理一，就陷入了对自我的执着，就会拘泥于形而下的世界。谈理一不谈分殊的典型例子是墨子的兼爱学说；谈分殊而不谈理一的典型例子就是杨朱的为我学说。

如何才能把形而下和形而上两面都兼顾到，都变成实在的道理呢？朱熹用分殊说来解决这个问题。谈分殊的时候要想到有理一在那里，这样就不会拘泥于从分殊看分殊，而是有了形而上的视野。谈理一的时候，也要想到分殊是实在的，这样就有了形而下的视野。这样理一和分殊都得到了肯定，二者不相夹杂。朱熹还举了例子来说明这一问题。就像一家人，自然有父母、兄弟的差别等。有乾坤，乾称为父，坤称为母，但是不能舍弃自己家的父母，却把乾坤当做自己家的父母。

如何才能把这个道理讲完整呢？这就要兼顾理同和气异。朱熹主张要有概念的过渡，不能直接跳到理或者气的概念上。分析万物的“一原”的时候，最后要归结到“理同”。论万物一原，要讲理同二气异。由万物开始，要讲二气的差异，最后讲到理同。分析万物的差异的时候，需要最后归结为理的不同。观万物异体，要讲气相近而理绝不同。

万物的统一性，最终要归结到理，是“理同”的问题，而不是“气”，因为“气”是“粹驳不齐”的，恰好是“气异”导致了万物之差别，自然不能就此为止。万物的差别性问题要最终归结为“理”，是“理异”的问题，也就是“理”的“偏全之或异”。万物自身的差别性和统一性问题最终要归结为“理同”和“理异”的问题、“总理”和“分理”的关系问题。万物自身的差别性和统一性问题虽然最后归结为“理同”和“理异”的问题，但中间的环节确是“万物”和“气”的关系问题、气自身的同异关系问题、“气”和“理”的关系问题。

对于万物的统一性问题，中间环节是气的差异性问题；对于万物的差异性问题，中间环节是气的统一性问题。如果单纯从“万物”和“气”的关系来看，这是不合逻辑的。万物的统一性问题应该归结为气的统一性问题；万物的差异性问题应该归结为气的差异性问题。为何朱熹却反其道而行之？原因就在于这里的“气同”和“气异”问题是作为“万物”和“理”的中间环节而存在的。因为谈论万物的统一性问题，实际上已经承认万物有差异了，既然承认了万物有差异，那么这个差异是如何而来的呢？显然是“气异”这个中间环节带来的。谈论万物的差异性问题的时候，实际上已经潜在地认可了万物是有统一性的，那么这个统一性是从哪里来的呢?显然是“气同”这个中间环节带来的。以气为观察的出发点，并且只有承认“气同”才能承认“理同”，而只有承认“理同”才能说明“理异”；只有承认“气异”才能分析“理异”，而只有承认“理异”才能说明“理同”。由“气”到“理”不是直接达到的，而是需要一个“分理”到“总理”的逻辑环节的过渡。

万物的差异性归根结底被理解为是理的差异性。理的差异性当然是由气的差异性造成的。但是朱熹忽略了气的差异性这一环节，因为讲理的差异性在逻辑上已经包含了气的差异性了。万物之万，本质在于理的异体性，而物都是物，禀赋的气是相近的。万物的统一性问题是建立在差异性基础上的，因而必须讲气异。朱熹就通过这种方式对形而上和形而下都进行了肯定。

第六节 只是一个道理：分殊的哲学逻辑

朱熹的理气论从逻辑上说就是分殊论。分殊是朱熹基本的逻辑架构。朱熹讲分殊不是在一个层面上讲的，而是涉及思想的整体，涉及很多思想层面。朱熹最喜欢讲的一句话就是："只是一个道理。""只是一个道理"，其实质就是分殊论。

透过从理到万物的过程来看分殊，分殊除了前文已经阐发的太极自身的分殊以外，还有几个关键的逻辑环节。当弟子问理与气的问题的时候，朱熹回答理一分殊。气的概念主要是为了帮助说明合天地万物只是一个理，但人和万物又各自有一个理这一问题的。

其一，气一分殊。气这一概念是如何说明分殊问题的呢？气本身也有"一""多"的问题，如果顺着朱熹的思想作一点发挥的话，就应该是"气一分殊"。千差万别的万物，实际上就是一个阴阴五行之气的运行。"气一"指的就是阴阳五行之气。"自一气而言之，则人物皆受是气而生。"①万物的气是相近的，知寒暖、识饥饱、好生恶死、趋利避害是人和物共同的特质。但是二气五行是交感万变的，人和万物也有禀气的偏全、精粗等的不同。气在理转化为人的性的过程中起到了关键的作用。

其二，"天命""性""理"实一而名殊。"气"指阴阳五行之气，"质"指由"气"积聚而成的一定的形质，气积为质，这个时候理就转化为性，人就具有了性。朱熹认为，天命这一概念是从天赋予万物来说的，从人和物禀受于天来看，就是性。这个理在天地间的时候只是善，但是万物得到这个理就叫做性。这个理在天叫做命，在人叫做性。这其实就构成了一种分殊关系。一个理，人得到了就叫做性。性只是理，是万理的总名。这个理只是天地间公共的理，禀得来后便为人所有。人所有的理是分理。人和物所得到的理是这个理各自有个安顿处，没有形质的时候是天地的理，有安顿处的时候就受到气的影响了。

分殊的逻辑和理在先、理在气中并行的思路结合在一起，使得朱熹的思想表现出细腻的一面来。比如对于天地之性和气质之性的看法，朱熹认为天地之性，是专指理说的；论气质之性，则是就理与气杂而说的。朱熹说："今且以理言之，毕竟却无形影，只是这一个道理。在人，仁义礼智，性也。然四者有何形状，亦只是有如此道理。有如此道理，便做得许多事出来，所以能恻隐、羞恶、辞逊、是非也。譬如论药性，性寒、性热之类，药上亦无讨这形状处。只是服了后，却做得冷做得热底，便是性，便只是仁义礼智。"②在朱熹看来，恻隐之心是心上说情。道没有形体，性便

① 〔宋〕朱熹：《朱子全书（修订本）》（14），朱杰人、严佐之、刘永翔主编，安徽教育出版社、上海古籍出版社，2010年，第194页。

② 〔宋〕朱熹：《朱子全书（修订本）》（14），朱杰人、严佐之、刘永翔主编，安徽教育出版社、上海古籍出版社，2010年，第191～192页。

是道的形体。由道到性，道路延伸到了人。性要安顿在心上，用朱熹的说法就是须要有个心，性才能发用出来。

其三，理气分殊。朱熹在回答“理与气”问题的时候，却回答了“理一分殊”。如果顺着朱熹的思想作发挥的话，就应该是“理气分殊”。通过自气到理来看，二气只是一理；通过自理到气来看，理“分殊”于气。“理”搭挂在“气”中时，受到了气的遮蔽，从而理才有分殊的关系。朱熹认为，人物的性本同，只是气禀异。就像水都是清的，放在白碗中是一种颜色，放在黑碗中是另一种颜色，放在青碗中又是一种颜色。朱熹认为性最难说，因为性的概念要结合气来谈，这就像隙中之日，隙之长短大小自是不同，然却只是此日。性说是同也可以，说是异也可以。性自身就是理一分殊的。只有把握这一逻辑环节，才能理解理是如何变成了分理的。

其四，总理和分理。在气中的理是一个总理，就像缝隙中的日，受到缝隙的影响自然不同，但都是日，这个是相同的。蜂蚁有君臣之义，只是在义这一点上显现出来了，这是异。朱熹认为，理只是这一个，道理则同，其分不同。君臣有君臣之理，父子有父子之理。万物皆有此理，理皆同出一源，这是理一；分殊则是理所居之位不同，理的功用就不一样，如为君须仁、为臣须敬、为子须孝、为父须慈。物各具此理，物各异其用，但都是一理流行。

“分殊”关系从广义上来看，涵盖了理和万物，理和气之间所具有的一切关系。分殊是多种关系的体系，而不是单一的关系。

其一，源和流的关系。“理一”是源，“分殊”是流。形而上的智慧就是要见透彻，能看出万物源于天理。如果局限于形而下来看，就会认为一事各自是一事，一物各自是一物，草木各自是草木。从这一意义上说，分殊论是形而上的智慧。

其二，禀受关系。朱熹认为，宇宙间只是一理，天地间万物各得之以为性，这是一种禀受的关系。

其三，必然和必要的关系。理一分殊的关系是必然性关系，有理必有气，没有理，就没有天地万物，理是万物存在的必要条件。“气”构成了“理”的安顿处。在逻辑上，理是高于、先于气和物的。理一对于万物的分殊来讲具有充分必要性、决定性。

其四，通贯关系、流行关系、不离关系。理和万物之间不是时间先后的关系，而是体用关系、微著关系、蕴涵关系。理一贯通到分殊之中而不相离。

分殊关系是什么性质的关系呢？本质上是体用关系。其一，分殊关系从表面上看似乎是整体和部分的关系，但实质是体用关系。万物统体一个太极，说明理和万物的关系具有整体和部分的表面特征，可以大致说成是整体和部分的关系。朱熹用房屋比喻理一，用有厅有堂比喻分殊。厅堂好像是房屋的部分。其实按照朱熹的哲学不是这样的。如果认为门是部分，那么门即便从一个具体的房子上拿下来，放在任何的情境下，都可以叫做门。这样的思维是西方式的思维。按照中国古代哲学的思维，则不能这样理解。门和房屋是不可分开的。门的理体现房屋的理，房屋的理可以表现在门上。门的理和窗户的理等都是分理，但这个理都是房屋的理。这扇门可以说是从门这个位置发挥了房屋的功用，因而是房屋的理的分理，同时也是房屋的理本身。这是体用关系。

其二，分殊关系从表面上看可以是一般和个别、普遍规律和特殊规律的关系，但实质却是体用关系。朱熹用草木比喻理一，用桃子和李子比喻分殊。也曾用人比喻理一，用张三、李四比喻分殊。李四不可为张三，张三不可为李四。这个比喻中的草木、人用现在一般的哲学观点来看，是一般和个别的关系。这个比喻说明，用一般和个别的关系可以大致把握“分殊”关系的性质，但要进行具体的分析。“分”的关系是“散为万物”的关系，但此“散”为万物不是自我割裂，而是不失去自我本质地为万物所反映。按照朱熹的思想方法，“理一”并没有否定千差万别的事物自身的价值，而恰恰把每一个有形体的事物自身表现出来的一些规定性理解为具有一般内涵的东西。朱熹的“理”的概念更多的是强调特殊的万事万物所具有的普遍性、整体性、公共性、统一性的问题，理的本质是万物本身所体现的普遍性问题。当然朱熹没有直接地、简单地把万物所体现的普遍性等同起来，而是通过对“理气关系”的分析来说明万物的特殊性，以及特殊性所体现的普遍性。

其三，分殊关系的体用是双向的。“问：‘去岁闻先生曰：“只是一个道理，其分不同。”所谓分者，莫只是理一而其用不同？如君之仁，臣之敬，子之孝，父之慈，与国人交之信之类是也。’曰：‘其体已略不同。君臣、父子、国人是体；仁敬慈孝与信是用。’问：‘体、用皆异？’曰：‘如这片板，只是一个道理，这一路子恁地去，那一路子恁地去。’”[①]“理一分殊”就是“体一用殊”。体用要从双向来看，从理是体来说，这个体因为所居之位不同而有不同的功用，而这个功用是依据气质之体发生的，因而可以把理这个体看成是理气结合之后形成的有形体的事物的功用。二者是一致的，所以说是一个道理。理作为体发挥的功用，是借助不同的形体发生的。体有两个体：一个是理体，一个是形体。用有两个用：一个是理体的功用，一个是形体的功用。两个功用有差别，但根本上一致。

第七节　人道的开拓

朱熹用理气论来解释人，“人之所以生，理与气合而已。天理固浩浩不穷，然非是气，则虽有是理而无所凑泊。故必二气交感，凝结生聚，然后是理有所附著。凡人之能言语动作，思虑营为，皆气也，而理存焉。故发而为孝弟忠信仁义礼智，皆理

① 〔宋〕朱熹：《朱子全书（修订本）》（14），朱杰人、严佐之、刘永翔主编，安徽教育出版社、上海古籍出版社，2010年，第240页。

也”①。人有理有气，因而处理人的问题就是处理理气的问题。处理理气问题的重点在于理为主的问题。为主还是不为主是个交界的问题。“天理人欲，无硬定底界，至是两界分上功夫。这边功夫多，那边不到占过来。若这边功夫少，那边必侵过来。”②理为主，包括以下几个方面。

其一，天理主宰人欲。“有个天理，便有个人欲。盖缘这个天理须有个安顿处，才安顿得不恰好，便有人欲出来。”③朱熹不反对人的欲求。因为理在气中，人的知觉和感性欲求中都是有理存在的，都属于人道的内容。“问：‘饮食之间，孰为天理，孰为人欲？’曰：‘饮食者，天理也；要求美味，人欲也。’”④人欲不过是天理安顿得不好，如果恰到好处，人的感性欲求也是天理。朱熹强调人生来都是天理，人欲是后来生的，这就否定了人欲属于人本身的属性。另外，朱熹还强调天理和人欲之间的对立性，天理和人欲之间是一方胜另一方的关系，不存在二者夹杂并存的问题。所以关键的问题就是要在天理和人欲的界分上立住脚。天理不影响人的知觉，不影响人的自然欲求，关键是要让天理自然而然地安顿在气上，而不是让天理陷溺在气中。天理和人欲的问题不只是一个界分的问题，同时也是一个进退的问题。此胜则彼退，彼胜则此退。彼进一步，则此退一步；此进一步，则彼退一步。

把握天理和人欲的关系，需要理解朱熹的关于气质之性的看法。在朱熹看来，说性的时候，便有些气质在里面了。如果没有气质，这个性也是没有安顿之处的。“气相近，如知寒暖，识饥饱，好生恶死，趋利避害，人与物都一般。”⑤按照这一说法，天理和性就是安顿在知寒暖和识饥饱、好生恶死、趋利避害之中的。性只是理，如果没有气质，则此理没有安顿之处。清明的气中理不蔽锢，理顺发出来。蔽锢少的，发出来的天理胜；蔽锢多的，则私欲胜。“性非气质，则无所寄；气非天性，则无所成。”⑥朱熹心目中的天地之性，是专指理说的，气质之性则是就理与气杂来说的。说性已经牵涉到气，但是没有气的时候，已经有性，气不存在，性却常在。性在气中，气是气，性自是性，不相夹杂。朱熹理解的夹杂其实各自还是保留独立性的。这样一来，就保证了天理和性始终是人道的开拓力量，能够突破气的干

① 〔宋〕朱熹：《朱子全书（修订本）》（14），朱杰人、严佐之、刘永翔主编，安徽教育出版社、上海古籍出版社，2010年，第194页。

② 〔宋〕朱熹：《朱子全书（修订本）》（14），朱杰人、严佐之、刘永翔主编，安徽教育出版社、上海古籍出版社，2010年，第389页。

③ 〔宋〕朱熹：《朱子全书（修订本）》（14），朱杰人、严佐之、刘永翔主编，安徽教育出版社、上海古籍出版社，2010年，第388页。

④ 〔宋〕朱熹：《朱子全书（修订本）》（14），朱杰人、严佐之、刘永翔主编，安徽教育出版社、上海古籍出版社，2010年，第389页。

⑤ 〔宋〕朱熹：《朱子全书（修订本）》（14），朱杰人、严佐之、刘永翔主编，安徽教育出版社、上海古籍出版社，2010年，第184页。

⑥ 〔宋〕朱熹：《朱子全书（修订本）》（14），朱杰人、严佐之、刘永翔主编，安徽教育出版社、上海古籍出版社，2010年，第196页。

扰而不断前进。

其二，道心主宰人心。朱熹用理一分殊来解释心，如认为在天地而言，心通古今而无成坏，这显然把心说成了是在先的；在人物而言，心则随形气而有始终，这显然是就分殊而说的。与前文讲的道理一样，道心和人心也是一个分界的事情，要分出道心和人心来。要在交界处来理会道心和人心。朱熹用“应当”来解释道心。如人心饥而思食，寒而思衣。饥而思食后，思量当食与不当食；寒而思衣后，思量当着与不当着，这便是道心。圣人也是有人心的，但圣人能够使人心常合道心，不教人心胜了道心。也要从理一分殊的道理来理解道心和人心。人心是气质之心，是就理与气合而言的，道心则侧重于理来谈，所以道心要求不杂，要求始终不变。理想的境界当然是一心在道上，降服人心，直到人心被降服不见，人心与道心为一，好像没有了人心一样，只是道心纯一，道心都发见在人心上。道心和人心只是一个心，知觉从耳目之欲上去，便是人心；知觉从义理上去，便是道心。

其三，格物、穷理和致知。朱熹的哲学体系性强，比如在论述格物的时候，是和整个思想体系一起来论述的。理在气中，如宝珠在水中，那个昏沉的气就表现为人欲。去了人欲，天理就露出光明了。把注意力集中在理上，就是主定。格物不过是去掉人欲。格物就像游兵攻围拔守，把人欲这个敌人一个一个地消灭了。这也就是敬的功夫，存敬不过是说自己有一个明德。明德和致知、格物的关系是理一分殊的关系。明德，如八窗玲珑；致知格物，就是各从其所明处去。之所以要致知、格物，就是因为明德已经受到气的影响了，因而要从透出来的光明中来做功夫。

朱熹用“尽”来解释格物。之所以要“尽”就是因为气不能被遮蔽。从这一意义上说，“格”也可以解释为“至”。这一意义上的格物是不分有事和没事的。格物的本质是理为主，是理安顿恰当，其内容就是知道这事当如此，那事当如彼。如为人君，便当止于仁；为人臣，便当止于敬。格物的内容就是仁、义、礼、智。格物关系到天理，那么格物和穷理是什么关系呢？这涉及朱熹的哲学的思想方法。理是在气之先的，理是主宰的。如果直接谈穷理，那么理是不可捉摸的。谈格物更好，因为理在气中，理在物中。谈论物的时候，就有理在，自是离不得。

致知和格物也有分殊的关系。致知，是就自我而言的；格物，是就物而言的。格物，是逐物格将去；致知，则是推得渐广。格物，是零细说，是分殊领域的事情；致知，是全体说，致力于把握理一。朱熹认为，“致”是推出去的意思；“知”是说人自己就有明德的知识。人有一个虚明广大、无所不知的心，致知就是要求这个心的极致。格物，只是就事上理会；知至，是求此心透彻。朱熹认为，格物是梦觉关，格得来是觉，格不得只是梦。致知乃梦与觉之关。朱熹认为诚意是善恶关。诚得来是善，诚不得只是恶。朱熹认为，过得这二关，功夫就一节比一节容易。

其四，持敬。敬是格物的前提。去人欲要从格物入，格物则从敬入最好。只敬，便能格物。敬是直面明德本身，因而是莹彻的。敬其实是专注天理的功夫。敬而无失便是中。整齐严肃不是敬，但可以保护敬。敬主事，是用天理主宰做事。敬，主于中，要求心收敛而不放纵。敬是彻上彻下、彻头彻尾的功夫。从格物、致知到治国、平天下，都要敬。朱熹论述的问题广泛，但有一个一贯的思路，把握这种思路是非常重要的。

第十二章　王阳明的良知之学

王守仁（1472—1529），字伯安，浙江余姚人。因筑室于会稽山阳明洞修道，遂取号“阳明子”，世称阳明先生，亦称王明阳。王阳明28岁进士及第后，步入仕途。他因镇压农民起义、平定宁王朱宸濠的叛乱，为稳定明朝的统治立下了汗马功劳，官至南京兵部尚书，封为新建伯。因反对把持朝政的宦官刘瑾而被贬到偏远的贵州龙场驿做驿丞。“龙场悟道”以后开始系统地表达自己的思想。王阳明的著作被后人编辑为《王文成公全书》。

第一节　良知之学纲要

到底如何概括王阳明的学说更合适呢？显然最优的是“良知之学”。“良知之学”能够反映王阳明学说的特质。王阳明强调他自己依靠上天赋予的灵性发现了良知之学。发现了这一良知之学以后，王阳明觉得这个学说能够帮助这个世界。不仅如此，他还觉得自己发现的这个良知之学就是古圣贤学说的真谛。良知之学是针对私智和伪善的。王阳明批评天下之人用其私智以相比轧，外假仁义之名，而内行自私自利之实。王阳明呼吁豪杰同志之士共明良知之学于天下，使天下之人都知自致其良知，以相安相养。

人们常常把王阳明的学说说成是心学。这个概念也是王阳明使用过的。良知之学本身就是要解决人各有心的问题的，良知之学也可以说成是心学。王阳明心学的概念更侧重讲古代。古代被认为有个心学纯明的时期，那个时候人们都能全其万物一体之仁，精神流贯，志气通达，没有人己之分。心学的概念也能够反映王阳明的早期思想，在良知的概念还没有提出之前，心就成为良知追求的一种模糊的表达。另外，心学的概念也能反映王阳明的学术追求，就是要复心体之同然。

心学或良知之学是与闻见之学、记诵之学、辞章之学和功利之学对立的。从某种意义上说，王阳明的学说不属于常规的学说范畴，要理解良知之学需要实际的良知体悟，需要实际的功夫。只有实际的功夫达到了一定的境界才能理解言辞所讲的内容，单纯从言辞上把握，往往容易背离良知之学的宗旨。

良知之学也是“圣学”或“圣人之学”。和其他儒者一样，王阳明也推崇颜回，认为颜回体悟到了道的全体，颜回之后圣学正脉就没有得到传播了。在这种情况下，怎样才能承续上这个道统呢？王阳明把立志作为为学的根本，在一定意义上回答了如何承续道统的问题。承续儒家道统，可以从经典上去寻找，但从经典上寻找始终面临着一个理解的分歧的问题；面临着理论和实践如何统一的难题；面临着不同时代人的志向如何才能得以互相理解，并具有高度一致性的问题。如果这些问题无法解决，那么承续道统就成了一句空话。“志伊尹之志也，然后能知伊尹之志。”①“求古人之志者，必将先自求其志，而后能辨其出处之是非。”②王阳明肯定了立志本身带来的道德感知的共同性，通过立志，个体知觉到了自身的是非善恶，进而也就能知觉到他人的是非善恶，从而了解他人包括古人的志向。立志使得人们的道德感知具有了某种普遍性和一致性。“凡看书，培养自家心体。他说得不好处，我这里用得着，俱是益。只要此志真切。有昔郢人夜写书与燕国，误写‘举烛’二字。燕人误解。烛者明也，是教我举贤明其理也。其国大治。故此志真切，因错致真，无非得益。今学者看书，只要归到自己身心上用。”③当从自己的心体上去追求成为圣人的时候，反倒为求得经典解释的一致性和恰当性提供了可能性，也为理解古人的志向打开了一条通道，这条通道是向所有人敞开的。这条通道避开了经典丛林中的荆棘，百姓也可以成为道统的继承者，成为在历史中不断开展弘道事业的一分子。

学习圣人要从自己的天理、良知上来体认。圣学就是要从自己心地的良知良能上体认扩充。否则一味只是希高慕大，不知自己是桀纣心地，却要做尧舜事业，终究是做不成的。自己体悟了良知，圣贤气象就在自己这里。单纯从知识上寻找如何做圣人，很容易让功利之毒浸入人之心髓，从而失去了圣学的真血脉。

良知之学也是实学。有一个官员问王阳明，在办案中如何应用心学呢？王阳明告诉他为学不离事物，从官司的事上为学，是真格物。在断案的时候，不可因应对无状，便起怒心；不可因言语圆转，就生喜心；不可因有嘱托，就随意处理；不可因自己太忙，就苟且断案；等等。在断案的过程中，自己是否有私心，自己是知道的，只要精细省察克治，不让自己的心有偏倚，便是格物致知。把握王阳明的良知之学，需要把握王阳明思想的宏观框架。

其一，良知的概念由体悟而来，理论表述则来自《孟子》和《大学》。王阳明的良知的概念来源于对《孟子》和《大学》的整合。王阳明把《大学》的“致知”理解成“致良知”，把《大学》的“知”理解为“良知”。王阳明是把《大学》致知、格物的概念嫁接到《孟子》上去了。《孟子》讲良知和良能是说人不学而能、不虑而知。这样的良知的内涵一直为王阳明及其弟子所坚持。孟子把是非之心说成是智或者是智之端。王阳明把良知看成是知是知非的，把孟子的智的概念转换成了良知的概念。在孟子那里，天和理是两个概念。理侧重于强调人心之所同然，这个同然的心是关联着天的。王阳明直接把天理说成是良知，把天人的两个规定性整合进良知一个概

---

① 〔明〕王守仁：《王阳明全集》（中），吴光、钱明、董平等编校，上海古籍出版社，2011年，第954页。

② 〔明〕王守仁：《王阳明全集》（中），吴光、钱明、董平等编校，上海古籍出版社，2011年，第952页。

③ 〔明〕王守仁：《王阳明全集》（下），吴光、钱明、董平等编校，上海古籍出版社，2011年，第1291～1292页。

念之中。天理的概念和明德的概念被看成是一个层次的概念，这样就把《大学》《孟子》的思想整合在一个良知的概念之中了。

其二，从范畴结构来看，理或天理、性、心、知或良知、意、物等是核心范畴。性是就理的凝聚处而言的，心是就主宰而言的，意是就心之所发或主宰之发动而言的，知是就发动之明觉或意之灵明处而言的，身是就心的充塞处而言的，物是就意之所在或明觉之感而言的。就“心”和“意”来说，天理、性、良知是本体。王阳明把这些范畴看成是在说一件事，是对一件事的不同说明。王阳明的这一范畴系统里面蕴含着一个基本的理论框架。心对身的主宰确立了心的主体性原则，意念的发动规定了物，这就以主体的原则为基础确立了客体的原则。从意念到物是一个主客观结构。这构成了现象世界，是“用”的世界。性是转折点，从性返向天理的角度来看待世界，则没有主体性原则，世界本身就是一个天理，就是一个良知，这个是“体”的世界。王阳明强调生死之念最难破，显然要突破身体的原则才能进入本性的世界。王阳明也有“我的灵明”和天地对应这样的讲法。王阳明的良知存在个体性、特殊性和普遍性三个层次。个体性层次的良知表现为意念发动时候的明觉，特殊性层次的良知表现为个体的灵明，普遍性层次的良知则表现为良知本体。这三个层次能够把握王阳明前后理论的变化，也能够把握王阳明后学的良知观的分歧的理论缘由。如果结合西方心理学对家庭系统的良知的认识来看，王阳明对家庭系统的良知缺乏认知。

其三，时刻不能忘记王阳明学说的“无内外”原则。在王阳明看来，理无内外、性无内外、良知无内外、学无内外。有内是因为有私，私把本来不属于内的东西理解为内。有外是因为有智，智把本来不是外的东西理解为外。上述核心思想范畴从“心”到“意”再到“物”，有比较明显的内外、主客的区别，王阳明力图去消融内外、主客的区别。在《答顾东桥书》中，王阳明指出，如果领悟了“内外本末，一以贯之”，那么对知行并进之说就没有疑问了。在王阳明看来，有内外是认良知为真，当认良知为真的时候就会内外两忘、心事合一。在《答罗整庵少宰书》中，王阳明强调了理、性、良知和学都是无内外的。王阳明延续了程颢和程颐的看法，把“有内”说成与有我、自私有关，把“有外”说成与“用智”有关。抛开王阳明关于“知行合一”的具体论述不谈，仅就理论路向来说，要保证无内外，就必须赋予理、性、心、知、意、物之间一种“行”的关系。而最恰当地突显出提出知行合一必要性的地方就在于这种“行”遇到障碍的地方。找到这个“行”的障碍的关键点，就是提出“知行合一”最恰当的逻辑节点。显然，这个关键点就是“意”。在这里有了私意的发生，“意”“逐物”让“心”失去了主宰，从而使得“行”有了不同的方向。“知行合一”的提出一方面可以显示知行本体，另一方面也为补偏救弊。

其四，良知之学是本体功夫。王阳明在指点“四句教”的时候，区分了两种功夫：利根的人一悟本体就是功夫；根器差点的人要在意念上做“为善去恶”的功夫。

“知”“行”两个字是定位在功夫上的，这个功夫有深浅难易的差别。本体功夫对应的是本体自身的知行合一，意念上“为善去恶”的功夫对应的是本体受蔽时如何去促成本体的知行合一。

《孟子》思想中的“思”“求”“忘”“助”既涉及内外的问题，也涉及“四端”如何“达之于天下”的问题。《中庸》讲“自明诚”是人之道。其中包含一个关键的问题就是：人的积极心灵状态“放失”的根源在哪里？人克服消极的心灵方向的能力来自哪里？孟子归结为自身，或自暴自弃，或“求则得之”。如果本体是有“息”的，恶念也就没有生起的缘由，善念更无从得以成立，这是一个本体功夫论的难题。关键就在于哪个更能显示本体，显然王阳明认为是后者。功夫里面都是有本体的，但有直接来自本体的，也有间接得着本体的，用本体做功夫就有很多的细节。这一点也是常常令弟子困惑的问题。“致良知”不是谋力所不及，不是强知所不能，乃是本体自身的功夫。良知即是良能，但是有“不肯知”、“信不及”、“不能”和私欲。确定“行”和“致”在王阳明思想中的逻辑地位至关重要，“行”和“致”的使用是和知行被隔断联系在一起的。私欲隔断了知行合一，“自私”和“用智”使人陷入内外之别的境遇中，但良知本身的动能不会因此消失，依然有行的动能，这种动能表现为一念发动时的良知明觉，这是本体自身的功夫，人依着本体自身的功夫去做功夫，知行就合一了。“知行合一”有不同层次的要求，但不可忽视的一个方面是知道自己有良知，信得良知的真是真非，这样就去掉了“知行合一”的一道障碍。

第二节　“知行合一”：良知即良能的预设

把握王阳明的良知的概念，最关键的就是深刻领悟良知就是良能。良能是说良知本体是发用流行的。知行本体就是良知良能。如何安排人生的道路呢？关键就是让本体发挥作用，不以私意安排。心的本体无不明，这种光明发挥的作用就是良知。

知行合一属于王阳明即用显体的讲法，知行合一不是直接指代良知就是良能的，但是不离开良知就是良能。所以也可以说“知行合一”是王阳明哲学的宏观的哲学逻辑。“知”或者“良知”包括了“知至”。“知至”包括了“知”和“至”，从“知”到“至”为“至之”，这个“至之”就是“致知”，这就是知行合一。致知就是良知本身的规定，良知是本体，致知是本体功夫。把握知行合一的关键是体悟良知，就是要让“知”字有下落，“知”本身就是“至”的，这样就能够把握“致”字，从而成就本体功夫。

不能把“良知”和“致”简单地归结为“知”和“行”,良知不是静态的，其本身已经包含了良能。“致”是良能实现的环节，大致包含三个理论层面：本体的良能；意念发动处有不善，把不善的念头克掉；正念得以运行，从而落实到具体事物上。

知就像水，向下流，但是可能会受到阻碍，克服阻碍就能流得更远。这个克服阻碍的过程就是“致知”。决而行之就像水之就下，良知恒照，无有不照，然毕竟有妄心，需要去妄存真。“决而行之者”应该从“勿忘”“勿助长”的意义上来理解。良知就像水之无不就下，决而行之就像“致知”，合起来就是知行合一。

知行合一是本体功夫，所以这个本体功夫兼容了本体和功夫。如果见得分明，即便把知行分作两个来说，做的还是一个功夫，始终都能融会。如果见得不分明，看做两个了，即便把知行合作一个来说，也只是生硬的结合，如果再分做两截去做，那么从头到尾就都没有下落处了。这就是“知行合一之体”“知行体段”。在王阳明的语境中，“知行合一之体”是从致知的角度来说的，包括意念发动时候的知行合一（不分善念、恶念）；克服不善之念；善念得以实现。三种情况都是功夫。相应地，知行体段也包括良知就是良能、本体自身发挥的功用、借助本体功用而做功三个方面的内容。这种做功可以分为三种情况：生知安行的，良知精精明明的，自然会依照良知落实下去；学知利行的，需要时时省觉，努力落实良知；困知勉行的，良知禁锢较深，私欲阻止了良知落实，需要更大的努力。

把“知行合一”看成是王阳明哲学的宏观逻辑非常重要，这涉及如何阅读其相关论述的问题。如王阳明说：“‘格物’如孟子‘大人格君心’之‘格’，是去其心之不正，以全其本体之正。但意念所在，即要去其不正以全其正，即无时无处不是存天理，即是穷理。天理即是‘明德’，穷理即是‘明明德’。”①怎样把握这段话呢？去心之不正，全其本体之正是正心。心的本体之正全了，就无时无处都是天理，即存天理、穷理，这就是明明德。正心到天理和存天理，是由心通向本体的道路。正心规定诚意，诚意是意念在去其不正，全其正。存天理既要在正心中存，也要在诚意中存。意念所在之物，要“格”，这个“格”不是从“物”上来定义的，而是从“心”上来定义的。这样从明德、天理到正心、诚意、格物就构成了知行合一的关系。如果说其中说出了什么实际内容，那么只有去其不正以全其正。王阳明的这类表述比比皆是，可以说是一个哲学逻辑的表述。这种表述方式只是为表明天理本身不是静态的，天理表现为心、意念、行为、心灵关注的事物。在这个过程中让天理贯通，就构成了人道。

第三节 “心即理”和“致良知”、“知行合一”的同构性

“心即理”和“知行合一”、“致良知”具有同构性。“心即理”和“知行合一”、“致良知”共享同一个逻辑结构：由“知”（心）到“事事物物”。良知就是从天理的“灵明”和“明觉”处来说的，良知真了，良知就是天理。心是就理的主宰处来说的，

① 〔明〕王守仁：《王阳明全集》（上），吴光、钱明、董平等编校，上海古籍出版社，2011年，第7页。

心的主宰性体现出来了，理就在心上，心就是理。心的主宰是对应意念之动来说的，心有意念的发动，主宰性才显现出来，但是心的主宰性不表示心本身能纠正意念偏离的方向，纠正意念偏离的方向的是良知明觉，良知明觉保证人可以按照善念去行动，从而其所作所为都符合天理，对具体事物的理的把握也没有在心之外，也可以是说心即是理。没有“知行合一”，“心即理”就无法变成现实，也就不能称为“致良知”。“知行合一”对于“致良知”和“心即理”来说，是不可或缺的理论环节。

关于“知行合一”和“心即理”的关系，在《答顾东桥书》中王阳明已经做了较为充分的说明。王阳明是从两个方向来说明的：一个方向是说明求本心不会遗物理。如果心“遗”了物理，那么这个遗物理的心就一定不是本心，换句话说，心和物理如果成了对立的两面，那么这个心就不是本心；另外一个方向即心背后的本体，这个本体体现出来的心才是本心，心的本体就是“性”和“理”。这样一来，“知行合一”就成了“心即理”得以成立的不可或缺的理论要件。从《答顾东桥书》中的论述来看，“知行合一”回答了“心即理”何以成立、何以可能的问题，从而回答了专门求心会忽略物理的疑问。在进行了上述论证之后，王阳明直接说：“求理于吾心，此圣门知行合一之教。”①从这个论述来看，“心即理”被看成是“知行合一”思想传统的一种新的表达方式。

在《传习录·徐爱录》中，先讲亲民，然后讲心即理，接着讲知行合一。仔细分析《传习录·徐爱录》会发现，前四小节都涉及“心即理”的问题，主要讨论的是明德为什么不离亲民，明明德为什么不离事物，心存天理为什么就会无心外之事和无心外之理的问题。紧接着，就讨论了知行合一的问题。在谈论完知行合一的问题之后，《传习录·徐爱录》就抛出了自己哲学的概念框架，即天是性之原，性是心之体。身的主宰是心，心之所发是意，意的本体是知，意之所在是物。而在《传习录·徐爱录》的第八节说：“知是心之本体。心自然会知：见父自然知孝，见兄自然知弟，见孺子入井自然知恻隐，此便是良知，不假外求。若良知之发，更无私意障碍，即所谓‘充其恻隐之心，而仁不可胜用矣’。然在常人不能无私意障碍，所以须用致知格物之功。胜私复理，即心之良知更无障碍，得以充塞流行，便是致其知。知致则意诚。”②这一节已经有了致良知的模型。知具有自然性、过程性，克服私意，就行了。这就是知行合一，就是心外无物和心外无理。致知、正心、诚意、格物被统一到心自然会知上面，当把这个“知”表述为致良知的时候，致知、正心、诚意、格物就可以简略地表述为“致良知”了。

要想比较好地回答“知行合一”和“致良知”的理论关系，需要明确三点。其一，不能把王阳明的良知预设为静态的知识，而应理解为不动不静、从不止息的东西；其二，善念的发动和恶念的发动都是行，背后都有本体，这样才能讲清楚知行

① 〔明〕王守仁：《王阳明全集》（上），吴光、钱明、董平等编校，上海古籍出版社，2011年，第48页。
② 〔明〕王守仁：《王阳明全集》（上），吴光、钱明、董平等编校，上海古籍出版社，2011年，第7页。

合一；其三，宗旨是要重视恶念的发动并克服恶念。为了说明这三点，需要对王阳明的“良知”与孟子的“良知”的关系略作说明。在《孟子·尽心上》中，“良知”和“良能”是分开讲的，王阳明讲的“良知”已经包含了“良能”的意思在内。说良知离不开良能，说良能自然就包括良知了。“行”“致”包含不同层次的问题，包括良知本身预设的良能，善念和恶念的“行”；包括为善去恶的“行”；包括落实到行为中的“行”，总体上构成了一个完整的理论面貌。

第四节　真知行指引的道路

从道问学的角度来说，真知引导的人生道路才是真正有意义的道路。王阳明对“真知行”的回答不是一次完成的，与“知”相关的说法有：“知寒”“知饥”“闻恶臭”“知得父当孝”“知天的知”“良知”“明觉精察”“口耳谈说”“知识”“知觉”“自知”“自私用智”等。与“行”相关的有：“行孝行弟”“冥行”“真切笃实”“好好色”“自饥”“着实去做这件事”“致”“循”等。其中的关键是区分出何谓真。“良知”比“知”完善，就在于“良”字更能表示出“好”的意思。“致”比“行”更不容易引起误解，就在于“致”更有利于表达克服障碍的意思。恶念也是“知行合一”的，所以才有克服的必要。就善恶的区分而言，“致良知”优于“知行合一”。知行合一是王阳明心学的一种整体逻辑设定，如果没有知行合一的逻辑设定，心就无法是理，良知也就不是良能，也就无法贯彻无内外的理论原则。不应把知行合一和心即理、致良知等平列起来看，而应从整体的逻辑原则的角度来看知行合一。

真知行指引的人生道路可以从致知、正心和诚意、格物等逻辑层次来把握。这里仅谈两个方面的内容。

1. 立必为圣人之志

儒家是很重视“志”的，孔子强调君子要志于学、志于道、志于仁，孟子提出“尚志”(《孟子·尽心上》)的说法,《北溪字义》把“志”排在第六位来解释。王阳明教学生入门的方法有很多，如讲《大学》《中庸》、为己之学、心外无理、知行合一、良知等。在这诸多的讲法中，虽然存在差异，但总体上是一贯的，有内在的义理。王阳明很重视立志。王阳明在提出致良知以后，也没有放弃立志说，而是将其结合良知一起谈立志。王阳明对郭善甫说：“从吾游者众矣，虽开说之多，未有出于立志者。故吾于子之行，卒不能舍是而别有所说。子亦可以无疑于用力之方矣。”①王阳明讲学，在不同的时期针对不同的弟子会有不同的变化，或者讲天理，讲心外无理、心外无物、知行合一，或者讲格物致知，讲致良知，但不管讲法有怎样的变化，立志都是少不了的。“立志”是王阳明心学的有机组成部分。

① 〔明〕王守仁：《王阳明全集》（上），吴光、钱明、董平等编校，上海古籍出版社，2011年，第265页。

立志是从“真吾之好”。“良知之好，真吾之好也，天下之所同好也。”①王阳明把立志规定为良知之好、真吾之好，从而突出了道德自我，以及人的道德知觉和对善的欲求的问题。在王阳明那里，立志本身具有类似于“致良知”中“致”的作用。“善念发而知之，而充之；恶念发而知之，而遏之。知与充与遏者，志也，天聪明也。圣人只有此，学者当存此。”②“志”是良知在对善恶的明觉的基础上进一步对恶念的遏制和善念的扩充。显然，经过这一扩充和遏制，善念就落实到具体的事物之中了，从而达成了知行合一。这里的“志”既担当了良知的功能，也担当了良能的功能，当志向得以实现的时候也就实现了知行合一。良知本身就具有一种明觉的作用，这种明觉表现为能够知道自己心念发动的情况，并辨别出心念发动的善与恶。致良知就是要在良知对心念的善恶进行辨别的基础上进行扩充或者遏制。扩充善念到行为上，遏制恶念不演化为行为就是致良知的功夫。知道扩充善念，知道遏制恶念，就是志向。依据王阳明的这一论述，扩充善念其实就是立志的另外一个内容。知道是扩充还是遏制的人性的动向就是志向。立志就是立志扩充善念。这种扩充因为有遏制的力量对应，自然有一种阻碍感和努力感，还不够从容自如。到扩充的力量完全自由不受阻碍了，就会从心所欲，就标志着“志”到了熟处。从王阳明的论述来看，立志是一个涉及善恶的问题，是人的心灵对欲求及其对象的道德意识。从王阳明说“知与充与遏者，志也，天聪明也”来看，“志”包含了“知”。立志离不开“知”，离不开良知明觉。按照王阳明的思想，是非是依着良知的。王阳明的立志观包含丰富的思想，其中一个思想是：立志离不开“知”或“良知”，立志在本质上是一种道德自觉。立志的一个内容就是心念发动的时候能够知道这一念的是非善恶，这是立志的前提和基础。因为，只有对心念进行了善恶是非的区分，才有扩充善念和遏制恶念的问题。良知对念的明觉规定了人有不同的努力方向，从而有不同的志向。缺乏良知明觉的志向也可以称为志向，但是不能称为“大志”，或者根本就不是“志”。

“必为圣人之志”是通过本体功夫完成的至善。王阳明说的立志是立什么志呢？立的是必为圣人之志。为学首先要立志，《书朱守谐卷》谈论了立志与为学的关系。王阳明认为立志不过就是为学，朱守谐不是很明白。王阳明解释说：“人之学为圣人也，非有必为圣人之志，虽欲为学，谁为学？”③王阳明也讲志道、志学，讲立志就是立善念，这些都可以统一到必为圣人之志上来。王阳明对何廷仁、黄正之等人说：你们学问不长进，只是因为没有立定志向。李侯璧表示，自己愿意立志。王阳明回答说：“难说不立，未是必为圣人之志耳。”④圣人之志清除了“念”，就回到了良知

① 〔明〕王守仁：《王阳明全集》（上），吴光、钱明、董平等编校，上海古籍出版社，2011年，第279页。
② 〔明〕王守仁：《王阳明全集》（上），吴光、钱明、董平等编校，上海古籍出版社，2011年，第25页。
③ 〔明〕王守仁：《王阳明全集》（上），吴光、钱明、董平等编校，上海古籍出版社，2011年，第307页。
④ 〔明〕王守仁：《王阳明全集》（上），吴光、钱明、董平等编校，上海古籍出版社，2011年，第119页。

的起点，回到了心的本体，这样心灵发出的志向就是本体的志向，立志就成了本体功夫。“大抵近世学者无有必为圣人之志，胸中有物，未得清脱耳。”① “胸中有物”就会妨碍圣人之志的确立。这个“物”中妨碍圣人之志的是富贵功名。立志的要害是胸中清脱无物，而不是立追求某种物事的志。追求外物的志向容易受到外物变迁的影响，从而缺乏稳定性和持续性，进而失去道德的属性。王阳明就讲到求名求利等很容易演变成“竞以相高”“贪以相取”“诈以相欺”，变成不笃敬、不忠信。富贵功名之志与必为圣人之志的对立，即是义利之别。“数年切磋，只得立志辩义利。若于此未有得力处，却是平日所讲尽成虚语，平日所见皆非实得，不可以不猛省也！”②立志辩义利是辨别第一义，一真一切真，第一义真了就规定了道德的方向和性质。

王阳明的立志说是相对系统的，形成了一定的理论闭环。立志最终要明明德，要体会天理，这就要克服私意，要有对流俗推崇的志向的道德反省，志向立定以后，志向本身就会发挥自身的道德自觉的功能，进而克服意念的偏差，经由正心、诚意的过程，最终的成就就是格物。格物区分了读书、从政和处理人伦亲情的善恶属性，并最终通过一定的行为实现了圣人的志向，完成了至善。

2. 良知功夫论

王阳明的良知之学并不单纯是一种学问，而是一种功夫。“合着本体的，是工夫；做得工夫的，方识本体。”③功夫不离本体，方是本体功夫，不洞见本体，自然做不透本体功夫；功夫本身就是对本体的规定，对于做的功夫，自然本体就在其中了④。如何认识良知本体？需要在功夫中认识良知本体。反过来说，只有认识良知本体，才能很好地做到本体功夫。良知流行，生生不息，了无形迹，不能以方所、形象求之，但也不是无迹可寻。只有跟随良知的流动，才能做得良知的功夫。认知不离功夫，功夫不离认知，方可得良知之学的精髓。

良知的洞见和功夫不是单纯靠语言来把握的。圣贤的经典不过是表达了圣人的良知的洞见，拘泥于语言文字自然不得良知的精妙。王阳明认为，用功到精处，就不会太执着于语言了。功夫越深入，说理越难。如果对说理太在意，全体功夫反而被遮蔽了。但语言文字也是有助于良知的。良知在心，在语言文字中，也不在语言文字中。良知在人，各个圆成。王阳明的《咏良知四首示诸生》把心学的意蕴说得很明白：“个个人心有仲尼，自将闻见苦遮迷。而今指与真头面，只是良知更莫疑。问君何事日憧憧？烦恼场中错用功。莫道圣门无口诀，良知两字是参同。人人自有定盘针，万化根源总在心。却笑从前颠倒见，枝枝叶叶外头寻。无声无臭独知时，此是

① 〔明〕王守仁：《王阳明全集》（下），吴光、钱明、董平等编校，上海古籍出版社，2011年，第1422页。
② 〔明〕王守仁：《王阳明全集》（上），吴光、钱明、董平等编校，上海古籍出版社，2011年，第190页。
③ 〔明〕王守仁：《王阳明全集》（下），吴光、钱明、董平等编校，上海古籍出版社，2011年，第1287页。
④ 王阳明既使用“工夫”，也使用“功夫”。这里统一使用“功夫”。“功夫”更侧重于本体自己做功，而“工夫”更突出了人要努力做功的内涵，王阳明讲的“功夫”和“工夫”就包含了这两层含义。

乾坤万有基。抛却自家无尽藏，沿门持钵效贫儿。”①良知被王阳明当成了入圣门的口诀。讲良知也是有用的。王阳明说自己讲致知格物讲了一二十年，日日讲，每讲一番，自觉长进一番。不过王阳明也告诫弟子要着实用功，否则只当作一场话说，听了也没有什么用。

良知可讲，但良知不依赖于讲，要见良知，而不是说良知，这打开了良知之学面向贤愚的大门。有文化有知识的人可以通过书本学良知之学，可以讲良知。而一般的民众则不必从学理上明了良知，可以直接从当下之心去体认。如果用知识体系去讲良知，反倒使道有“二”了。

其一，所有人都可以做良知的功夫。在讨论如何做良知的功夫之前，首先要讨论的一个问题是：谁能做良知的功夫？在王阳明看来，所有人都能做良知的功夫。王阳明强调鄙夫自知得是非，便是他本来天则。就算是圣人聪明，也不能增减得一分一毫。不仅鄙夫自知得是非，甚至盗贼也自知不应当行盗。不仅成人能做良知的功夫，儿童也是可以的。就像小孩知道敬畏先生长者，这一知就是良知。小孩在玩耍的时候见了长者，便去作揖以示恭敬，这就是格物致知了。王阳明曾讲过生知安行、学知利行、困知勉行三种情况，这三种情况的人都能做良知的功夫。

所有人都能做良知的功夫合乎良知的本体性规定。良知为本体，自然所有人都有良知。做良知的功夫首先要确认的一点就是从本体意义上说良知不失。盗贼也是有良知在内的，不会丢失。良知是天植灵根，如何会失去呢？

其二，要信得过。每个人都有良知，这个良知是光明莹澈的、恒照的、灵明的、明觉的、知是知非的。做良知的功夫首先就是要对良知信得过，把良知当成自己的明师，是是非非都依着良知。在王阳明看来，良知就是人的本来天则。谈及“信”，从现实生活来看，的确存在着对良知的不信。对良知有信心，本身即是良知明觉的表现；对良知没有信心，其中也有良知，不过良知有蔽；对良知信得过，本身即是提振良知明觉的功夫，就是去人欲的功夫。王阳明说自己就是信得良知真是真非，信手行去。王阳明认为鄙夫也有良知，也知道是非，只是不能自信。能信就是良知。把握良知首先要对良知信得过。王阳明期许学者信良知，不为气所乱。

其三，要认得真。做良知的功夫，仅仅信得过还不够，还要认得真。如果认不真，也很难信得过。如果信不过，认识也假。功夫不能着急，要准确体认良知，朴实用功，自然会透彻。信得过、认得真，即恰到好处，就是命中良知。命中良知即中和，不过亦不及。

其四，随分限所及。信得过、认得真就是要一切依着良知、循着良知。虽然从本体上说良知不失，然从大用上说，良知有蔽。良知不失，说明良知同；良知有蔽，说明人的良知状态有差异。不管同与异，就像竹子，有枝有节，有不同的种类。所有的

---

① 〔明〕王守仁：《王阳明全集》（中），吴光、钱明、董平等编校，上海古籍出版社，2011 年，第 870 页。

人都能培养良知，不必纠缠同与不同。但从分限上来说，毕竟有贤能的人，有相对愚钝的人，所以分限所及才是真。良知流行无碍、无方所、无形象，做良知的功夫自然要跟随良知的流动，在分限中信得过、认得真。王阳明强调致知要各随分限所及，今日良知见在如此，只随今日所知，扩充到底。明日良知又有开悟，便从明日所知，扩充到底。

其五，在睹不睹、闻不闻上用功。做良知的功夫，其实不是做良知的功夫，而是做本体自身的功夫。能不能做良知的功夫，本身即是良知自身的功夫。能处正良知。做良知的功夫是良知本体的功夫，不做良知的功夫也可以说是良知本体的功夫。做本体功夫要先悟本体。不悟本体，本体虽做功夫，但此功夫不是自觉的良知的功夫，不是纯粹的良知的功夫。

直面本体就是要见得透，见得透便是圣人。王阳明强调“见得透”中的“见”虽含义不明，但不是眼睛向外看。不睹不闻是良知的本体，不睹是不用眼睛看，但这不意味着良知不可睹。良知是可睹的，做良知的功夫就是要睹不可睹，要在虚处用功，在睹不可睹处用功。时时刻刻常睹其所不睹，常闻其所不闻，功夫才能落在实处。“所不睹”即良知。睹什么？即睹良知的美大圣神，睹良知的恒照，睹良知的光明莹澈。

可通过闻来直面良知。闻的前提是良知表现为一种本体的回响。王阳明使用禅宗语言来说明，良知就像是钟声，但与常识认知的钟声相反，没敲的时候惊天动地，敲的时候寂天寞地。王阳明认为良知之闻性不生不灭，一叫便应，便是良知的确证。

并不是所有的人都能直面良知的本体，能够直面良知的本体的人获得了某种独知，这个独知就是良知所在。良知的功夫就是要守护这一独知。直面本体，本体便保全无蔽。本体已复，便是天渊。

其六，在明觉处用功。在王阳明看来，心之虚灵明觉即是本然良知。良知是理之灵处，这个明觉就本体而言是非动的照心。妄心有动，这个时候定在明觉上，就是良知的功夫。良知的功夫就是要在良知萌动处去培养。良知萌动的表现之一就是在有意动的时候，在有行为的时候。在有意动的时候，就有一明觉。良知是恒照的，无起无不起，妄念中也有良知在。在明觉处用功，就是要在意动的时候用功，就是要在七情上用功。

妄念、私意、思索、言语，都有良知在。妄念、私意等如乌云，但也有日的余光透出来。私意萌动时，良知有个明觉的知，就是要在这一明觉的知处用功。不可忽视这一觉，有了这一觉，遮蔽良知的乌云就消失了。这个明觉就是良知恒照透出的余光，就是要从这个明处去精察。人在做事、在说话的时候都有一个明觉良知在，有一个明觉精察在。行动的时候那个明觉精察处就是良知。

做良知的功夫，不可忽视这一良知的明觉。这一良知的明觉本来就是遮蔽中的那一点光明。这个光明是诚的本体发出的光明，只有就着这一隙光明方可回复光明的本体，自明而诚，进而疏通光明的体用。对良知明觉的认取是良知功夫的进退机关。

明觉的功夫分成两面，总是要认取培养明觉。善念发动的时候，良知要知道这个善念，并扩充这个善念。一念之善是本体光明较为充分的显露，明觉知此善念发，等于是守护了善念，让善念具有反思性和根源性，从而让善念有根源，有力量。恶念发动的时候良知明觉知道产生了恶念，进而去遏制恶念。

其七，在是非上用功。做良知的功夫要求信得良知的真是真非。鄙夫也是由良知来判断是非的。所以是非都要依着良知。尽管如此，良知也会有被蒙蔽的时候，一个人内心的是非判断也可能夹杂着其他的因素，尤其是私意的因素。不能单纯依靠见闻来判断是非，也不能单纯依靠知识来判断是非。是非的判断要靠良知。

良知对是非的判断是把事情放在良知光辉的照耀之下的，什么地方是光明，什么地方是黑暗一目了然。对真是真非的寻找即是寻找良知的功夫。良知的功夫尽了，是非也就真了。

其八，在事上用功。在王阳明看来，致良知就是在事上用功。在事上用功要求把良知之知落实到行为上，有知温凊的良知，便致奉养的良知。在物和事中致良知达到熟的程度，就是致知格物了。

物和事总是涉及声、色、货、利，在事上用功就是要在声、色、货、利上用功。在声、色、货、利中用功就是要在这些方面让良知发动得有力。

物和事总是关系着思考、见闻、言说。在事情上用功就是要做到依靠良知做到耳聪、目明、思睿。思中也有良知在，而且依着良知才有思。千思万虑只是要致良知。良知也是越思越精明。但是这个思不是精思，精思便粗。在事情上茫茫荡荡地思索的思不是良知的明觉之思。良知有知，但不是前知。良知能知几，能遇变而通，但前知则是私心。良知无知无不知。一有求先觉之心则陷入逆意。

在事上用功不拘泥于静坐体悟和事上磨炼的区别。可以静坐体悟，也可以在事上磨炼。不管是静坐体悟还是在事上磨炼都不能离开良知。

因良知与书本知识和经验闻见的对立性，良知之学总体上不会诉诸读书和人与人之间的经验交流，而是诉诸良知的觉醒。良知之学自然是一种功夫学。但是因为弟子有疑问王阳明也需要进行一定的理论阐释，因而形成了一定的核心范畴和理论体系。从概念使用的角度来看，可以说王阳明的学说至为简易。王阳明的学说的核心范畴不过是理、心、知、行、意、物。而且王阳明对这些核心范畴的解释也是坚持两个核心的理论原则。王阳明不是从主客二分的思路来对待这些范畴的，而是按照无内外的原则来对待的。理、心、知、行、意、物不过是一个理，这如果仅仅是一种理论的说明，是没有多大价值的，关键在于功夫。

良知之学本质上是一种功夫学。功夫的前提是发现良知，让良知在生活中起关键的作用。如果没有发现良知，良知没有在生活中起作用，也就没有功夫可谈。王阳明强调要见良知，而不仅仅是从词语上说良知。听别人讲所知，是知识上的明白，知识上的明白包含良知的自我觉悟，但终究不是良知的自我觉悟本身，需要进一步见透。良知是看的，是观的，这种观也可以说是良知的自觉。见良知即是明心见性。说性为假，见性为真。见性者方可说性。但见性者很少说性，如孔子罕言性。多言性者幻想能够见性，实则一无所得。说性本身比不说性当然要好，不过说性者还要在见性上下功夫。说性是见性不纯的表现。人生当以明心见性为己任，舍此没有其他的任务，没有其他的使命。其他的使命之所以构成使命就是因为可以明心见性。在西方的理论中，经常会诉诸听闻来理解良知。王阳明重视“见”，显示了东方哲学的特质。

3. 念功

《坛经》说念念无滞，常见本性，真实妙用，叫做功德。《坛经》强调自性建立万法是功，心体离念是德。《坛经》还说，不离自性是功，应用无染是德。依据这些说法，心性功夫有两个关键点。第一个关键点是心体离念。心体只有离念，才能解放自身，从而自成一种无限性，进而建立万法。第二个关键点是应用无染。应用无染首先要在念上不染，让念念不离自性。

王阳明的念功首先要让心体流行无碍，使得念头脱落殆尽。要脱落声利嗜好之念。凡是对某一具体对象的贪着的念头都属于这一范围。其次要脱落生死之念。王阳明认为生死之念是从生命根处带来的，最不容易透。透过去了就成就了尽性至命之学。最后要脱离善恶之念。王阳明以眼中的沙子来比喻，不但是私念，就是好的念头也不能贪着。

王阳明的念功的另一个重要内容就是要时刻把念力集中在本体上面。在本体离念之后，本体就获得了解放。在这种情况下，只要把念力集中在本体就行了。这一方法，在王阳明这里就是不管是静的时候，还是动的时候都念念去人欲存天理。王阳明把这一方法说成是结圣胎。王阳明对存天理、良知的功夫很有信心。王阳明认为妄念就像浊水，静下来就清了。

修本体功夫一定要抓住本体是如何表现出自己的功能的。良知本体有两个大用：一个是明觉，一个是戒慎恐惧。王阳明把良知明觉比喻成点石成金的魔棒和灵丹。明觉能够时刻看管着意念，就像剧作者一样。念头就像剧中人。要抓住这个看管者，而不是把流动的念头当成是生命的主体。抓住明觉就抓住了生命的真机。戒慎恐惧和明觉是良知的两面，彼此密切配合。

意念无染要求在各种情境中所起之念都是善的。王阳明的弟子执着于静坐，静坐无念，但是一做事又生妄念。对此，王阳明强调实际上没有无念的时候，念不是能够熄灭的，但是要正。本体之念是不分动静的。只有应用无染才能有效地格物，才能在应对事物的时候，坚持“是”而否定“非”。

第五节　良知之学的疑难

立追求外物的志向容易，因为人有感官可以对外物有知觉，并因这种知觉而产生痛苦和快乐。立圣人之志虽然也可以通过感官的知觉来达成，如因为有人接近圣人的标准，人可以因此而有知觉，并被感动，从而立圣人之志。但如果圣人只是在书本中被描述，感动和知觉就需要借助心灵的想象，书本中圣人形象的感召力就因感知而下降了。在中国的思想传统中，圣人又往往被描绘成高不可及的，起码有超越语言和感官知觉的一面，这就带来了一些疑难。既然圣人是超越感官知觉的，自然无法完全用感知加以衡量，通过现实的圣人来达成自己的圣人之志就失去了可靠的依据。这就必然要向心灵自身去找寻圣人的踪迹，探寻依靠心灵自身实现圣人的可能。王阳明就走了这样一条道路。尽管王阳明不否认朋友对立定圣人之志的意义，也肯定古圣人的典范。但是圣人要从自己的天理或者良知上求，这样圣人气象就在自己这里；如果单纯从书本中求，那么对圣人的追求反倒可能成了私意，从而缺乏去实践的持久的动力。

如果从内心自身去探寻生命自身的根本的欲求，这就带来了新的问题：人有相应的知觉和感官吗？如果有，人能够开启这种功能，并让生命实现自身的欲求，摆脱感官和知觉的限制，并经由感官和知觉实现自身吗？王阳明的立志肯定了心灵具有道德知觉的能力，并最终完成至善的自我成就，这一成就集中表达为圣人的志向。对这一思考方向的疑难，约翰·穆勒进行了阐述。“我们并不能求助于流行的自然官能理论，以为凭感觉或本能我们就可以知道行为的对错，来避免行为对错的标准这个难题。且不说这样一种道德本能的存在与否本身就是一个有争议的问题，即便是那些相信道德本能但有点哲学头脑的人，也不得不承认，这种本能不同于我们的其他感觉官能，我们的其他感觉官能能够看出当下的景象或声音，但这种本能并不能随时在特定的场合看出什么是正确和错误的行为。在那些可称之为思想家的道德官能解释家们看来，我们的道德官能仅仅给我们提供了道德判断的一般原则：道德官能是理性的一个分支，而不是感官的一个分支；我们应当指望它提供抽象的道德学说，而不应指望它提供对具体事例的看法。”①王阳明的立志说基本上可以归到道德官能的思考进路之中。“如果那种自然物中不存在道德感官，就不会有道德知觉。”②不过，对于王阳明而言，良知良能可以区分正确和错误的行为，并且可以实现正确的行为，良知的自我实现就是圣人。良知提供的道德判断不仅仅是一个一般的原则，同时也是一个当下的道德知觉，因而并不是依靠道德推理才能完成由一般向个别，由理性原则向感性实践的过渡。良知通过对意念偏差的矫正使其可以在具体情境中

① 〔英〕约翰·穆勒：《功利主义》，徐大建译，商务印书馆，2019 年，第 2～3 页。

② 〔英〕哈奇森：《论激情和感情的本性与表现，以及对道德感官的阐明》，戴茂堂、李家莲、赵红梅译，浙江大学出版社，2009 年，第 174 页。

自我实现。这种自我实现的完成就是自我的最终成就，这个最终成就是符合至善的原则的，当从自我的角度来看这种成就的时候，就是圣人的实现。只不过这个自我的实现，是“真吾”的实现。

这一思考进路是否合理，涉及的问题很多，但基本的还是要回答人是否具有一种来自生命自身的对善恶的知觉的问题。孟子提出了心灵自身的官能的问题，以及伴随着这一官能的满足而带来的幸福快乐。王阳明所说的“真吾”是一种道德官能，这一道德官能可以知觉自身意念的善恶，也可以知觉他人的善恶，并因他人的恶而感到不快，因他人的善而感到快乐。在肯定了人有对善恶的知觉之后，这一道德官能就必须被理解为潜在的，这样才能解释立志的问题。如果这一道德官能已经全然实现了自身，就不需要立志，如果人不具备这一道德官能也就无法立志。这样一来，只有把自我的道德官能理解为潜在的，才存在立志的问题，立志就是发现自我的道德潜能，实现对道德自我的自觉，并进而通过发展这种自觉来把潜能现实化。

除了把人的道德官能理解为具有潜在性以外，独立性的设定也是非常重要的。只有道德官能不会真正为外在感官所征服，才有可能实现自身。这就需要把外在感官看作是以道德官能为基础的，这样一来，就存在基于外在感官知觉的志向与道德官能自我建立的志向之间的张力。感官知觉建立的志向和有用、无用有关，而道德官能则有其特别的对善恶的知觉。道德官能的快乐，也不同于肉体的快乐。对善恶的知觉只有被理解为具有一定的独立性的时候，才能回答如何依凭这一道德知觉克服感性欲望的问题。王阳明的立志说就是在这一张力中展开的。立志和习气构成了张力的关系，习气会阻碍立志，同时立志也会成为消灭习气的方法。“夫恶念者，习气也；善念者，本性也；本性为习气所汩者，由于志之不立也。故凡学者为习所移，气所胜，则惟务痛惩其志。久则志亦渐立。志立而习气渐消。”[①]建立在外在感官基础上的道德知觉尽管也可以发展公共善，但是如果公共善的创造伤害了私人利益，就会失去创造公共善的动力。道德感官则不同，道德感官的作用会厌恶自己或他人的恶，喜欢自己和他人的善，这种作用是带有普遍性和一致性的。

道德官能的思考进路的疑难还在于当善恶的尺度被心灵化以后，如何确定善恶的尺度呢？行为对错的客观标准会因为心灵的不同认知而失去客观性。对于这一问题，道德官能学说当然会有自己的处理方式。这个方式就是把无法公是公非的认知看成是良知不纯或者没能按照良知来处理事情的结果。这样的处理方式只是维护了良知作为公是公非的设定，但并不能解决在具体的情景中如何取得公是公非的客观尺度的问题。为了解决这一问题，道德官能学说必然会走上一条充满道德风险的道路。“昔人有言，使为善而父母怒之，兄弟怨之，宗族乡党贱恶之，如此而不为善可也；为善则父母爱之，兄弟悦之，宗族乡党敬信之，何苦而不为善为君子？使为恶

① 〔明〕王守仁：《王阳明全集》（中），吴光、钱明、董平等编校，上海古籍出版社，2011年，第1083页。

而父母爱之，兄弟悦之，宗族乡党敬信之，如此而为恶可也；为恶则父母怒之，兄弟怨之，宗族乡党贱恶之，何苦而必为恶为小人？诸生念此，亦可以知所立志矣。”①孔子和孟子都反对乡愿，王阳明也曾经提到自己不能完全按照良知指引的是非来行事。实现至善既要明明德，又要亲民，这就需要知行合一。立圣人之志，既要明明德，又要亲民，才谈得上是至善。父母的爱、兄弟的悦、宗族乡党的敬信提供了立志的客观的尺度和标准。从王阳明的理论进路来说，众人的看法构成了立志相对具体的尺度和标准。但这里也包含理论和实践的难题，如果这些怒、怨、贱恶和爱、悦、敬信缺乏足够的道德自觉，不是基于道德感官而发生的道德知觉，那么众人的看法就不一定可靠了。当然，就中国哲学特殊的语境而言，“诸生念此”提示立定圣人志向要把他人的利益和感受放在心上。这就给立定圣人志向的人提出了很高的道德要求，其中包含着道德宽容和道德容忍，也包含着由道德责任而带来的牺牲。关于这一点，薛侃有明确的说明：“圣人惟能容天下之恶，故能化天下之恶；惟能取天下之善，故能成天下之善。”②

道德官能如何为具体事例提供道德知觉？对于王阳明来说，这是一个“诚意”和“知行合一”的问题。道德公共性的建立被设定在道德官能的基础上，而道德官能与感官知觉的差异就在于后者是有内外之别的，而前者是没有内外之别的。经由“无我”的思想的设定，立志的前提就被设定为带有一定公共性的至善。因为立志的前提已经被设定为公共性的了，那么道德自我的觉醒就包含着对一般和个别原则的超越。道德自我的觉醒焕发了一种同体的道德感，使得自我的道德感具有一种“公共性”。在心学中，道德感官是有无限性的，这种无限性比外在感官的善恶知觉更能摆脱知觉对象的限制，从而有了感知的稳定性和一致性。就像薛侃所讲：“目击事物可伤可恶，伤之恶之；万里之外、千古之前，闻有可伤可恶者，亦伤之恶之，此心此理也。然则万里之外、千古之前，皆此心此理也。心岂有限量乎？性岂有内外乎？充之可以保四海，可以赞化育矣。”③道德感官可以借助外在感官的感知提供道德知觉，但道德知觉本身并没有完全受到外在感官的限制。这样一来，立志就成为实现万物一体的途径。“盖其心学纯明，而有以全其万物一体之仁，故其精神流贯，志气通达，而无有乎人己之分，物我之间。”④王阳明的立志说通过这一方式使得个人的道德自我的成就与他人的道德自我建立起紧密的关联，自我德性的追求同时就是有益于公共道德的事业。与公共善相关联的不是私人利益，而是自我的德性觉醒和德性成就。有圣人志向的人要求在服务于公共善的时候，能够克服由于私人利益的损失而带来的不快，并体会到德性的快乐。有圣人志向的人会在自我追求私利时，能

① 〔明〕王守仁：《王阳明全集》（中），吴光、钱明、董平等编校，上海古籍出版社，2011年，第1073页。
② 〔明〕薛侃：《薛侃集》，陈椰编校，上海古籍出版社，2014年，第31页。
③ 〔明〕薛侃：《薛侃集》，陈椰编校，上海古籍出版社，2014年，第107页。
④ 〔明〕王守仁：《王阳明全集》（上），吴光、钱明、董平等编校，上海古籍出版社，2011年，第62页。

够通过良知体会到对自我的不满。当这种挣扎结束的时候，心灵便能够在圣人志向的自然成长中享受恒常的满足，这时志向也就成熟了。

场有既可以从形体方面来考察，也可以从心灵方面来考察。而且心灵的场有的存在更为根本。就像一个会场，从形体上来说，大家都在场，但是有的参会者心不在焉，心中想着别的事情，这等于在场如不在。心灵在场是更根本的在场。形态场理论力求回答人与人之间联结的本质，力求探究经验世界所显现的表象秩序内部的隐含秩序。社会系统的形态场理论认同量子场理论，即同一系统里的两个部分，即使位于不同的空间位置，也可以经由量子场彼此联结。形态场具有延展的功能，即使相隔甚远，心灵的沟通仍可借助形态场传递。在形态场内，过去的记忆可以转换成现在，形成形态共振。从心灵场域的角度来探讨的话，就更能明白良知的运作模式。一个人在独处的时候是一种表现，在人群中和别人相处的时候往往会是另一种表现，后一种表现有的时候是自己选择的，有的时候是不自觉出现而且是自己不愿意接纳的，显然这是受到形态场影响的结果。语言的产生，甚至个人的感受和观念都会受到他人的影响，都有外在的来源，可以说是依场而有的。把良知纳入场域的思考当中，具有很大的实践价值。每个人都有本体性的不分内外的良知，当良知通过个体的关系呈现出来的时候，就变成了个体的良知和特殊的良知，即“我的良知”和“你的良知”。宋明心学强调是“有私”和“用智”导致了良知有内外。意动的时候是有善有恶的，而意动本身是良知的一种感应方式。这样，世界就可以被解释为一个良知场。良知场可以分成三个不同的层次：第一个层次是本体良知；第二个层次是集体或系统良知；第三个层次是习俗良知。

第一个层次是本体良知。对于本体良知，王阳明往往用“灵明”两个字来说明。这样的良知是“无照无不照”的，是“无知无不知”的，是动而不动的，是“通乎昼夜之道”而知的。这样的良知就是太虚、道、易。王阳明把本体良知说成是无善无恶、无内外的。就本体良知的场域而言，一切都是良知的浮现，而且是无善恶内外的，因而在这个场域中没有界限和对立，这一良知要求超越个体和团体的界限，达到对立的两方合而为一。

致良知可以看成是进入本体场域的功夫。这个功夫要求体会万物同一体，要求做到对所有的人都一视同仁。每个个体在看待其他个体生命的时候，以本体良知的姿态把对方看成是良知的呈现，从而以事物的本来面貌来接纳事物。可以把良知看成是一种将对立双方拉在一起的力量。

这个进入本体场域的功夫还要求体会一种在场性。万物同一体，给予万物以同等的爱不能仅仅从个体的角度来理解，而是要从良知本体的角度来理解。从良知本体的角度来理解，需要克服过去、现在、未来思维的局限，个体原则上的过去或许在本体上看未曾过去，未来的已经提前来到，这是一种当下的同在性。

致良知需要拥有接受所需要的谦卑、无我、无私的美德。这些美德有助于人接受良知的指引。把自己交给良知来指引需要克服任何形式的自以为是，经由诚意的功夫，达到心灵的安定、接纳和包容，并获得观念的清晰，富有力量，从而能够笃志笃行。

第二个层次是集体或系统良知。集体或系统良知是运作于受其约束的群体成员之上的良知，也可以称为家庭或者群体系统中的隐藏良知。集体或系统良知只能算作集体意识汇聚起来的动力，它本能地维护自己所属群体或系统的完整性。

从王阳明的良知理论来看，提出集体或系统良知也是合理的。本体的良知是普遍的，当某些人生活在一起的时候，群体的道德观念会潜移默化地成为生活于其中的个体的道德观念。这样一来，人的意念就会具有群体的色彩，具有文化的差异性，从而构成特殊性的良知。集体或系统良知可以说是良知在某个家庭系统或者群体中显现出来的“用”，它反映的是群体“意之动”的运作模式。

第三个层次是习俗良知。对归属感的需求是为了联结；对维持施与受的公正的需求是为了平衡；对社会安全和未来安定的需求是为了秩序。这三种需求都指向人与人的关系，尤其是和与个人紧密相关的群体的联结。亲近与归属感是和清白感相关的；罪恶感是和疏远与驱逐感相关的；接受、亏欠是和罪恶感有关系的，也和责任感有关；施与是和权利、自由、清白相关的；维护社会秩序是和清白感相关的，也和尽责、忠诚相关；违反社会秩序会有罪恶感，也和内疚、害怕相关。这三种关系之间是可以发生冲突的，比如接受和给予关系达到了平衡可能会伤害归属感。一个人如果对他人的给予给以同等的回报，也会牺牲归属感。归属的需求和序位的需求之间也会有矛盾。

良心话语更多的是一个弱者或者边缘人的道德话语体系，良知话语的使用包含着对社会生活中的强者的批评和道德期待。良心话语反映了一种对归属感的需求，也反映了期待强者有更多的付出与给予。

人的柔弱性和脆弱性是多方面的。即便是成年人也有某些方面的脆弱性。相比较而言，患者、残疾人和伤者，老年人和小孩表现出更多的脆弱性。现有的伦理学把道德行动者理解成理性的、健康的，从而以一种给予者的姿态存在。这无疑导致了伦理学忽视接受者的德性地位。接受本身是一种很重要的美德，这在中国伦理学中往往通过孝的范畴表达对序位的尊重。要让给予和接受对施与者与接受者都成为一件荣耀的事情。以人与人的关系为基础，结合接受和给予的关系来思考德性问题，对于德性伦理学来说还有很大的理论拓展以及实践应用的空间。

参 考 文 献

北京大学《儒藏》编纂中心：《儒藏（精华编二）》，北京大学出版社 2009 年版。

〔美〕本杰明·史华兹：《古代中国的思想世界》，程钢译，江苏人民出版社 2004 年版。

陈大齐：《孟子待解录》，赵林校注，华东师范大学出版社，2012 年。

〔美〕陈汉生：《中国古代的语言和逻辑》，周云之、张清宇、崔清田等译，社会科学文献出版社 1998 年版。

〔美〕陈汉生：《中国思想的道家之论：一种哲学解释》，周景松等译，江苏人民出版社 2020 年版。

储昭华：《明分之道：从荀子看儒家文化与民主政道融通的可能性》，商务印书馆 2005 年版。

〔汉〕董仲舒：《春秋繁露》，张世亮、钟肇鹏、周桂钿译注，中华书局 2012 年版。

方东美：《中国哲学精神及其发展》（全两册），孙智燊译，中华书局 2012 年版。

方勇、李波译注：《荀子》，中华书局，2011 年 3 月。

冯友兰：《三松堂全集》，河南人民出版社 2001 年版。

〔英〕葛瑞汉：《论道者：中国古代哲学论辩》，张海晏译，中国社会科学出版社 2003 年版。

郭沂编撰：《子曰全集》，中华书局 2017 年版。

〔德〕海德格尔：《从莱布尼茨出发的逻辑学的形而上学始基》，赵卫国译，西北大学出版社 2015 年版。

〔德〕海德格尔：《哲学论稿：从本有而来》，孙周兴译，商务印书馆 2014 年版。

〔汉〕河上公、[唐]杜光庭等注：《道德经集释》，中国书店 2015 年版。

江灏、钱宗武译注：《今古文尚书全译》，贵州人民出版社 2009 年版。

金岳霖：《金岳霖学术论文选》，金岳霖学术基金会学术委员会编，中国社会科学出版社 1990 年版。

鸠摩罗什等：《佛教十三经》，中华书局 2010 年版。

〔美〕克莱恩、[美]艾文贺编：《荀子思想中的德性、人性与道德主体》，陈光连译，东南大学出版社 2016 年版。

刘笑敢：《老子古今：五种对勘与析评引论》，中国社会科学出版社 2006 年版。

〔宋〕陆九渊：《陆九渊集》，钟哲点校，中华书局 1980 年版。

〔美〕罗浩：《原道：〈内业〉与道家神秘主义的基础》，严明、刑文、何金俐等译，学苑出版社 2009 年版。

谭家健、孙中原译注：《墨子今注今译》，商务印书馆 2012 年版。

〔明〕王守仁：《王阳明全集》，吴光、钱明、董平等编校，上海古籍出版社 2011 年版。

〔清〕王先慎：《韩非子集解》，中华书局 2013 年版。

后　记

高中毕业时，我并不知道哲学是一门怎样的学问。记得当时的一位校长说，哲学就是政治。听到这样的讲法，我当时感到很困惑。但当我真正进入哲学系以后，发现哲学这门学问倒是比较适合自己。我一直觉得，哲学是一门公平的学问。真正的智慧不拒绝平凡的人。自入哲学系以来，三十余年的时光，我的心灵再不曾离开过哲学。

本书的大部分内容来自我的教案。在撰写过程中略有修改，加入了一些新的看法。本书涉及的人物和经典较多，因而不可能过于详细论述。但从我的角度来说，我觉得把握一个人的哲学，叙述到这个地步基本上也够了。要想从古人那里获得更多的智慧，则要自己进行更为深入的研读。

我自认为本书的叙述是较为朴实的，其中也考虑到学生学习基础知识的需要，列出了一定的条目，让一些内容相对集中。哲学史的叙述不需要面面俱到，只要把那些能够体现时代或者一个时间段里面最高的思想成就展现出来就可以了。本书就是按照这一尺度来进行选择的。从某种意义上说，本书虽然是“十哲”，但也可以算是一本小型的中国古代哲学史了。

看到书名，有的读者可能以为会比较多地叙述哲人的生平故事一类，哲人的生平最难叙述，不是深味哲学的人，往往只能看到外在的表象。思想是哲人生命的本质。中国哲学的研究不断取得新的成就，但对一些重要的哲人及其经典的研究却徘徊不前，尤其是在宏观的解释上创见不多。有感于此，我鼓起勇气，把自己的见解讲出来，以期引起学界对中国思想研究“哲学”进路的重视。

科学出版社道德·价值·文化丛书先前已经纳入了我的《中国哲学导论》和《〈论语〉哲学注疏》两部著作。在这过程中，樊飞、杨婵娟、陈晶晶等出版社的同人兢兢业业，付出了很多汗水和心血，在此再次表示感谢。哲学史需要勾勒思想逻辑的演进，本书在这方面是比较欠缺的，各章还是相对孤立的，只是着眼于小范围来叙述。如果机会，我或许会写一本中国哲学的通史，以勾勒中国哲学的宏观演进脉络。

周海春

2022年1月23日于湖大琴园寓所

〔吴〕韦昭注：《国语》，明洁辑评，金良年导读，梁谷整理，上海古籍出版社 2008 年版。

〔德〕维特根斯坦：《维特根斯坦全集》，陈启伟译，河北教育出版社 2003 年版。

〔日〕中村元氏、[日]萩原朔太郎：《中国人之思维方法　诗的原理》，徐复观译，九州出版社 2014 年版。

周振甫译注：《诗经译注》（修订本），中华书局 2010 年版。

〔宋〕朱熹：《朱子全书（修订本）》，朱杰人、严佐之、刘永翔主编，安徽教育出版社、上海古籍出版社 2010 年版。